学校整体课程
探索丛书

吕　锐
罗　禹
杨四耕
丛书主编

学校整体课程的系统设计

吕　锐◎主编

华东师范大学出版社
·上海·

图书在版编目（CIP）数据

学校整体课程的系统设计/吕锐主编.—上海：华东师范
大学出版社，2023
（学校整体课程探索丛书）
ISBN 978 - 7 - 5760 - 3918 - 4

Ⅰ.①学… Ⅱ.①吕… Ⅲ.①课程设计－教学研究－小
学 Ⅳ.①G622.3

中国国家版本馆 CIP 数据核字（2023）第 130895 号

学校整体课程探索丛书

学校整体课程的系统设计

丛书主编　吕　锐　罗　禹　杨四耕
主　　编　吕　锐
责任编辑　刘　佳
项目编辑　林青荻
特约审读　李杨洁　林青荻
责任校对　李琳琳
装帧设计　卢晓红

出版发行　华东师范大学出版社
社　　址　上海市中山北路 3663 号　邮编 200062
网　　址　www.ecnupress.com.cn
电　　话　021 - 60821666　行政传真 021 - 62572105
客服电话　021 - 62865537　门市（邮购）电话 021 - 62869887
地　　址　上海市中山北路 3663 号华东师范大学校内先锋路口
网　　店　http://hdsdcbs.tmall.com

印 刷 者　杭州日报报业集团盛元印务有限公司
开　　本　787 毫米×1092 毫米　1/16
印　　张　17
字　　数　189 千字
版　　次　2023 年 11 月第 1 版
印　　次　2023 年 11 月第 1 次
书　　号　ISBN 978 - 7 - 5760 - 3918 - 4
定　　价　56.00 元

出 版 人　王　焰

丛书编委会

主　编

吕　锐　罗　禹　杨四耕

副主编

吴家英

成　员

高福明	刘顺泉	张艳玲	闫学忠	林　俊	黄　炳
陈求丽	吴　革	黄　俊	周　康	卢丽燕	董时平
周　阳	黄泽诗	苏儒平	张　玲	李　媛	赵伟琦
陈　坤	陈惠芹	邢海珍	苏天新	周灿文	朱允诚
		李　学	任秀荣		

本书编委会

主　编

吕　锐

编　委

朱玮雪　王　晓　富海燕　倪海山　曾卫红

李　阳　林元华　刘丽媛　王迎春　杨冬玲

陈人珊　林欣欣　陈仕泽　黎公权　符芳霞

陈　坤

丛书总序

《义务教育课程方案(2022年版)》指出:学校依据省级义务教育课程实施办法,立足本校办学理念,分析资源条件,制订学校课程实施方案,注重整体规划,有效实施国家课程,规范开设地方课程,合理开发校本课程。

联合国教科文组织在《处于争论和教育改革中的课程问题——为21世纪的课程议题做准备》的文件中指出:课程不仅仅是课程要素设计的技术问题,更是教育目标实现的价值问题。因此,良好的课程应该实现两个方面的平衡:一是量的平衡,即课程要素的比重是合适的;二是质的平衡,即各类要素的价值汇合度是最高的,应根据教育的最终价值来确定这种平衡。

因此,坚持素养导向,落实课程育人价值,实现良好的课程愿景,课程改革可以在两个维度上着力:一是量的维度,这是横向的要素设计维度;二是质的维度,这是纵向的价值聚合维度。在课程改革过程中,横向维度和纵向维度通过课程实践出现在同一个时空:横向上,课程要素布局,包括各领域课程的平衡、学科课程与活动课程的平衡、不同学科之间的平衡以及课程内在要素的平衡;纵向上,各类课程要素的价值汇合,包括课程的内在逻辑和价值的平衡、课程各要素之间的逻辑自洽性。

横向维度的"课程"和纵向维度的"课程"相融相合,要素布局与价值升华和谐地存在于课程变革实践的时候,课程改革便具有了高品质课程的整体涌现性。所谓整体涌现性,是指整体具有而其组成部分以及部分之和不具有的特性,一旦把整体还原为它的"组分",这些特性便不复存在。在一定意义上,整体涌现性是系统的根本特征。很明显,这是课程改革的系统思维,这种思维强调横向要素的多元开放性、纵向逻辑的价值递进性,通过资源要素的横向关联和价值要素的纵向推进,形成横纵交织结构、横纵互馈状态、横联纵进效应的高品质整体涌现性。课程改革目标的实现,需要特定的课程要素集聚与价值生成,不同课程要素的不同组合,会产生不同的课程价值。课程改革的系统思维是由课程之"课"和课程之"程"构成的,其中课程之"课"主要是课程要素布局,具有丰富性、整体性、关联性和生成性;课程之"程"主要是课程价值生成,具有过程性、转变性、反思性和超越性。它们共同构成了课程的内涵、特征和方向,诠释了课程作为"跑道"和"奔跑"的全部含义。

《义务教育课程方案(2022 年版)》指出:学校要加强课程内容与学生经验、社会生活的联系,强化学科内知识整合,统筹设计综合课程和跨学科主题学习,注重培养学生在真实情境中综合运用知识解决问题的能力,强化课程协同育人功能,充分发挥实践的独特育人功能。课程在任何时代都受制于社会政治经济和文化状况以及受教育者个体状况。因此,从课程价值角度分析,课程改革的系统思维可以从社会学与心理学角度进行分析。从社会学角度分析,课程改革的系统思维反映了社会意义上的课程平衡。这一层面的平衡是要在学校所提供的课程中寻求一定的平衡。它关系到学科的设置、各种学科与活动的时间分配和时间长度,以及教育辅助设施的使用等。课程平衡与社会发展和科技进步有关,课程改革必然要对学校所服务的社会和学校在社会中扮演的角色给予充分的考虑。从心理学角度分析,课程改革的系统思维也反映了学习者个体意义上的课程平衡。这个意义上的平衡,是从儿童身心发展特点角度来考虑的。良好的课程应该是,当个体在课程中的每个领域发展到最佳能力水平时,这种由个体所经验的课程也就达到了平衡。换言之,学校课程应能满足儿童欲在社会立足所需要的技能的、价值的、情感的、审美的、创造的需要。学校课程的平衡与否要看它是否能尽可能使儿童最大限度地发展;满足儿童各方面需要的课程,就是平衡的课程。归纳为一句话就是,课程改革的系统思维要求课程开发在社会要求和个体需要之间保持平衡。儿童在学校中所体验的课程,必须有助于他调整自己以适应这个世界,这些课程能赋予他一定的知识、情感和意志,这些知识、情感和意志将使他有能力去改变那些需要改变的东西。

总之,高品质课程具有整体涌现性、要素平衡性和价值生成性。近些年来,三亚市推进"品质课程"项目,恪守过程性课程改革逻辑,秉承平衡性课程思维方式,采取整体性课程要素平衡方法和聚焦性课程价值聚合策略,多维度深度推进课程改革,获得了许多扎根经验,取得了许多看得见的成效,可喜可贺!

杨四耕

2023 年 3 月 20 日于上海市教育科学研究院

目　录

第一章　学校课程情境 / 15

分析课程情境是课程设计的首要环节。对课程情境的分析,主要着眼于课程情境的外在环境与内在情境,其中外在环境主要包括哲学或时代精神、社会文化与社会现实、地域文化以及社区环境等;内在情境主要包含该学校的历史和办学传统、办学条件与课程现实、生源情况与教师素质等。学校通过情境分析可以全面认识课程目标的来源,把握教育发展的趋势,了解学生的需求,了解课程设计的优势与不足,助力整体课程的系统搭建。

学校课程哲学是学校对课程及其发展定位的一种精神界定和价值理解,是基于学校文化最本质的概括,是学校课程的本体论、认识论、价值论和方法论框架。确立学校课程哲学可以传承原有的校本文化,可以从个体精神演绎成学校精神,可以从校园的每个角落中发掘,可以运用再思考再认识的哲学思维方式,可以对新思想新观点批判并超越。课程哲学决定了学校课程的价值走向、运行模式、课程框架和课程实施路径。

学校课程目标是学校课程所要达到的预期结果,是指导整个课程编制过程的最为关键的准则之一。学校整体课程目标设计应以拉尔夫·泰勒的目标模式为理论依据,要明确课程与教育目的和培养目标的关系,并确保这些要求在课程中得到体现。只有在对学生特点、社会需求和学科发展进行深入研究的基础上,才有可能确定行之有效的课程目标。

第四章 学校课程框架

学校课程框架对课程功能的发挥起关键作用,它影响着课程目标的实现。因此,学校课程建设作为一项整体性工程,必须注重整体设计课程框架。课程框架主要回答学校课程结构和学校课程设置两个方面的问题,变革课程框架才能改善现有的课程文化,从而建设有国家视野、时代特征、本土情怀、校本特色,多元整合,实施活跃的学校课程体系。

第五章 学校课程实施

学校课程实施要激活课程实施的多维路径。学校课程实施是在遵循既定方案执行中衍生灵感和创造的动态过程。在此过程中,只有协调好实施对象中执行者和参与者的关系,并充分考量课程实施所需的内部、外部资源环境和条件,课程才能在实施的过程中发挥其应有的育人价值和功能。据此,我们在结合课程实施的三大价值取向之基础上,凝练出了课堂教学、学科建设、社团活动、研学旅行、校园节日、家校共育、项目学习和环境课程等课程实施路径。

　　学校课程从理念构想到模型建构,各环节的组织与协调都要处于一种有序的状态,各部门的职责分工要十分明确,各项工作的安排要有条不紊……这些都依托于对学校课程的有效管理以及科学评价。只有严格进行课程管理,不断规范课程的实施,才能确保课程设计的每一个要素都能按照既定方向行动,并及时有效地完成相应任务,保证整体课程实施的育人效果。

总　论

人的全面发展是当代教育的价值追求,整体课程作为一种课程思潮诞生于20世纪的北美。整体主义作为整体课程的理论基础,为我们建构了一种新的学校教育理想。整体主义倡导者罗恩·米勒将"整体主义"定义为:"反对还原主义、实证主义和笛卡尔自我与世界的二元论,强调所有存在之终极统一、联系和内在意义的一种世界观或理论立场。"[①]随着整体主义思潮的兴盛,整体主义课程论也逐渐形成,今天整体课程理论已经取得大量理论和实践成果。

自20世纪七八十年代以来,整体主义课程理论历经几十年的发展,日益成为课程领域一股不可忽视的力量。基于整体主义课程理论的思维来审视我国当前的课程改革,对当今课程改革中的理论问题与实践症结等深层次矛盾进行深入反思,可以更全面、更深刻地理解和把握课程改革,对当代课程改革有着积极意义。

 一、学校整体课程系统设计的现实意义

一般地说,整体课程是以对传统课程体系的超越为其出发点的。传统课程体系以牛顿和笛卡尔所建立的二元论世界观为基础,信奉绝对真理,以知识的数量累积作为进步的标志,一味地追求速度与效率,从而剥夺了意义与反思,陷入平庸和乏味。[②]传统课程的设计、组织、实施等方面实际上是贯穿了一种原子论的分割的世界观,课程被精细地分门别类,科学世界、生活世界被无情地撕裂,教师与学生被剥夺了参与权。

整体主义课程理论致力于消解这种二元对立,认为课程应该打破知识与认识者之间的对立,把课程与特定学习者的实际环境和个人体验联系起来,同时强调学生与文本之间的对话,注重学生对知识的探究与体验。从整体主义的角度看,课程的各个方面应该是整体的、有机的,而不是片面的、各自为政的。课程是人的课程,人不是物质的存在,而是生命的实体。人从来就不是孤立的、单个的,而是处于整体的网络之中。整体课程理论认为,把课程内容、课程组织、教师、学生作为孤立的对象是忽视了人作为生命存在的价值。我们只有从整体联系的角度出发,把课程

① 安桂清. 整体课程研究[D]. 华东师范大学,2004:13.
② 安桂清. 整体课程:面向21世纪的课程愿景[J]. 比较教育研究,2006(6):85.

领域放大到更大的教育、社会网络中,才能全面深入地理解其内涵,把课程内容、课程组织、教师、学生作为完整、联系的对象,才能真正把握其实质,发挥相互作用的、整体的魅力。

(一) 学校整体课程的系统设计有利于培育完整学生

基于整体主义理论的课程建构与传统分科目、分知识点的课程设计有很大的不同。约翰·米勒在他的著作《整体课程》中对整体课程理念进行了阐释:整体课程在本质上关注人的经验之间(身心、思维与认知、不同学科、个人与社会等)的各种关联。[①]

安桂清总结出整体课程的三个特征:联结、转变与灵性。[②] 整体教育的课程理念超越了学科的框架与限制,重视事物的意义、价值、关联与统整。它实质上是反对学科领域之间教条式的划分,追求学科内部之间的联系与学科之间的整合,寻求复兴课程领域的意义和活力,实现培育"整体的人"的终极理想,因此有能力扭转课程领域的面貌,引领未来课程发展的方向。[③]

课程是一个以提升学生的生活质量和生命价值为目的的特殊认识过程,课程只有以学生的现实生活为基础,密切联系学生当下的生活世界,才能真正实现人的生存意义。

学生是一个个独特的生命存在,每个人由于遗传素质、社会环境、家庭条件和生活经历的不同,具有个人独特的心理世界,他们在兴趣、动机、需要、气质、性格、智能和特长等方面是各不相同的,都有自己的智力特点、认知风格和兴趣爱好。

整体主义认为世界是一个有机整体,整体主义课程倡导课程不仅要帮助学生掌握学科知识,更重要的是要让他们认识自身和自身与周围环境的关系。整体主义课程与传统课程有着迥异的价值取向,整体主义课程旨在融通科学世界和生活世界;追求包括个性独特发展、个性自由发展、个性创造发展和个性情意发展在内的个性健全发展;寻求人与自然、人与社会的和谐发展。从当下教育改革的理念以及课程目标来看,我国基础教育课程改革正在探寻关注学生作为"完整的人"的发

---

① 李传英. 中观课堂中的思考与实践[M]. 济南:山东教育出版社,2016:10.
② 安桂清. 整体课程研究[D]. 华东师范大学,2004:21—29.
③ 安桂清. 整体课程:面向 21 世纪的课程愿景[J]. 比较教育研究,2006(6):85.

展的学校课程范式,而毫无疑问,学校整体课程的系统设计有助于学生的全面发展。

(二)学校整体课程的系统设计有利于提升学校内涵发展水平

课程是学校落实立德树人根本任务的核心载体和重要途径,是一所学校的标志性产品,是一所学校办学水平的重要体现,是核心素养在学校落地的关键支撑。学校课程是基础教育课程改革的重要组成部分,做好学校课程规划是落实新课程的需要。学校课程的整体规划关乎着教师教什么,学生学什么,教师采用怎样的教学方法,学生接受怎样的学习内容以及达成怎样的学习效果。

我们认为,学校的整体课程不是个别年级科目领域的拼凑综合,不是个别课程计划的文本表现;而是改变学科本位的立场,集中学校的人力、物力资源,促使学校课程实现横向的水平统整与纵向的垂直连贯,以保障学校课程的可持续发展,为学生全面成长、个性发展提供基本保证。

因此,学校整体课程需要进行系统的设计。要有整体的方案,要把学习对象作为整体,要有整体的学习时间、整体的课程发展人员、整体的课程内容,要有完整的育人角度。把观点与观点进行整合,立足整体课程育人思维、"五育并举",基于国家课程方案和相关教育政策,对学校课程设计、实施、评价做全面的规划,连接不同层次的课程,以缩短课程理想与课程实际之间的差距。

规划学校整体课程,建构学校独特的课程模式,这是由学校内涵提升与特色发展的要求所决定的。学校课程变革运用系统思维把自己的经验模型化,形成自己独特的课程模式,一所学校构建了自己的课程模式,并有逻辑地推进课程变革,学校课程就会出现不一样的格局,学校发展就会呈现不一样的态势。

学校是课程活动的实现场所,课程改革最终需要落实到学校中,并通过学校课程才能达成目标。随着课程改革的推进,学校整体课程的系统设计的重要性逐渐显现出来,学校认识到要提升学校课程价值,须进行学校整体课程的系统设计。反过来说,学校整体课程的系统设计的水平极大程度上影响了学校的教学质量,高品质的学校离不开高品质的学校课程。各个学校都应该根据学校的办学目标,充分利用学校现有的教学特色以及丰富的资源优势,认真做好学校整体课程的系统设计,带动学校师资队伍建设与课程开发、管理、评价以及教学资源开发等方面的和谐发展,促进学校内涵发展水平的不断提升。

（三）学校整体课程的系统设计有利于提升教师课程领导力

教师是课程改革的积极参与者、建构者，教师是推动学校课程改革发展的行动主体。学校需要激发和调动广大教师参与课程改革的热情，增强教师的课程领导力，真正推动学校走好课程发展改革之路。

整体主义课程理论认为，课程不应只关注学科知识和学科知识之间的联系，还应关注知识与知识生产者之间的联系。教师的目的不是用书本知识和教材内容来控制学生的精神世界，而是通过这些知识来不断地拓展学生的精神世界，提高他们的认识能力。使学生不仅会自己解决问题，而且会自己发现问题；不仅掌握知识，而且参与到知识的探求过程中。使他们在思考中获得学习的意义和存在的意义。

在以往的师生关系中，教师和学生的关系表现为教师把学生当作被动接受知识的对象，教师有绝对的权威，而在整体主义课程理论中新型师生关系则摆脱了这种主客划分，表现为一种交互式主体关系，教师和学生的交往构成了教学活动的整体，师生关系中的教师一方也就没有了"占有"的欲望，而是让学生一方"存在"着，在相互影响的过程中，作为一个整体共同发展。这样师生间的关系也就成了交互式的，教师影响着学生，学生也影响着教师。教学活动也就摆脱了由教师安排课堂内容的做法，也变成交互式的：教师不再依据某种不变的规则去规定教学活动，师生在相互理解、达成协议的情况下共同商议教学的进程。在传统教学活动中，教师关注的是自己传授了多少知识，学生学习了多少知识，而忽视了每个学生都具有情感、意志、价值、意义等，是一个不可分割的整体。新型师生关系的一个重要特点就是认为在师生交往中，教师和学生都应以整体人格来面对对方，把学生当作一个整体的人，这样才能更好地促进学生的全面发展。这也就意味着这种师生关系中教师专制的消除，教师和学生能在平等的地位上对话。教师不再把学生当作无知的载体，而是有见解、有思想的主体。这种新型关系要求教师的课程意识和课程决策权力日益增强，其角色也开始发生积极的变化。这种变化主要表现在：教师成为课程的研究者、设计者和评价者，成为学校课程变革的主体，在课程发展中发挥更大的作用，产生新的领悟力和领导力，有效促进专业发展，更好地实现教学创新，真正推动教师角色的转变。

总之，学校整体课程的系统设计不仅是学校内涵发展的需要，也是深化课程改革的需要，更是实现学生个性全面发展和提升教师课程领导力的需要。

学校整体课程规划着眼学校课程全景,可以为学校课程建设提供方向性的指引和内在的强大动力。人们逐渐认识到如果缺少学校整体课程的系统设计,国家课程、地方课程将无法达到预期目的,无法实现真正意义上的课程改革,学校整体课程的系统设计是课程改革进一步深化的关键之所在。如果想提升学校课程价值,我们必须进行一场真正意义上的、全新的学校整体课程的系统设计,而这需要以精准且独特的课程理论作为基础。

(一)斯基尔贝克的情境模式

英国教育学家斯基尔贝克是课程设计的情境模式的主要代表人物之一。情境模式是强调通过社会文化情境的分析,着重于进行文化选择,使课程生成于时代文化之中的一种课程研制模式。

基于情境模式,斯基尔贝克将课程研制分为五步。(1)分析情境:对构成情境变化的各种内外因素进行分析,以求得对课程目标来源的全面认识。(2)制定目标:目标产生于对情境的分析,体现了要在某些方面改变那个情境的各种决策。(3)编制方案:即回答"教什么""如何安排"的问题,包括选择学习材料,安排教学活动,调配教职员,以及挑选合适的补充材料和教学手段。(4)解释与实施:这是一个理论联系实际的环节。把发生的实际问题揭示出来,然后在实施中有把握地逐个加以解决。(5)追踪与重建:这一步骤是课程的检查、反馈、评价与改进的过程。课程评价包括对学生学习情况的评价和对课程本身的评价。根据评价结果,获得反馈意见,发现课程中存在的问题,并做进一步的修正与改进。

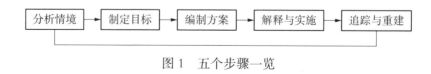

图 1　五个步骤一览

斯基尔贝克情境模式具有很强的灵活性、适应性,主张从学校实际入手,为学校整体课程的系统设计提供了一个很好的思路。学校课程发展必须对学校各种内外因素进行分析,以求得对课程目标来源的全面认识。斯基尔贝克的情境分析模式,将课程设计置于学校文化的架构中。教与学乃是产生经验交换和改变的过程——师生经验的交换、学生能力的改变。学生处在一种发现自己,并受到许多情境因素影响的状态,课程设计人员在设计课程时,必须了解课程设计过程中的学校教学情境,以考量课程设计的可行性。

(二)派纳的理解模式

课程开发的理解模式是威廉·F.派纳提出的。作为20世纪70年代"概念重建"运动的发起人之一,派纳是当代美国课程领域最富有影响力的课程理论家之一。派纳认为,以考试和分数为驱动的课程与教学导致教师和学生缺少思想、缺乏理性、缺失灵魂,甚至会导致经济不平等和社会不公正等严重问题。[1] 因此,派纳倡导由"课程开发"转变到"理解课程",这引起了传统课程理念的深刻变革,扭转了传统课程以技能和分数为中心、忽视学习者个体意义的倾向。

按照派纳的理解模式,每一所学校都可以有自己独特的课程理念,结合学校的具体情况,量身打造适合学校长远健康发展的课程体系;以学生为本,尊重学生作为个体的教育性经验,推动他们的自我理解和自我重构;勇于尝试打破传统的学科限制,推动跨学科知识的研究与综合素养的生成。

(三)泰勒的目标模式

泰勒是现代课程理论的重要奠基者,是科学化课程开发理论的集大成者。他的代表作《课程与教学的基本原理》被誉为"现代课程理论的圣经"。泰勒的课程理论是围绕目标来展开的,具体来说是围绕四个基本问题的讨论展开的:第一,学校应该达到哪些教育目标?第二,提供哪些教育经验才能实现这些目标?第三,怎样才能有效地组织这些教育经验?第四,我们怎样才能确定这些目标正在得到实现?[2] 这四个基本问题可进一步归纳为"确定教育目标""选择教育经验""组织教育经验""评价结果",这就是著名的"泰勒原理"。泰勒的研究,围绕着解决这些问题的方法和程序进行,他对于每个问题分别从教育的实际状况进行了分析,提出主要问题所在,然后进一步提出解决问题的思路和方法。因此,在泰勒看来,确定教育目标是课程开发的出发点。课程开发的整个过程都决定于预定的教育目标,目标

① 王永明.威廉·派纳对美国课程的反思和重构——派纳的课程观述评[J].教育学报,2014,10(5):27.
② 泰勒.课程与教学的基本原理[M].施良方,译.北京:人民教育出版社,1994:导言.

是课程的灵魂。

学校课程变革不是漫无目的的"撒野",而是基于目标的牵引,匹配课程、实施课程、评价结果的过程,是让理性精神照耀学校课程变革的过程。在学校课程设计实践中,具体操作如下。首先,确定学校育人目标。育人目标的确立必须依据全面发展的教育方针要求,结合学校课程理念,精准地确定学校育人目标。其次,厘定学校课程目标。学校课程目标是育人目标的年段要求和具体表现,它可以对照国家课程方案的要求和学校的特定实际。最后,建构学校课程体系。基于课程目标,建构学校课程体系:横向上,要求对学校课程进行逻辑梳理与分类,搭建学校课程结构;纵向上,要求按照年级与学期时间序列匹配课程,形成可见的课程图谱。[①]

(四)斯腾豪斯的过程模式

英国课程学者斯腾豪斯在进行了大量的理论研究并吸收了英国许多课程编制的实践经验的基础上,尝试探索一种新的课程编制策略,它不把预先具体规定的目标作为起点,但能对课程和教学过程做出有效的说明,也就是说不以事先规定的结果为中心,而要以过程(即学生表现的行为)为中心。这就是所谓的"过程模式"。

过程模式重视课程活动过程,强调通过对知识形式和活动价值的分析来确定内容,主张通过加强教师的发展来激活学校课程,要求教师在课程开发过程中,通过反思澄清隐含在课程实践过程中的价值要素,提升课程变革的价值理解力和判断力。[②] 在该理论中,斯腾豪斯提出"教师即研究者"的思想,因此学校就成为课程开发的中心,这与校本课程开发的思想不谋而合。教师在课程开发时要秉承研究的态度,所进行的课程开发即是研究的过程。尽管该课程理论没有提出课程开发的具体步骤和方案,但是讨论了课程开发中的原则及方法。斯腾豪斯认为,学生的兴趣、态度等可能会随时发生改变,课程的研究和开发应该是一个动态的、持续发展的过程,在进行课程开发时切不可闭门造车。[③] 因此,课程设计应该是研究、编制、评价合而为一的,人们可以通过详细说明的内容和过程中各种原理的方法,来合理地设计课程,而不必用目标预先指定所希望达到的结果。

学校整体课程建设需要活跃学校课程实施。学校整体课程设计应充分地让师

---

① 杨四耕. 首要课程原理:学校课程发展的整合性架构[J]. 江苏教育,2019(59):9.
② 杨四耕. 首要课程原理:学校课程发展的整合性架构[J]. 江苏教育,2019(59):9—10.
③ 李欢欢,吴秉益,那杰. 基于核心素养的校本课程开发模式初探[J]. 教育教学论坛,2019(21):73.

生参与其中,应使教师明确教学过程中内在的价值标准及总体要求,而不指向对课程实施的最后结果的控制;在课程内容的选择方面,应该充分研究知识本质,进而寻找有关课程内容的选择原则;在课程内容组织方面,应强调既要使之清楚地反映各学科领域的基本概念、过程和方法,又要能被普通教师教给普通学生;在课程评价方面,应更多地关注学生的需求、想法及困难,为他们提供有效的帮助,不断对学生的表现进行纵向比较,使学生明确努力的方向,而不是"一把尺子量水准""一张考卷定终身"。只有这样,才能使每个学生都有机会去发展自身的智慧和潜能,成为不同领域里的佼佼者,从而促进学生综合素质的全面发展。[①]

(五)施瓦布的实践模式

施瓦布提出的实践模式认为,课程不能脱离教师和学生而制定,不应该将教师和学生孤立于课程之外,要改变他们被动接受和完成课程、缺乏课程主体性的做法,强调教师和学生是课程的合法主体和创造者。教师是课程的主要设计者,在课程编制中起主导作用,并且在实施课程的实践中完全有权根据特定的情境发挥自己的创造性,对课程内容予以合理的取舍、批判。同样,学生也是课程的重要主体和创造者。虽然他们不能直接设计、开发课程,但他们有权对教师提供的课程进行选择,有权对于学习内容的价值以及如何完成这种学习内容等问题向教师质疑,并要求解答。[②] 通过这些方式,学生把全部生活经验参与到课程改造过程中,从而让"创造和接受课程变为同一过程"。"实践模式"的课程理论强调课程的实践价值和动态过程,追求课程的实践性,重视课程开发中结果与过程、目的与手段的统一,主张用集体审议的方式解决课程问题,同时把教师和学生视为课程的主体和创造者。

因此,学校整体课程建设激活学校课程管理教育的意义就在于培养学生在面对生活中新的实践或政策所出现的问题时,有能够采取相应措施予以解决的能力;其功能则旨在实现个体功能,帮助学生挖掘潜能,揭示原则和方法,并运用学科使学生对知识进行再现和扩展。鉴于此,教育所从事的应是实践性问题,而非简单的对事物的接受。课程也是如此,要在实践的过程中提出课程问题,使实践性课程为学生提供相应合理的知识、技能以及行动倾向等,以此帮助学生获取处理实际生活

① 纪德奎.斯腾豪斯"过程模式"探微[J].沈阳师范大学学报(社会科学版),2005(2):22.
② 张朝珍.大学课程与教学理论[M].济南:山东大学出版社,2020:44—45.

问题的策略与能力。而学生作为课程的定义者、课程的要素之一,则应将自身投入与其相关的适宜于生活的教育之中,通过教育理解何为好的生活,如何选择好的生活,并在生活中做出理性的决定。[①]

 三、学校整体课程系统设计的整合框架

情境模式告知我们,学校整体课程建设需要分析学校课程情境;理解模式告知我们,学校整体课程建设需要建构学校课程哲学;目标模式告知我们,学校整体课程建设需要厘定学校课程目标,需要设计学校课程框架;过程模式告知我们,学校整体课程建设需要活跃学校课程实施;实践模式告知我们,学校整体课程建设需要激活学校课程管理。吸取诸家理论,结合课程规划的实践经验,我们提出了学校整体课程系统设计的 SPADAM 模型。

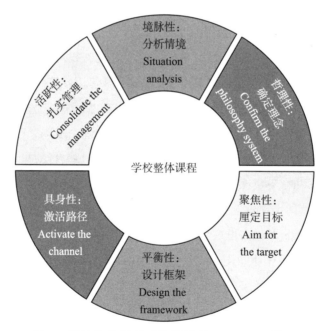

图 2　学校整体课程系统设计的 SPADAM 模型

---

① 袁利平,杨阳. 施瓦布的"实践"概念及课程旨趣[J]. 全球教育展望,2020,49(1):19.

上图包含了学校整体课程系统设计的六个重要维度：

（一）境脉性：分析情境（Situation analysis）

在学校整体课程系统设计时，有必要对学生、教师、学校环境等进行全方面的分析，以帮助课程更好地满足学生的发展需要。清晰学校课程情境，是学校课程发展的起点和前提。[1]

学校首先要进行情境分析，包括学校的外部环境与内部环境。要调研分析学校的规模与经费，学生所处的情境、年龄构成、兴趣爱好、能力与需求，教师的知识与技能、课程开发能力和参与意愿，学校课程的现状，教学楼与教学设备等校内资源环境。校外资源环境有家长和社会的各种愿望，社区资源的优势与劣势，社会文化变迁，教育政策的变革等。[2]

对需求进行评估是针对学生的发展、家长的期望等做出判断，在分析学生的课程需求时可应用多种方法，例如问卷调查法等。对现有资源进行调查是要对学校自身现有的硬件设施及教师软实力进行了解，从而明确在课程开发过程中学校能够提供哪些资源，在哪些方面还有所限制，做到心中有数。[3]

（二）哲理性：确定理念（Confirm the philosophy system）

在不少人的眼睛里，课程就是分门别类的"学习材料"。当我们走出这种视野，把课程理解为每一个人活生生体验到的存在的时候，课程就具有了全新的含义，它不再只是一堆材料，而是一种可以进行多元解读的"文本"。通过"解读"我们可以获得多元话语，可以得到关于课程的独特理解。当下，有不少学校的课程建设还只是课程建设"这件事"而已，他们很少思考课程内蕴的价值观与理念，很少将理念融入课程，似乎课程与理念无关，只需要投入力量"建设"即可，只需要"开发"即可。在这些学校，他们做的课程往往是"没有课程观的课程"。因此，点状的课程、碎片化的课程比比皆是，价值取向不清晰的课程也是常态，这是我们要杜绝的。[4] 每一所学校都应该找寻自己的独特课程哲学，并将其统一于学校课程的整体设计。

① 杨四耕. 首要课程原理：学校课程发展的整合性架构[J]. 江苏教育，2019(59)：8.

② 庄新艺. 基于斯基尔贝克理论的小学英语校本课程的开发与实践研究——以漳洲外国语学校为例[D]. 闽南师范大学，2015：12.

③ 李欢欢，吴秉益，那杰. 基于核心素养的校本课程开发模式初探[J]. 教育教学论坛，2019(21)：74.

④ 杨四耕. 首要课程原理：学校课程发展的整合性架构[J]. 江苏教育，2019(59)：8—9.

学校整体课程不是被动依附于实践,而是把实践作为反思和解读的文本,需要被理解和建构意义的"符号表征"。每一所学校都可以有自己独特的课程文化言说,每一所学校都要基于自己的课程境脉,理解自己的课程文化与理念。学校要将实践作为解读的文本,建构自己独特的课程哲学,深刻阐述自己的课程哲学。

(三)聚焦性:厘定目标(Aim for the target)

学校整体课程是聚焦育人目标的实现的,因此,学校整体课程系统设计首先就应该确定学校的育人目标。育人目标是各级学校对于"培养什么人"的具体要求,是对教育成果的预设,也是学校文化建设的核心和载体。国家义务教育阶段学校的育人目标应为"学有特长,全面发展,德智双全,身心两健"。以此为基础,各学校应该结合自身实际,科学确定课程目标。

首先,课程目标的设定应符合学校的实际情况。学校整体课程规划的一个典型特征在于校际的差异性,即每一所学校都有自己的文化传统、独特的内外部环境,具体在师资水平、生源质量、办学条件和课程资源等方面都存在差异。学校整体课程规划源于学校自身的困惑与理想,不同学校之间发展现状不同,不能完全沿用国家与地方的课程计划,也不能照搬其他学校的课程规划模式。第二,学校育人目标的设定应考虑学段因素的影响。课程规划要根据学生成长过程中各学段的不同需求提供不同的课程思考,科学设定与不同学段相匹配的课程目标。例如小学、初中和高中三个学段的育人目标,就需要体现出相对应的三个层次。另外,根据级次的不同,也需要有更细化的分层,以便于具体知道每一阶段的育人工作。与此同时,学校应注重各学段育人目标的衔接化和一体化,即各阶段育人目标的实现是为学校教育阶段终极育人目标的达成。

(四)平衡性:设计框架(Design the framework)

课程平衡包括两个方面:一是量的平衡,即某一学科所代表的工作负荷在整个内容中所占的比重;二是质的平衡,即各类内容价值的汇合,理论和例证之间的关系等。其中,内容平衡是人们追求的主要方向之一。这两个方面的平衡本质上是课程的形式结构和实质结构的平衡。人们一般都是根据教育的最终目的来寻求这种平衡。因此,应分析以下几个方面的问题。(1)不同类目标(认知的、情感的、心理运动的)之间的平衡。(2)不同类学科之间的平衡。(3)理论和可以直接应用的内容之间,或在概念方面的课程应是一个平衡化的系统,学生应该学习宽广平衡的课程。①

　　为实现学校课程的平衡性,学校整体课程的系统设计首先要有一个总体框架,然后才能更好地实施。将框架落到实处就需要课程方案的设计,课程方案是将理论付诸实践的具体说明。课程方案一般包括课程名称、授课对象、课程介绍、课程目标、课程内容与活动安排等方面。课程目标确定后要对课程的内容进行选择和组织,以便开发出的课程在体现学校教育理念的基础上更能满足学生们的整体需要。课程内容无论是从已经编制好的课程方案中选择,还是对某些知识进行全新的编写,都要注意知识内容要变多元、巧综合、重时效、求新颖。②

　　在"平衡性"理念下构建框架要注意如下三点:其一,不论具体培养目标如何,各级各类学校为保证教育质量,都应全面地设置德智体美各方面的课程;其二,保证普通科目与职业科目的平衡性;其三,必修课程和选修课程、学科课程和活动课程并重,各部分都应成为课程结构的组成部分,彼此配合、相互补充、形成合力,从不同方面为实现培养目标服务。③

(五)具身性:激活路径(Activate the channel)

　　在具身认知理论看来,教学并非意味着剔除教师与学生个人经验,机械习得知识,而是教师和学生共同合作探究学科知识以及生活问题、合作建构思想与意义的过程,彼此相互倾听与对话,共同创见自己的想法,从而实现自我体验与经验分享的过程。④

　　因此,学校整体课程的系统设计必须激活包括教师和学生在内的课程实践过程,回归课程的实践旨趣。实施课程可以有多种途径,例如课堂教学、兴趣小组、社团活动、校园节日、研学旅行等。在探究过程中,不断提出新问题,使实践得以继续进行。通过各种活动,激发学生积极的思维,使学生自由地表达自己的见解,在活动的过程中感受实践的乐趣,发展生活智慧与课程智慧,实现全面发展,从而促进学习方式的变革和育人模式的转变。

---

① 林冬梅,张君.课程平衡初探[J].沈阳师范大学学报(社会科学版),2003(4):78—79.
② 李欢欢,吴秉益,那杰.基于核心素养的校本课程开发模式初探[J].教育教学论坛,2019(21):74.
③ 林冬梅,张君.课程平衡初探[J].沈阳师范大学学报(社会科学版),2003(4):78.
④ 张良.论具身认知理论的课程与教学意蕴[J].全球教育展望,2013,42(4):31.

（六）活跃性：扎实管理（Consolidate the management）

课程管理是在一定的社会条件下，有领导、有组织地协调人、物与课程的关系，指挥课程建设与课程实施，使之达到预定目标的过程。随着课程管理权的不断下放，学校应通过增加课程管理主体，明晰不同层级管理主体的权责，形成各管理层级之间的联动机制。因此，校长在主导学校课程管理的同时，要合理分配各管理主体的责权关系，以科学有效的管理方式保证各管理主体之间的权力共享和制衡，确保课程管理的良好运行，提升学校课程品质。[①]

综上所述，学校整体课程的系统设计是学校课程文化重建的过程，也是学校真正形成自身的办学个性、提升办学质量的根本保证。站在新的历史起点，我们期待着三亚每一所学校都能通过学校整体课程的系统设计，改革创新，不断提升课程领导力和实施力，为建设有国家视野、时代特征、本土情怀、校本特色的多元整合、实施高效的学校课程体系而不懈努力，培养更多具有海南"特色印记"，能担当民族复兴大任和自贸港建设重任的时代新人。

（撰稿者：王晓）

[①] 王明宇，吕立杰. 我国基础教育课程管理发展 70 年的回顾与反思［J］. 教育理论与实践，2019，39（22）：54.

第一章 学校课程情境

　　分析课程情境是课程设计的首要环节。对课程情境的分析,主要着眼于课程情境的外在环境与内在情境,其中外在环境主要包括哲学或时代精神、社会文化与社会现实、地域文化以及社区环境等;内在情境主要包含该学校的历史与办学传统、办学条件与课程现实、生源情况与教师素质等。学校通过情境分析可以全面认识课程目标的来源,把握教育发展的趋势,了解学生的需求,了解课程设计的优势与不足,助力整体课程的系统搭建。

学校课程是处于特定的情境之中的。因而,学校整体课程设计,首先要考虑的是分析学校课程情境,掌握学校课程发展的文化与历史脉络。

关于这个问题的探讨,英国课程分析学者斯基尔贝克和劳顿提出了课程开发的情境模式。情境模式是植根于文化情境分析的课程论思想。课程开发的情境模式以为,分析情境是课程设计的首要环节,我们只有对构成情境变化的各类内外因素进行分析,才可能求得对课程目标来源的全面认识,才能把握学校整体课程的文化渊源和历史脉络。我们认为,学校课程情境分析,主要是分析学校课程所处的外在环境和内在情境。

 一、外在环境分析方法

劳顿在《课程研究与教育规划》中构建了一个建立在文化分析基础上的课程研制程序:通过对人类文化共同特征的哲学分析,确定永久性的教育目的以及知识的价值和结构;通过对特定社会文化的分析和对社会现实情境的判断,确定教育现实的社会职责、目的及手段;在对教育目的、职责及知识价值、结构的哲学与社会学分析基础上进行文化要素的选择,确定课程的文化选择背景;运用心理学理论对课程予以编排、组织;按顺序和阶段具体组织课程材料,安排课程进度。[①] 劳顿的观点主要是就学校课程所处的外在环境而言的,主要包括哲学或时代精神分析、社会文化与社会现实分析、地域文化分析以及社区环境分析。

首先,哲学或时代精神分析。从 1949 年到 2019 年,从改革开放后九年制义务教育的普及到发展素质教育,从立德树人的根本任务的落实,到核心素养对素质教育内涵的具体阐述,从聚力"双减"提质赋能到"五育并举"落地增效,中国教育经历了跨越发展的 70 年。

其次,社会文化与社会现实分析。目前,世界正在经历大态势,人类面临诸多挑战,我们正处于百年未有之大变局中。21 世纪人类面临着三个主要挑战——核战争、生态崩溃、技术颠覆,这些都不是由某个国家可以凭借一己之力进行阻止与

① 张相学. 从"课程开发"到"课程理解"——现代西方课程模式的演化轨迹与当代启示[J]. 辽宁教育研究,2007(10):102.

监管或改变的,学校整体课程在这大态势中也将面临新的挑战。

再次,地域文化分析。2018 年,党中央决定支持海南全岛建设自由贸易试验区。2019 年,海南省教育大会突出强调,要着力培养德智体美劳全面发展的社会主义建设者和接班人,打造海南中小学生"特色印记"。我们所提到的"特色印记",是指海南培养出来的学生要有自己的特点,致力打造"健康阳光、好学上进、勤劳诚信、文明朴实"的海南学生。2020 年,全省基础教育暨综合改革工作会议要求,要做到德智体美劳"五育并举",让海南中小学生"特色印记"日益彰显。近几年,省委、省政府及省委教育工作领导小组每年都将"特色印记"教育纳入工作要点做出部署安排。2020 年 6 月 1 日,《海南自由贸易港建设总体方案》正式发布。一方水土,孕育一方文化;一方文化,影响一方经济、造就一方社会。自贸港建设在带来优质的投资资源的同时,必将带来高质量的教育资源,海南引进的一批国内外名校,将会为海南培养更多的优质人才。

最后,社区环境分析。社区环境包括自然环境、社会环境、文化环境。三亚自然环境优美,有海有山,有石有洞。海则清澈湛蓝,沙则洁白细软,浓郁的椰风海韵,美丽的日出日落,得天独厚的气候使得社区内的绿化、净化和美化状况达到最佳。政策的扶持使得社区的生活条件、消费状况和治安状况等社会环境良好,进而营造出和谐的文化环境。而和谐学校文化与教学是一种循环互动关系:和谐学校文化理念将在教学实践中指引着教学目标、课程、方法、评价、环境的和谐,进而渐进地生成符合自身发展需要的和谐学校文化;另一方面,教学中生成的和谐学校文化又反过来对教学产生真切的导向与改善作用,使教学彰显出"三维和谐"的教学图景。①

基于以上四个方面的分析,学校整体课程需要通过外在情境将课程领域放大到更大的教育、社会层面中,从而全面深入地彰显其内涵。

 二、内在情境分析方法

斯基尔贝克在《课程编制过程:学校使用的一种模式》中指出,课程研制必须从

---

① 张勇,徐文彬. 和谐学校文化建设与教学的互动关系[J]. 教学与管理,2021(4):13.

分析学校所处的社会及其文化环境入手。一是对制约课程的内外因素及相互作用的分析;二是依据对各种制约因素的分析、诊断的结果,确定旨在改变某方面情境的各种决策的课程目标;三是回答"教什么""如何安排"的问题;四是对课程方案实施中的各种实际问题予以解释并逐个加以解决;五是对教育结果进行全面的检查、评价。① 斯基尔贝克的观点主要是就学校课程所处的内在情境而言的。我们认为,内在情境包括学校历史与办学传统、办学条件与课程现实、生源情况与教师素质等。

首先,学校历史与办学传统。具有悠久历史的学校都会有其自身的办学传统,办学传统来自办学理念,是办学理念的传承,而哲学性是办学理念的本质属性,学校课程的价值取向受课程哲学影响,课程哲学也进而决定着课程的决策与开发。所以说,每个学校课程的目标、内容、结构、评价都蕴含着课程设计者的相应哲学思想与观念。②

其次,办学条件与课程现实。教育的高质量需要高水平的办学,包括先进的办学理念、科学的教育思想、优秀的教师团队、和谐的学校文化、充足的教学设备等。提升办学水平是提高教育质量的根本保障。只有真正提升了办学水平,才能从根本上确保教育质量。③ 好的办学条件,是提高教学质量的物质保障。科学的校园规划、精良的校舍建筑、良好的教育装备、较高的信息技术配置等各种物质资源都是特色课程建设的物质保障。

最后,生源情况与教师素质。学生与教师是学校的主要组成部分,优质的生源、高素质的教师队伍是学校发展的根本,二者相辅相成,缺一不可。生源质量是影响学校人才培养质量的直接因素,影响工作进程及学校在社会上的声誉。因此,学校既要提高生源质量,也要通过不同课程的设置进行人才的分类培养与因材施教,提高成材率。教师是学校的灵魂与核心,是学生的导师与楷模,在教学中起到承上启下的作用,教师素质的高低直接影响学校人才质量与核心竞争力的构建。没有生源,教师水平再高也无法发挥作用;反之,教师的教育水平低,生源再多,也

① 张相学. 从"课程开发"到"课程理解"——现代西方课程模式的演化轨迹与当代启示[J]. 辽宁教育研究,2007(10):101—102.
② 堵琳琳. 学校课程哲学与学校课程计划的编制[J]. 新课程(综合版),2012(3):4.
③ 杨骞. 学校办学水平与教育质量关系之研究[J]. 中国教育学刊,2011(5):21.

很难教出优质学生。此时便需要用课程设置构建起师生间稳定的桥梁,使优质的生源与高素质的教师形成良性循环,让学校走得更远。

总之,学校课程情境分析应该把握教育发展的趋势,分析学校所处的文化生态环境有哪些优势,哪些可以开发为学校的特色,课程设计有哪些优质资源,学校的办学传统如何扬弃,学校内部拥有哪些优势与不足,学生有什么学习特点和需求以及教师方面有什么优势与不足等。[1]

综上所述,对整体课程的情境分析是学校整体课程系统设计的第一步。把握学校整体课程境脉必须整体把握学校的全部情境。在这里,"全部情境"指向"境","整体把握"指向"脉",即任何真正的学习绝不是孤立存在的,须在一定的境脉中通过彼此关联产生新的意义。在现有的内外情境中,了解学生的需求,实施相应的课程,在"境"中通"脉",以完成整体课程的系统搭建。

(撰稿者:富海燕)

创意设计 **"A-I-R"课程:在最宽广的领域恣意奔跑**

上海外国语大学三亚附属中学(简称"上外三亚附中")坐落于海南省三亚市天涯区凤翔路,是三亚市教育局批准成立的六年一贯制公办学校。三亚市人民政府负责提供学校用地、基础建设、硬件配置以及政策支持。上海外国语大学负责输出教育品牌、选派校长、组建管理团队并协助组建教师队伍,指导和支持学校开展教育、教学及运营管理工作。学校已于 2020 年 9 月正式开学,目前共有初一、初二两个年级,每年级各招收 6 个班,现有学生 501 人,全寄宿制管理。现已完成 5 批次全国教师招聘工作,在编教师 95 人,外教 6 人。其中,正高级教师 3 人、高级教师/省级骨干教师 21 人,硕士及以上学历约占比 67%,含博士 2 人。学校总用地面积135 437.44 平方米(约 203 亩),总建筑面积104 021.44 平方米,主要建设内容包括 1 栋 5 层教学实验楼,1 栋 4 层多语培训中心,1 栋 6 层宿舍楼,1 栋 4 层综合楼,1 栋 2 层风雨操场(含室外泳池),教师工作间 4 栋、食堂 1 栋,1 个 1 层地下室和 1 个 400

---

[1] 杨四耕. 自主性变革:走向课程自觉的美好境界[J]. 中国教育学刊,2020(5):68.

米运动场。为了更好地满足学生全面而有个性地发展的需求,学校依据《关于全面深化课程改革落实立德树人根本任务的意见》《关于深化教育教学改革全面提高义务教育质量的意见》《关于新时代推进普通高中育人方式改革的指导意见》和《海南省义务教育地方课程和学校课程设置指导意见》等文件精神,系统设计学校整体课程。

第一部分 学校课程情境

一 学校课程发展优势

(一)优质的办学资源为课程发展奠定基础

学校作为三亚市 2020 年重点幸福民生项目之一,备受关注。学校充分依托上海外国语大学和上外附中的优质教育资源和先进的外语教学理念,秉承上外附中"服务祖国发展,服务人类进步"的办学宗旨,同时充分利用三亚市及海南省在国际经济关系中独特的区位优势,在坚持社会主义办学方向的前提下,探索三亚教育国际化发展的新路。上海优质教育的规范引领、文化植入和资源配置,以及上外附中在骨干教师外派、教师招聘培训、学校招生、学生活动交流、课程发展等方面对学校进行的帮扶,为学校品质课程的发展奠定了坚实的基础,推动了学校教育事业的发展。

(二)明晰的办学定位为课程发展指引方向

学校具备现代化办学思路。2020 年 9 月开学以来,截至目前,我校已初步完成了《学校形象手册》《学校章程》《学校制度》《学校课程》《学校规划》等章程的制定,为学校科学管理、科学育人、科学教学、科学研究、科学课程、科学长效机制的制定和实施,以及学校品牌形象的树立奠定了扎实的基础。学校办学定位清晰,办学愿景明确——坚持社会主义办学方向,践行社会主义核心价值观,按教育规律办事,致力于将学校建设成具有上海特色、海南特点、中国情怀、全球视野的一流外国语学校,办人民满意的优质教育,为海南建设具有中国特色的社会主义自由贸易港,培养兼具家国情怀与国际视野的本地未来英才。清晰的办学定位为课程的设置及发展指明了方向。

(三)浓郁的校园文化为课程发展提供土壤

学校文化体系建设较为完善。学校建构并梳理了团建组织管理流程、学校媒体建设与管理流程、学校文化标识管理流程、校园文化墙管理流程、校园设施维护与管理流程、校园安全管理流程等。另外,学校与上外语言博物馆、外教社等多个国内权威机构合作,共同打造了《语林世界》,将语言与世界、文化与文字的关联和背景知识全面生动地呈现出来。学校还提供了"无处不学习"的校园多语学习场景。各类校园文化活动营造了良好的校园文化氛围,比如书法口诀比赛、英语写作比赛、运动会、国际文化周、头脑奥林匹克竞赛、小海纳征文活动等。浓郁的校园文化氛围为课程发展提供了肥沃的土壤。

(四)丰富的社区资源为课程发展提供支持

学校关注学生的学习需求和生命成长规律,基于学校的育人目标,吸收国际课程中跨学科、重评估、全人全纳、全球背景等精髓,与大学、研究机构、社会团体频繁互动,建立广泛联系,拓宽育人空间。目前与学校达成合作关系的单位有中国科学院遥感与数字地球研究所三亚研究中心、联合国教科文组织联系学校国际中心、海南中金鹰和平发展基金会、上海四季集团等,确定了合作意向的有商汤科技、三亚传媒影视集团、蓝丝带海洋保护协会、三亚航模运动协会、美国费城音乐节中国代理公司等。在上外附中"2.0+"课程体系的基础上,学校建构了聚焦国家地方课程、注重学生全面发展的基础课程,并形成了提升学生全球胜任力的"基石课程"和满足学生个性化发展的"深蓝课程"的课程体系;目前学校针对七年级学生已经开设"基石课程"6门,"深蓝课程"35门。学校邀请了社会各界人士,集大家智慧创建了一座"真人图书馆"。

(五)优质的师生团队为课程发展提供保障

学校核心管理团队由上外附中外派,另通过全国招聘,引进了一大批学科素养高、专业能力强、教育教学经验丰富的教职工,年龄结构、职称结构较为合理。同时,根据海南省教育厅的相关政策,学校的初中生源为全省范围内外语基础好、综合素质强的学生。学生在学习基础、学习愿望和发展潜力等方面都有一定的优势。学校师生团队的优质素养将为课程发展提供有力的保障。

二 学校课程发展空间和生长点

(一)学校课程的理念凝练与价值认同问题

学校自建校初期就明确提出了办校宗旨、办学理念和教育哲学,作为与之相适应的课程建设核心,课程理念在学校广大教师同心协力的教学实践和教育探索中,也在逐步获得认同。在进一步深化课程体系建构的过程中,课程理念需要更加深入地落实到具体的课程实践当中去;需要学校理清办学理念、课程理念与课程实施之间的关系,构建一以贯之、内在协调、多维一体的课程价值体系。

(二)品质课程的规划意识与开发能力问题

作为课程开发的主体和既定课程的执行者,教师的思想、信念、能力和热情对于整个课程开发与发展具有直接的推进作用。教师对于课程的理解,以及教师是否具有大学科意识,是否具有开放、科学的综合课程意识,是否具有课程开发、课程实施的能力,是课程能否发展的关键。课程的开发实践需要教师具备一定的课程资源开发能力,如对课程资源的发掘能力、识别甄选能力、整合改进能力、创造生成能力等。这就需要教师形成与时俱进的教育理念和自我发展意识,在课堂实践和教研活动中树立课程意识;同时也需要学校开展专题式能力素养培训、综合学科研讨、主题研修等,提升教师的专业化能力,从而进一步开发利用课程资源、优化课程开发、有效实现课程目标。

(三)区域资源的深度开发与整合利用问题

课程的开发和实施需要一定的课程资源,学校的课程资源既有校内资源,也包含校外资源。校内资源主要包括优质的师资力量、硬件设施和良好的课程发展氛围,校外资源包括学校以办学理念和课程理念为纲的校企合作、家校联合的课程力量等。目前学校具备良好的校园氛围和硬件设施,同时拥有一批具有现代教育理想、教育手段和新课程理念,学校文化认同度较高,自我发展意识较强的优秀教师队伍,校内资源丰富。校外资源方面,学校位居三亚市天涯区,毗邻凤凰国际机场,交通便利,已经形成了多个校企合作、家校联动的合作课程,开发了社区课程、实践课程等;同时依托海南自贸区政策、上海管理团队和优秀的大学办学资源,成立了学校课程发展委员会,聚集各行各业的智囊,进一步合作建设相关课程。

(四)学校课程建设的系统性和结构性问题

由于建校时间短,目前学校仅有两个年级,尽管可供学生选择的课程相对丰富,但基于学校和学生实际的整体学校课程体系还没系统地构建起来,学校课程目标与育人目标的内在逻辑关系,学校课程内容体系与现行的国家课程、地方课程体系的关系,学校课程的实施途径、课程评价等方面的问题有待解决。同时还有中高考改革带来的问题,如"3 + 3"自主选科、选课走班、劳动教育和场馆教育的落实等,也是课程规划中需要考虑的问题。

第二部分　学校课程哲学

上外附中的办学宗旨是"服务祖国发展,服务人类进步",上外三亚附中作为三亚市引进的优质教育资源,在新的教育教学思想的影响下,不断梳理既符合地域文化需求,又顺应时代发展要求的办学理念和目标。结合学校实际,我们提出学校的教育哲学和课程理念。

一　学校教育哲学

学校教育哲学是"宽教育"。"宽教育"秉承上外附中的办学宗旨,以"自强、至诚、志远"为校训,以"宽广的视野、宽阔的胸怀、宽博的学识"致力于培育国际预备型英才,引领青少年迈向自由成长、自我发展、自主成功、自在状态的教育,我们认为:

"宽教育"是全面发展的教育。"宽"是心地宽广者的修为,万里无云的天空可以说"宽",浩浩荡荡的江河湖海也可以说"宽","宽"的含义从天地空间的广阔引申为心理空间的宽广,如宽宏、宽厚、宽容、宽松等。古人云:"将军额上能跑马,宰相肚里可撑船。"比喻宽厚的胸襟。《周易》中言及"宽以居之",讲的是用宽厚的态度处世。"海纳百川,有容乃大",有容人之量,才能得到别人的敬仰。比陆地更宽广的是海洋,比海洋更宽广的是天空,比天空更宽广的是人的心灵。以"宽"修身养性,视野宽则心宽。马克思主义关于人的全面发展学说认为:"实现人的全面发展的根本途径是教育同生产劳动相结合。"学校通过文化系统的建构与熏陶,规划宽广的课程,营造宽松的氛围,赋予学生宽容的个性、宽阔的思路、宽宏的智慧,将有利于学生的全面发展。

"宽教育"是以人为本的教育。陶行知说:"我们须把我们学校的范围扩展,海阔天空便是一个整个的学校。"在课程的设置上,要像夸美纽斯说的,实用、广博、精要,把一切有用的知识教给一切人。学校倡导"让学生成为学习的主人,让学生学会学习",彰显了以人为本的"宽教育"理念。"让学生成为学习的主人"就是要求教师在教学中把学生自主学习的时间留给学生、把学生参与课堂的时间留给学生、把学生个性发展的时间留给学生、把学生休息锻炼的时间留给学生,让学生迈向自由成长、自我发展、自主成功、自在状态。"让学生学会学习",就是要求教师把学习方法的指导贯穿于教育教学全过程,提倡无论是在课堂教学,还是在课外教育中都要注重对学生自主学习方法的指导。

"宽教育"是面向世界的教育。爱因斯坦说过,用专业知识教育人是不够的,他必须获得对美和道德上的善的鲜明的辨别力。我们既要尊重教育规律的共性,又要尊重民族文化的个性,因为教育终归不仅仅只是一种知识和能力的传授,更是一种文化的继承和人格的锻造。基于此,在教育教学的探索中,我们初步形成了"求真、奉献、创新"的校风,"求善、务实、进取"的教风,"求真、博学、笃行"的学风,既体现了时代特征和现代办学理念,又使我们立足于现实,不断在发展和反思中探寻新的足迹。

"宽教育"是着眼未来的教育。教育本就是一项关乎未来的事业,中学学段的教育作为基础教育更是一项面向未来的事业。基础教育阶段,就是指人生接受正规教育的起步阶段,其价值不仅仅在于满足眼前的需要,更重要的是为未来(个人的、社会的未来)的发展奠定基础。学校的教育不仅要重视学生现实的发展,更要注重为学生的全面、可持续发展奠定坚实宽厚的基础。为此,学校提出了"为每一个学生的发展赋能"的教育价值观,确定了"让视野更宽、与世界更近"的办学理念。

"宽教育",让人的视野更加高远辽阔;"宽教育",让人的知识更加渊博丰富;"宽教育",让人的心胸更加平和博大;"宽教育",让人的思维更加多元深邃;"宽教育",让人的行动更加从容自如。我们秉持如下教育信条:

我们坚信,

教育是宽广高邈的宇宙;

我们坚信,

学校是感受生命的蓬勃和伟岸的地方;

我们坚信,

让视野更宽、与世界更近是教育的追求;

我们坚信,

教师是广博知识的传播者和思想伟力的分享者;

我们坚信,

给予每一个孩子丰富的学习经历是学校教育的使命；

我们坚信，

让每一个孩子在宽广的领域中恣意奔跑是教育最舒展的姿态。

二 学校课程理念

在"让视野更宽、与世界更近"的办学理念的引领下，我们期望让每一个孩子追寻到自己最绚丽的风采，成就更美好的自我，依据"宽教育"之哲学，我们提出"让每一个孩子在最宽广的领域恣意奔跑"的课程理念，其具体内涵如下：

——**课程即恣意的奔跑**：每一个生命都如一粒奇异的种子，来自不同的基因、拥有不同的遗传，他们带着各自的禀性来到校园中，有的像花一样早早开放，有的像小草一样予人清爽，还有的只露出嫩芽，却好久也不见长。但我们无法预知，他们长大后的模样，我们能做的，就是构筑最宽博的领域平台，给每粒种子最丰富的营养和最适宜的条件。然后守望，静静地守望，等待每粒种子用自己内在的力量快乐地恣意奔跑，在课程的滋养下获得成长力量，多元化发展。

——**课程即丰富的经历**：每个人的经历都是独特的、不可重现的；每一门课程都是璀璨的、独具风采的。课程，将更多地服务于学生的需要，让他们有更多的选择，更多的表现机会，更多的成功体验。在美好的时光里，学生将穿越课程，用过去的经验审视当下，用智慧的目光看待往昔。教师会俯下身子，在欣赏、观察、体验、探索中走进青少年的精神世界，去发现每一个学生的闪光瞬间。

——**课程即个性的成长**：未来的学习必然呈现更自主、更自由、更开放的状态。因此我们的课程将尊重学生的个体差异，发展学生的个性特长，持续促进学生的个性化成长。我们的课程将从学生的优点、优势、差异出发，找到学生可持续发展的制高点，促进学生全面发展；让学生用优美的文字去记录生活，用流畅的线条去勾勒万物，进行真理性探索，思考人和事的准则。

——**课程即生命的绽放**：未来不是在等待中到达的地方，而是当下正在努力打造、成就的地方。我们的课程将努力给青少年提供一个更温馨、更适合成长的精神家园，在这里他们将拥有健美的形体、健康的心态、健全的人格，并且懂得：每一个生命都应该被善待，每一个想法都应该被关注，每一种声音都应该被尊重，每一个个体都应该健康快乐地成长。

——课程即文化的相遇：多元的文化必然带来多元的思维、多元的视角。我们的课程将会引领学生用宏观的视野了解地球，用纵横的视角审视世界，接触了解不同的文化，尊重彼此的文化传统，用开放的心态面对不同的文化，用宽容的心态求同存异；培育学生理性平和的社会心态，让他们公正客观地评价大事小情。

总之，课程是滋养学生心灵和启迪智慧的载体，让每一个孩子在最宽广的领域中恣意奔跑，赋予每一个孩子宽阔胸怀、宽博学识、宽容之心，才能让他们立身世界、成全自我，这是由"宽教育"的内涵决定的。因此，我们建构了基于"宽教育"的"A-I-R"课程模式，即"行动—探究—反思"（Action-Inquiry-Reflection）的课程模式，强调在行动中探索、在探索中反思，以确保每一个孩子在最宽广的领域中都能够得到适应且全面发展。同时，AIR有空气、空中和天空之意，这意味着教育犹如空气之于生命无处不在，而且在不知不觉中发生；丰富学生的学习经历，是学校课程的旨意和追求。

第三部分　学校课程目标

课程是学校教育的主要载体，是实现培养目标的主要内容与途径。教育部印发的《关于全面深化课程改革落实立德树人根本任务的意见》中，明确提出了"学生应具备的适应终身发展和社会发展需要的必备品格和关键能力"，学校根据国家教育方针的引领，顺应时代对人才的需求，结合实际校情，制定了育人目标和课程目标。

一　育人目标

学校育人目标是培养"家国情怀，全球视野；外语见长，文理并举；身心健康，兴趣广泛"的立身世界的中国人。

1. 家国情怀，全球视野

"放眼世界行万里路，胸怀祖国传千年道"，我们要弘扬中华民族的精神文化，让学生追寻乡土记忆，拓宽学生的国际视野，树立起文化自信，让学生的心装满祖国、变得更加开明；让学生的世界更加丰满。面对全球化的多维特征，我们要培养学生的爱国情怀和国际意识，在对待国内国际各类问题时拥有理性思维、政治觉悟和高尚品质；提升学生的核心素养，完善多元化知识结构，以适应当代经济社会发展的需要,成为推动社会发展的时代新人。

2. 外语见长,文理并举

学校重视多元语言的建构,提升学生学习外语的主动性,锻炼学生灵活运用外语进行交流表达的能力,培养学生辩证看待中外文化差异的素养。目前,学校的外语学科课程体系在三亚市乃至海南省是最完整的:学校不仅开设了英语课程,还开设了德语、法语、日语、俄语和西班牙语等小语种课程;不仅开设了外国语言课程,还开设了全外语授课的外国文化课程和科学课程;学生不仅要修习英语课程,还至少要选修一门小语种课程。学校注重中外课程融合,已经形成了独特的学校课程优势。学校在学生培养上注重科学人文并举、文理兼修,在课程设置上注重文理并重,从而帮助学生全面获得文理学科素养和关键能力,使每个学生不仅具备厚实的知识,而且具备丰富的综合素养和多学科交融技能,以适应未来社会的发展。

3. 身心健康,兴趣广泛

学校将体育运动融入学生的个人生活中,使其拥有健康体魄,具备体育技能,养成良好的生活习惯;将体育精神融入学生的个人成长中,使其敢于直面挑战,永不懈怠;将中华优秀传统文化融入学生的人格培养中,对学生进行潜移默化的影响,坚持以文化人、以美育人,从而提高学生的审美能力,塑造学生的健全人格和健康心理;引导学生热爱生活,身体力行,崇尚劳动,学习劳模精神和工匠精神,通过劳动增长才干,为全面发展打下基础。通过好奇心驱动学生的学习,让学生富有创造力,使学生具有创新精神、创新能力、探索能力;通过"六力"(创造力、思辨力、合作力、沟通力、坚持力、传播力)的培养,让学生做到学科交叉、知识融合、技术集成,满足学生核心素养发展的需求,培养与时俱进、兼容并蓄的品格,适应社会发展的需要。

二 课程目标

课程目标是学校育人目标的具体表现,依循"理论认同→情感认同→责任认同→行为认同"的进阶理念,根据初高中各学段学生的年龄和身心特点,立足于知识、驱动于情感、承载于责任、落脚于行动,学校将培养目标进行细化,形成"起步Ⅰ、进阶Ⅱ、精进Ⅲ、跨越Ⅳ"的四级课程目标(见表1-1),让学生通过深入浅出、循序渐进的课程学习,达到"思—信—用—行"的教学目的,以实现学校育人目标。

表 1－1　上外三亚附中四级课程目标

四级进阶内容 育人目标	起步Ⅰ （7年级）	进阶Ⅱ （8—9年级）	精进Ⅲ （10—11年级）	跨越Ⅳ （12年级）
家国情怀，全球视野	1. 能够面对简单的情境问题，引证走中国特色社会主义道路的成功事例，认同中国共产党是中国特色社会主义事业的领导核心，认同中华民族、中华文化和中国特色社会主义。 2. 能够对中华民族的优秀文化传统有初步的了解。具有初步的历史使命感和国家责任感。 3. 能够具有对家乡、民族、国家的认同感，理解并认同社会主义核心价值观和中华优秀传统文化，具有对祖国和人民的深情大爱，热爱家乡。 4. 能够知道基本国情，关注中外国际的发展变化与趋势，把握世界的发展演变，树立开阔的视野。	1. 能够面对一般的情境问题，用中国近现代史证实只有社会主义才能救中国，结合奋斗历程，解释中国特色社会主义理论、制度、文化的价值表达。 2. 能够对中华民族的优秀文化传统有一定的了解。具有一定的历史使命感和国家责任感。 3. 能够理解和尊重世界各国优秀的文化传统，把握中华民族多元一体的发展趋势以及世界历史的发展历程，形成正确的世界观、人生观、价值观。 4. 能够了解基本国情，学会用理解、包容、开放的态度，积极主动地认识世界、了解世界。	1. 能够面对复杂的情境问题，比较世界各国发展道路，论证只有中国特色社会主义才能发展中国，阐述全面从严治党的意义，论述社会主义核心价值观的意义和内涵。 2. 能够对中华民族的优秀文化传统有较好的了解。具有较好的历史使命感和国家责任感。 3. 能够表现出对历史的反思，从历史中汲取经验教训，更全面、客观地认识历史和现实社会问题，形成全面和正确的世界观、人生观、价值观。 4. 能够用平等、欣赏的态度对待各国的文化差异，学习和借鉴人类历史上形成的文明成果。	1. 能够面对具有挑战性的复杂情境问题，回应各种封闭僵化或改旗易帜的主张，阐述走中国特色社会主义道路的坚定信念，阐明社会主义核心价值观凝结的价值追求。 2. 能够对中华民族的优秀文化传统有比较全面的了解。具有强烈的历史使命感和国家责任感。 3. 能够学以致用，将学习所得与家乡、民族和国家的发展繁荣结合起来，立志为新时代中国特色社会主义建设与中华民族伟大复兴做出自己的贡献。 4. 积极参与国际竞争与交流，拥有为世界和平发展及人类进步事业做出贡献的历史使命感。

四级进阶 育人目标 内容	起步Ⅰ（7年级）	进阶Ⅱ（8—9年级）	精进Ⅲ（10—11年级）	跨越Ⅳ（12年级）
	5. 能意识到语言交际中存在文化差异。具有初步的世界意识，了解世界发展的多样性。 6. 能够对当地、全球和跨文化的议题和趋势做出自己的判断，具备分析能力。	5. 能进一步增强对文化差异的理解与认识。对世界和国家发展的大势有一定的了解。具有一定的世界意识，对全球话语能力有了解。 6. 能够理解和欣赏其他个体的视角，能从世界观超越自身的视角思考全球事务、他人的观点。	5. 能理解文化差异，具有跨文化意识。对世界和国家发展的大势有较好的了解。具有较好的世界意识和初步的全球话语能力。 6. 能够以开放、得体和有效的方式开展跨文化互动，与不同文化背景的个体进行有效沟通。	5. 能正确处理不同的文化内涵，尊重异国文化。全面了解世界和国家发展的大势。具有强烈的世界意识和一定的全球话语能力。 6. 能够积极、负责任地评价当地乃至全球事务，愿为增进可持续发展采取行动。
外语见长，文理并举	1. 能了解各种外语的世界地位，认识学习外语的重要性。有一定的外语学习积极性和自信心。 2. 能尝试使用适当的学习方法，克服学习困难。能就日常生活中的各种话题与他人交换信息并陈述自己的意见。	1. 能进一步理解各种外语的重要性，了解其他国家的国情文化。有较明确的外语学习动机和积极主动的学习态度。 2. 能自我评价，总结适合自身的学习方法。能就生活话题进行简单交流，初步用外语表达态度和观点。	1. 能理解和尊重其他国家的文化风俗，认同中华文化。有较强的自信心和自主学习能力，乐于表达。 2. 能形成良好的外语学习策略，具有较强的调控能力。能就熟悉的话题用外语进行连贯叙述，能较好地表达态度和观点。	1. 能探究他国的文化和知识，辩证表达观点，批判理解文化差异。有自觉主动的外语学习能力，乐于表达和探究。 2. 能自觉评价学习效果，形成有效的外语学习策略。能就国内外关心的问题用外语进行交谈，表明态度和观点。

育人目标 四级进阶 内容	起步Ⅰ（7年级）	进阶Ⅱ（8—9年级）	精进Ⅲ（10—11年级）	跨越Ⅳ（12年级）
	3. 能意识到语言交际中存在文化差异，能有意识地用外语思考，初步形成语言思维。 4. 能对文理学科均表现出一定的积极性和自信心。了解和认识文理学科的差异性和共通性。 5. 能尝试欣赏文学作品，能整体感受作品中的形象，把握作品的思想观点和情感倾向，能运用口头语言和书面语言传达自己对作品的感受和理解。 6. 能有学习理科的好奇心，具有实事求是的态度，能与他人合作。	3. 能关注中外文化异同，加深对文化差异的理解，能从跨文化的视角观察和认识世界。 4. 能初步获得作为未来公民所必要的文理学科素养。初步满足个人发展和社会进步的需要。 5. 能一般喜欢欣赏文学作品，能整体感受作品的语言、形象和情感，展开合理的联想和想象，能运用多种形式表达自己的体验，对具体作品做出评论。 6. 能有较强的学习和研究理科的兴趣，能做到实事求是，在合作中能尊重他人。	3. 能了解中外文化的差异和融通，在文化交际中实现有效沟通，形成逻辑性、批判性思维。 4. 能较好地获得作为未来公民所必要的文理学科素养。较好地满足个人发展和社会进步的需要。 5. 能较喜欢尝试用不同的语言表现形式表达自己的思想和情感，尝试创作文学作品，并能对同一个文学作品的不同阐释提出自己的看法或质疑。 6. 能有学习和研究理科的内在动机，坚持实事求是，在合作中既能坚持观点又能修正错误。	3. 能基于事实进行逻辑推理，批判性地审视事物，做出正确的价值判断，创造性地表达自我。 4. 能进一步提升作为未来公民所必要的文理素养。较完整地满足个人发展和社会进步的需要。 5. 能喜欢文学作品的创作，能对同一作品的不同阐释发表观点，且内容具体、依据充分。在鉴赏活动中，能具体清晰地阐释对作品内涵与风格的理解。 6. 能有较强的研究理科的内在动机，能自觉抵制非实事求是的行为，在合作中能发挥团队作用。

四级进阶 育人 目标　　内容	起步Ⅰ （7年级）	进阶Ⅱ （8—9年级）	精进Ⅲ （10—11年级）	跨越Ⅳ （12年级）
身心健康， 兴趣广泛	1. 能学习体育与健康的基本文化知识。 2. 能认识美、感受美、欣赏美，形成艺术通感，引发情感共鸣，丰富个人情感。 3. 能充分认识劳动的意义，培养劳动观念，激发劳动热情，弘扬劳动精神。	1. 能掌握体育运动和锻炼的基本技能。 2. 能树立正确的审美观念，自觉抵制低俗、庸俗的观念和行为，提高审美辨别鉴赏力。 3. 能掌握劳动的基础知识和基本技能，崇尚、热爱和尊重劳动。	1. 能锤炼体育品格和体育精神。 2. 能激发想象力与创新能力，培养高尚的审美情趣和健康的审美观，形成高雅气质。 3. 能提升劳动能力，从事基础性的生产劳动，养成良好的劳动习惯。	1. 能养成健康的行为习惯，增强体质。 2. 能提升创造美、表达美的能力，并将其运用到社会实践之中，增强美的享受。 3. 能激发技术意识、创新意识，培养实践能力和创造性劳动的能力。

第四部分　学校课程体系

为了实现上述育人目标和课程目标，我校通过统整相关课程，打造出培养学生核心素养，引领学生终身发展的学校课程体系，服务学生的全面发展。

一　学校课程逻辑

基于"让视野更宽、与世界更近"的办学理念和"让每一个孩子在最宽广的领域恣意奔跑"的课程理念，我们建构"A-I-R"课程模式，并开发相应的学校课程体系。

——A，Action，行动的关键是要确保每一个学生都有扎实而宽博的学识，学校通过分层教学、人本教学，努力让每一个孩子在基础学科上成绩优异，在拓展性学科上能力突出,在兴趣类学科上特色发展。

——I,Inquiry,探究的关键是要激发每一个学生的好奇心,而好奇心的基础是宽阔的胸怀和视野,这可以让学生有更深化的批判性精神。学校通过各类选修类课程、研学类项目让学生有机会基于自己的学涯规划进行有针对性的探究,同时也为每一个学生配备相应的导师并建立素养发展报告,鼓励学生通过团队合作一起模拟解决现实问题,通过探究能力的训练让学生更清晰地把握自己的发展方向。

——R,Reflection,反思是促进学生个体成长的关键,我们在行动和探究的每一个环节都要求设立反思环节,让学生对学习和实践的过程有更清晰的认知。同时,我们强调通过学校组织学生一起反思个人的成长历程。反思不仅促进认知的深化,也和学生的心理健康以及学校的德育工作紧密相连,学校期望学生可以拥有恣意奔跑的人生。(见图1-1)

学校聚焦学生的核心素养,在把握国家教育目标、落实国家课程计划的基础上,依据学校“让每一个孩子在最宽广的领域恣意奔跑”的课程理念、学校育人目标和“宽教育”之哲学,依托上海外国语大学、上海外国语大学附属外国语学校的优质教育资源和国际交流平台,在海南自由贸易港建设的大背景下,充分挖掘海南省在海洋科学、热带生态、旅游经贸、黎族风情文化、贬官文化、红色故事、场馆教育、研学旅行、海洋文化和南疆国防等方面的特色资源,进行校本课程、隐性课程的科学规划和建设,进而构建学生发展所需要的、具有学校特色的、融必修、选择性选修、选修三级显性课程与学校隐性课程于一体的学校“A-I-R”课程体系。实践“让每一个孩子在最宽广的领域恣意奔跑”的课程理念,提升学校的办学品质,最终促进学生的全面发展和个性发展,落实立德树人的根本任务。

二 学校课程结构

学校以立德树人为核心,围绕“宽教育”的教育哲学,设计了“A-I-R”课程结构,该课程以多元智能理论为核心,涵盖了“宽言、宽智、宽雅、宽健、宽行、宽御”六大领域,每一领域所涵盖的课程分别对应语言与表达、逻辑与思维、艺术与审美、体育与健康、科学与探索、自我与社会。(见图1-2)

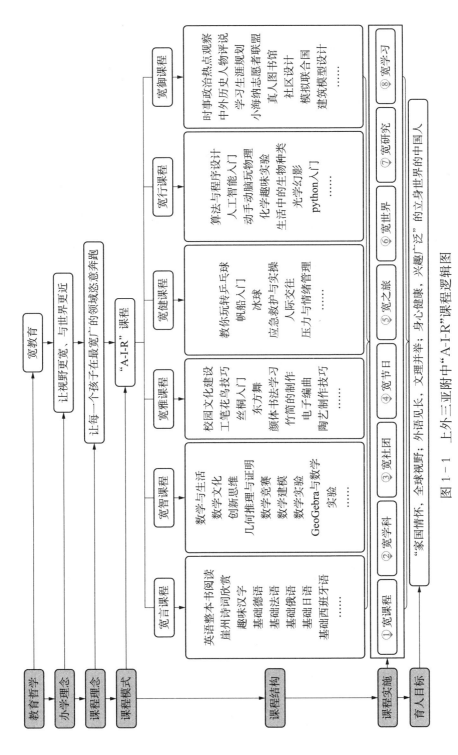

图 1-1 上外三亚附中"A-I-R"课程逻辑图

33

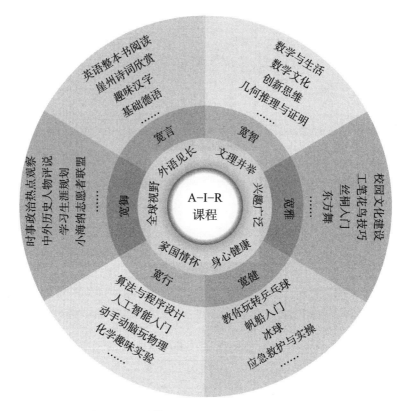

图 1-2　上外三亚附中"A-I-R"课程结构图

上图中,各领域课程具体所指如下:

1. 宽言课程

为语言与表达课程群,包含英语、语文等必修学科以及二外、剧本写作、演讲朗诵、口语交际、黎苗风情、热点观察等学科知识类、实践类、探究类的指定选修或选修学科。《左传》曰:"太上有立德,其次有立功,其次有立言,虽久不废,此之谓不朽。""言"的重要性可见一斑。古人讲"文以载道""文以明道",通过语言潜移默化接受正确价值观、了解文化常识、开阔视野、培养高尚情操。

作为一所外语见长的外国语学校,我们重视多元语言课程的构建。通过坚实的基础语言课程,夯实学生的语言能力,为未来国际化英才打下牢固的语言基础;通过拓展、探究等语言专项课程,以及"听、说、读、写、译、演、辩"的特色教学方法,强化学生表达能力的整体提升;通过日语、俄语、德语、法语、西班牙语等二外课程,培养学生的双语能力,提高竞争力。助力上外三亚附中学子在未来的国际舞台上能自如发声,讲好中国故事,传播好中国声音。在课程设置上做到文理并重,通过跨文化和跨学科的学习,培养学生的综合能力,做到人文精神和理性思维的平衡,使学生得到更加全面的发展。

2. 宽智课程

为逻辑与思维课程群,包含数学必修学科以及逻辑类学科知识类、实践类、探究类的指定选修或选修学科。提高学生从数学角度发现和提出问题的能力、分析和解决问题的能力,发展学生的数学抽象、逻辑推理、数学建模、直观想象、数学运算、数据分析等学科核心素养。

3. 宽雅课程

为艺术与审美学科群,包含音乐、美术等必修学科以及相关艺术选修学科。学生通过对艺术魅力的体验和感悟,陶冶情操,涵养美感,和谐身心,健全人格,活跃形象思维,启迪智慧,激发创意表达,理解文化内涵,拓宽国际视野,着力培育和发展审美感知、艺术表现和文化理解三方面的核心素养。将中华优秀传统文化融入学生的人格培养中,坚持以文化人,以美育人,让孩子的眼睛因为发现美而闪亮,让孩子的人生因为有"美的心灵"而饱满,让孩子在感受中华优秀传统文化之美中建立文化自信,实现习近平总书记所要求的"弘扬中华美育精神,让祖国青年一代身心都健康成长"。

学校十分重视提升学生的艺术修养,开设了钢琴、小提琴、视唱练耳、古典舞、素描课、书法等拓展选修课程。同时,我们广泛开展校园艺术活动,例如传承自上外附中的一年一度的"国际文化节""民族魂"活动,力争让每个学生都能发挥所学才艺,参与到舞台中来。值得一提的是,目前我校通过小提琴等选修课,培养管弦乐人才,力争在2023年成立上外三亚附中管弦乐团。

4. 宽健课程

为体育与健康课程群,包含体育与健康和心理与健康两个学科,以健康知识、技能和方法为主要学习内容,提高学生体能,增进学生健康,改变学生行为,培养学生在未来发展中应具备的体育与健康的正确价值观、必备品格与关键能力,形成乐观开朗、积极进取、充满活力的人生态度,为新时代健康文明生活做好准备,为学生的终身体育意识和能力奠定基础。

学校将体育运动融入学生的个人生活中,除常规体育课程外,以体育专项运动队的形式,开设了包括网球、冰球、帆船、帆板、羽毛球在内的11门课程,每周两次训练,合计5课时。此外,学校设有大课间和早操的跑操,确保学生每天都有足够的运动量,做到开足开好体育课程。

5. 宽行课程

为科学与探索课程群,包括物理、化学、生物、地理、信息技术和综合实践活动等学科,重点强调让学生以项目制学习的方式深入社会做实地调研,做到行万里路,鼓励学生通过探究、实践、体验、研学等方式深化学习成果,加强学生对于国情、省情、乡情的认识与理解。

6. 宽御课程

为自我与社会课程群。"御"现在可以解读为对自我成长方向的驾驭。"宽御课程"以道德与法治、历史、生涯规划、综合活动为一个整体,支持学生不断发现自我,不断挑战自我。通过六年的学习,学生不仅拥有健康的心理,更能明确自己的方向,学会独立生活,热爱劳动,具备社会适应能力;正确认识自我,具有一定的生涯规划能力,并具有善于对话协商、沟通合作、表达诉求和解决问题的能力,勇于担当社会责任,追求更高的道德境界。

上述六类课程结构呈现出宽视野、多维度、全方位的特色,对我校的教学理念、办学宗旨、培养目标、课程结构进行了有效融合,使学生形成"二心六力"——好奇心、同理心、创造力、思辨力、合作力、沟通力、坚持力、传播力。多维度、全方位教会学生终身学习,提升学生的综合素质,着力发展学生的核心素养,构建学生的家国情怀与全球视野,帮助学生了解自我、探索世界、面向未来,使学生具有理想信念和社会责任感,成为有理想、有本领、有担当的时代新人。

三 学校课程设置

根据"A-I-R"课程结构图,结合办学现状与地方资源,我们对学校课程设置进行系统规划。所设置的学校课程主要分为"语言与表达、逻辑与思维、科学与探索、艺术与审美、体育与健康、自我与社会"六个方面,包括"必修、指定选修、选修"三个维度,具体如下:

(一)宽言课程

以外语课程与语文课程为基础,在基础阶段开设了英语、语文等国家课程,在此之外开设拓展课程,如德语、法语、西班牙语、俄语、日语等丰富的语言类课程。探究课程开设了"崖州诗词欣赏""外国经典童话阅读与童话写作"等课程。(见表1-2)通过丰富的、多元的语言课程提高学生的语言能力,培养国际化英才。

表1-2 上外三亚附中"宽言课程"的内容设置

学段	学科内容	英语	语文	二外
I (7年级)	基础课程	英语	语文	基础德语Ⅰ 基础法语Ⅰ 基础西班牙语Ⅰ 基础俄语Ⅰ 基础日语Ⅰ
	拓展课程	英语整本书阅读Ⅰ 英语听说提高Ⅰ 故事阅读中的英语	语文阅读 趣味汉字 有趣味的古诗 我能写我会写	多国文化探索之旅
	探究课程	英语课本剧表演	话剧剧本写作与表演	/
Ⅱ (8—9年级)	基础课程	英语	语文	基础德语Ⅱ 基础法语Ⅱ 基础西班牙语Ⅱ 基础俄语Ⅱ 基础日语Ⅱ
	拓展课程	英语整本书阅读Ⅱ 英语听说提高Ⅱ 外国经典童话阅读 与童话写作 用英语讲中国故事	崖州诗词欣赏 当文言文姑娘遇上 成语君	多语种视听说 多语种趣味阅读 我是小歌手 小小放映厅 小小戏剧厅 格林童话之路
	探究课程	英语小百科 中考英语写作技巧	卓越阅读指导	/

学段	学科内容	英语	语文	二外
Ⅲ (10—11 年级)	基础课程	英语	语文	基础德语Ⅲ 基础法语Ⅲ 基础西班牙语Ⅲ 基础俄语Ⅲ 基础日语Ⅲ
	拓展课程	英语整本书阅读与创意写作 英语国家社会与文化 英语知识能力竞赛提高	黎族民间故事(民间故事、民歌、著名人物)	我思故我在之辩论堂 用外语讲中国故事Ⅰ 演讲的艺术Ⅰ
	探究课程	英语演讲与辩论的技巧 英语诗歌赏析	崖州教育简史	跨文化理解
Ⅳ (12年级)	基础课程	英语	语文	基础德语Ⅳ 基础法语Ⅳ 基础西班牙语Ⅳ 基础俄语Ⅳ 基础日语Ⅳ
	拓展课程	学术英语写作入门 英语口译入门	/	赏析各国文艺作品 用外语讲中国故事Ⅱ 演讲的艺术Ⅱ
	探究课程	英语语法思维导图构建	/	外语与未来

注:表中"/"表示"无",原因是该学段没有开设该学科的国家课程,或是由于学校师资及资源有限,暂时没有规划该学科该阶段的课程,下同。

(二)宽智课程

以数学学科为基础,在国家课程基础上开设了"数学与生活""趣味数学""创新思维""几何推理与证明""数学建模"等课程,部分内容涉及逻辑类课程,旨在开发学生的思维能力和逻辑能力,提升科学认知。(见表1-3)

表 1-3　上外三亚附中"宽智课程"的内容设置

学段	学科内容	数学
I （7 年级）	基础课程	数学
	拓展课程	趣味数学Ⅰ；数学与生活
	探究课程	创新思维Ⅰ；数学实验Ⅰ
II （8—9 年级）	基础课程	数学
	拓展课程	趣味数学Ⅱ；数学文化（初中）
	探究课程	创新思维Ⅱ；数学实验Ⅱ；几何推理与证明；中考数学压轴题解法分析
III （10—11 年级）	基础课程	数学必修第一册；数学必修第二册；数学选修第一册；数学选修第二册
	拓展课程	数学文化（高中）；立体几何动态问题
	探究课程	GeoGebra 与数学实验；数学竞赛；数学建模
IV （12 年级）	基础课程	数学选修第三册
	拓展课程	数学的魅力——初等数学概念演绎
	探究课程	解析几何若干经典结论及其应用；极值点偏移、拐点偏移解法探究

（三）宽雅课程

以音乐、美术、书法、陶艺等艺术课程为基础，在基础课程以外主要开设了"工笔花鸟技巧""丝桐入门""校园文化建设"等课程，旨在培养学生的审美能力，让学生善于发现生活中的美、感受艺术的美。（见表 1-4）

表 1-4　上外三亚附中"宽雅课程"的内容设置

学段	学科内容	美术	音乐	书法	陶艺
I （7 年级）	基础课程	美术	音乐	颜体书法学习	/
	拓展课程	工笔花鸟技巧（初级） 走进木刻版画（初级） 国画——写意（初级） 视传——插画艺术赏析与创作（初级）	小提琴 东方舞（初级） 古典舞（初级）	书法——楷书	认识陶艺
	探究课程	校园文化建设	丝桐入门	笔墨纸砚的发展	

学段	学科内容	美术	音乐	书法	陶艺
II (8-9年级)	基础课程	美术	音乐	颜体书法学习	/
	拓展课程	素描几何体、静物 工笔花鸟技巧(中级) 走进木刻版画(中级) 国画——写意(中级) 视传——插画艺术赏析与创作(中级)	电子琴 东方舞(中级) 古典舞(中级)	书法——隶书	陶艺制作技巧
	探究课程	校园文化建设	编钟与音阶	竹简的制作	
III (10—11年级)	基础课程	美术	音乐	颜体书法学习	/
	拓展课程	色彩 素描石膏、人物 速写 工笔花鸟技巧(高级) 走进木刻版画(高级) 国画——写意(高级) 视传——插画艺术赏析与创作(高级)	东方舞(高级) 古典舞(高级) 吉他	书法——行书	陶瓷艺术赏析与实践
	探究课程	校园文化建设	乐器制作 电子编曲	汉字的演变	
IV (12年级)	基础课程	美术	音乐	颜体书法学习	/
	拓展课程	艺考专项辅导： 素描、色彩、速写	艺考专项辅导： 声乐、器乐、乐理与视唱练耳	书法——草书	中国传统陶瓷的演变及现代应用
	探究课程	艺考专项辅导及艺术院校报考指导	艺考专项辅导及艺术院校报考指导	书体背后的时代	

（四）宽健课程

包括体育与健康和心理与健康两个学科,以健康知识、技能和方法为主要学习内容,包含运动参与、运动技能、身体健康、心理健康与社会适应性四个方面。(见表1－5)以身体练习为主要手段,通过田径类、球类、操类、水上项目类、冰雪项目类等运动技能以及应急救护能力的习得,提高学生的体能,增进学生的健康,改变学生的行为,培养其坚强的意志品质、合作精神和交往能力等,为学生终身体育意识和能力奠定基础。

表1-5 上外三亚附中"宽健课程"的内容设置

学段	学科内容	体育与健康	心理与健康
I (7年级)	基础课程	体育与健康(水平四)	心理健康
	拓展课程	系统专项课(起步): 教你玩转乒乓球;Cheerleading-pom 规定/Hiphop 律动组合;Floorball;趣味网球;趣味冰球;趣味羽毛球;女篮——基本技术;趣味男篮;趣味足球;帆船入门	有趣的心理学定律
	探究课程	高效拉伸	心理学小实验
II (8—9年级)	基础课程	体育与健康(水平四)	心理健康
	拓展课程	系统专项课(起步): 教你玩转乒乓球;Cheerleading(自选)/Hiphop 及 Jazz 成套初级;Floorball;网球初阶;冰球初阶;羽毛球初阶;女篮——基本技术和基础配合;男篮初阶;足球初阶;帆船实操	人际交往
	探究课程	快速减脂;应急救护与实操	探究中学生人际交往中的问题与对策
III (10—11年级)	基础课程	体育与健康-水平五	心理健康
	拓展课程	系统专项课(起步): 教你玩转乒乓球;Cheerleading(自选)/Hiphop 及 Jazz 成套高级;Floorball;网球中阶;冰球中阶;羽毛球中阶;女篮——实战 5V5;男篮中阶;足球中阶;帆板入门	良性沟通
	探究课程	型男养成;快速减脂	心理健康问卷的制作

学段	学科内容	体育与健康	心理与健康
Ⅳ（12年级）	基础课程	体育与健康（水平五）	心理健康
	拓展课程	系统专项课（起步）： 教你玩转乒乓球；Cheerleading（自选）/Hiphop及Jazz成套高级；Floorball；网球高阶；冰球高阶；羽毛球高阶；女篮——固定战术和特殊打法；男篮高阶；足球高阶；帆板实操	压力与情绪管理
	探究课程	按摩	探究中学生学习焦虑与成绩的关系

（五）宽行课程

为科学与探索课程群，包括物理、化学、生物、地理、信息技术和综合实践活动等学科，重点强调让学生以项目制学习的方式深入社会做实地调研，其中，综合实践类课程会通过适应不同年龄段学生的文化行走、研学旅行，参与家庭的、社区的、社会的、国内的、国际的各类活动等形式实现。同时，让学生掌握适应时代发展需要的基础知识和基本技能，发展理性思维，不断提升科学素养；敢于批判质疑，探索解决问题，勤于动手，善于反思，具有一定的创新精神和实践能力；学会获取、判断和处理信息，具备信息化时代的学习与发展能力。（见表1-6）

（六）宽御课程

为自我与社会课程群，以道德与法治、历史、生涯规划课、综合活动为一个整体，主要包含"海南文化故事""晚清风云人物""我是小记者""真人图书馆""学习生涯规划""Storytelling"等课程，在学生的教育成长过程中，支持学生不断发现自我，不断挑战自我。（见表1-7）通过六年的学习，学生不仅拥有健康的心理，更能明确自己的方向，学会独立生活，热爱劳动，具备社会适应能力；正确认识自我，具有一定的生涯规划能力，并具有善于对话协商、沟通合作、表达诉求和解决问题的能力，勇于担当社会责任，追求更高的道德境界。

表 1-6 上外三亚附中"宽行课程"的内容设置

学段	学科内容	信息技术	物理	化学	生物	地理	综合实践活动
Ⅰ（7年级）	基础课程	信息技术	物理	/	生物学；显微观察	地理	
	拓展课程	思维导图基础与应用；微电影制作	/	认识身边常见的物质	认识三亚市常见植物的种类（调查）	美食地理——中国版	冲出地球表面
	探究课程	中学生应如何正确上网	/	生活中的化学	植物的一生（种植观察）	海南民俗民风文化	
Ⅱ（8—9年级）	基础课程	算法与程序设计	物理	化学	生物学；生活中的生物种类	地理	探秘热带雨林
	拓展课程	python入门	有"趣"的声音	化学趣味实验	基于生活实际的生物学调查与实践；生物学职业规划前瞻	美食地理——世界版	
	探究课程	利用信息技术解决古典数学问题	动手动脑玩物理	探究金属元素活泼性	基于生物学的初高衔接拓展；基于海南本土资源的生物讲座	历史未解之谜	探秘海南黎族文化

学段	学科内容	信息技术	物理	化学	生物	地理	综合实践活动
Ⅲ（10—11年级）	基础课程	计算机网络原理；多媒体技术应用；人工智能入门	物理	化学	分子与细胞；遗传与进化；稳态与调节；生物与环境；生物技术工程	地理	重温红色记忆
	拓展课程	基于信息技术的研究性学习；信息竞赛	神奇的电磁波	巧用化学能	生物学竞赛；生物学的现实生活应用	大国关系与中国外交；市场经济的发展史	
	探究课程	利用信息学分析网络游戏；大数据背景下的三亚旅游信息管理	探究"磁悬浮"的奥秘	化学反应中催化剂的使用	生物学教材中科学实验的课外实践；有关生物学的社会热点问题的解读	游中国	探秘琼瓷文化
Ⅳ（12年级）	基础课程	数据结构与算法初步	物理	化学	生物	地理	
	拓展课程	快速排序；二分查找；爬楼梯；最大连续子数组之和	光学幻影	化学综合素养提升	基于生物学大概念的思维导图构建；基于生物专业的介绍	/	/
	探究课程	线性表；散列表；树图	探究光纤的应用	中草药中化合物的提取和分离	基于生物学试题情境的解题策略		走进大学校园

表 1-7 上外三亚附中"宽御课程"的内容设置

学段	学科内容	道德与法治	历史	生涯规划	综合活动
I （7年级）	基础课程	道德与法治	中国历史	我是小记者；	真人图书馆；Storytelling；小海纳志愿者联盟；社区设计
	拓展课程	海南文化故事	历史人物故事	学习生涯规划；	
	探究课程	时事政治热点观察	考古学	校园新闻播报	
II （8—9年级）	基础课程	道德与法治	中国历史 世界历史	我是外交官；校友职业分享会	真人图书馆；Storytelling；小海纳志愿者联盟；社区设计；模拟联合国
	拓展课程	地图上的大国争斗——初探地缘政治；法律与生活	世界文化遗产荟萃；晚清风云人物		
	探究课程	法律知识讲座	地图上的历史		
III （10—11年级）	基础课程	思想政治1—4（含科学社会主义、经济学、国家和国际组织、公民道德与伦理等）	中外历史纲要	我是摄影师；模拟招聘会；校园宣传片制作	真人图书馆；Storytelling；模拟联合国；个人设计
	拓展课程	海南红色文化探究；	解开迷雾背后的历史真相		
	探究课程	模拟人大（活动课程）			
IV （12年级）	基础课程	国家制度与社会治理	历史	我是设计师；我的职业定位；建筑模型设计	真人图书馆；Storytelling；模拟联合国；个人设计
	拓展课程	时政论坛；大国兴衰	历史上重大改革回眸		
	探究课程	传统与现代	中外历史人物评说		

第五部分　学校课程实施与评价

课程实施是实现课程理想的必要途径,其实施与管理体现了学校对课程理念的贯彻与执行。学校依据课程目标,通过建构"宽课堂"、建设"宽学科"、创设"宽社团"、设立"宽节日"、探寻"宽之旅"、融入"宽世界"等丰富多样的方式,推进"A-I-R"课程有效实施,见证"让每一个孩子在最宽广的领域恣意奔跑"。

一　建构"宽课堂",推进学科基础课程的深度展开

"宽课堂"是学生追求知识、创造并展示自我、丰富个人体验的平台。"宽课堂"基于宽广的课程生态,从丰富中求精华,从开放中求创新。"宽课堂"立足在"宽"的基础上,基础有多厚,发展就有多宽。"宽课堂"提倡教学形态由教师的教转向学生的学,由"教师+教科书"转向自主学习和行动学习,由重视最终结果转向强调学习历程。"宽课堂"着重营造自由宽松的氛围,鼓励学生独立思考、积极讨论、自由探索、标新立异,让学生的思维活跃起来。"宽课堂"关注学科的深度拓展,通过教师对学科核心素养研究、学情研究、学习策略研究,真正站到学生中间去共同探索学习任务。

(一)"宽课堂"的特征与意义

1. "宽课堂"是聚焦核心素养的课堂

"宽课堂"强调要跳出学科拘囿,站在整体育人的高度来组织知识教学,使学生逐步形成适应个人终身发展和社会发展需要的"关键能力"——"二心六力"。"二心"为好奇心、同理心,好奇心驱动学生的学习,同理心让学生富有创造力;"六力"为创造力、思辨力、合作力、沟通力、坚持力、传播力。"宽课堂"的教学以任务为导向,以活动为中心,以现实情境为中介,以共同体合作学习为主要方式,把学科知识置于真实情境中,通过实际任务的解决,引领学生主动建构知识,使其在参与学习活动的动态过程中逐渐形成相应的素养。

2. "宽课堂"是体现深度学习的课堂

任何学科的教学都不是仅仅为了传授学科的若干知识、技能和能力,更是要同时指向人的精神、思想情感、思维方式、生活方式和价值观的生成与提升。这些学习效果的获得依赖于深度学习,深度学习指身心对话式的,有实践经历、高阶思维

的,可以获得深度感受与体验的学习,是指向能力与素养的学习。"宽课堂"立足于学生的深度学习,通过情感体验中的深悟、学习过程中的深思、学习拓展中的深度,有效地培养学生科学的思维方式,对学生进行有效的价值引领与品格塑造。

3. "宽课堂"是关注自主发展的课堂

"宽课堂"遵循学生的身心发展规律与教育规律,强调充分尊重、发展受教育者的主体性和在教育活动中的主体地位,将受教育者真正视为能动的、独立的个体,以教育促进其能力的提高与发展。在"宽课堂"中,教师真正关注每一个学生的差异,在教学中根据不同学生的认知水平、学习能力以及自身素质,因材施教,帮助学生找到适合自身发展的学习方法,让每一个学生都学会学习、学会思考、勇于探索。

4. "宽课堂"是凸显多元整合的课堂

"宽课堂"以整合学科基础课程知识、地域文化知识与学科素养的习得为基础,带动学生的文化理解与知识习得,拓展文本的学习空间,引领学生广思博学。在"宽课堂"各个学科的教学过程中,教师都能将地域文化的优秀因子融入不同学科的知识体系中,让学生在生动的学习情境中博古通今,培养学生的家国情怀,以社会主义核心价值观培养学生的高雅志趣。利用一切能利用的教学资源,培养学生的开放性思维和实践能力,让学生在生活中学习、思考和实践,认识广阔而多元的世界。

(二)"宽课堂"的实施

1. "宽课堂"要强调素养目标,坚持以学定教

首先,"宽课堂"的教学设计需要对教学目的进行明确,核心素养侧重于对学生能力的培养,在教学目标设计中一定要将"学生能力、学生发展、学生心理"等作为培养方向,将强化学生的综合素质与实践能力作为培养核心。其次,"宽课堂"教学要以学生的基础为起点,以学生的发展规律和特点为准则,以满足不同学生的多样化需求为目标。树立"一切为了学生的发展"的思想,找准学生学习的新起点,在课堂教学设计中应该将知识与生活进行有效关联,让学生了解生活与知识的重要性、关联性,把如何将知识运用到生活中去作为教学实质。同时,关注学生的差异性特征,实行小班化教学、分层教学、个别辅导、小组互帮、能力分组、作业分层、利用信息技术等措施,努力做到以学定教和因材施教,以期最大限度地促进学生的个性化发展。

2. "宽课堂"要搭建学习支架,激发深度学习

建构主义学习理论强调以学生为中心,学生是知识意义的主动建构者,而不是被动的知识接受者。这就要求教师的角色发生变化,从知识的灌输者、传授者变为帮助学生主动建构意义的促进者。在"宽课堂"教学中,教师为学生的学习提供"学习支架",引导学生用多种感官去观察、体验、感悟,以丰富的文本对话、生生对话、师生对话引领学生想象、感悟、创造、思考。学生沿着老师搭建的"支架"一步一步向上,不断参与更高水平的认知活动。在"宽课堂"中,教师鼓励学生发表自己的见解,通过彼此倾听、相互吸纳,促使学生不断提升和完善自己的感受。教师通过引导学生交流与分享,让学生在多元价值中做出正确、合理的选择。教师还要帮助学生提炼活动内在及深层的意义,辨析、梳理其感受到的信息,从而深化认识习得与拓展运用,并引导学生结合自己的学习,在实践中不断自我构建,真正达到知识内化、思维发展、情感升华的目的。

3. "宽课堂"要创新多维驱动,促进自主发展

"宽课堂"中教师采用兴趣驱动、任务驱动、问题驱动、项目驱动、角色驱动等多种驱动方式,给予学生更多的自主权,"驱动"学生自主探究和学习,从而激发学生的主体参与,让学生在参与中学会学习、学会创新、学会合作,帮助学生发展思维、提高问题解决的能力和学习技能。

构建"宽课堂"驱动式教学模式有六步。第一步,设置任务。教师根据学科内容及素养目标设置需要学生完成的具有真实情境的任务,将所要教授的学科知识嵌入任务中。第二步,制定规则。教师对学生提出解决任务的具体要求,将核心能力的要求细化到行为层面。第三步,独立思考。教师为学生留出独立思考的时间和空间,引导学生进行深入思考。第四步,合作探究。以活动为形式,以小组为单位,根据互补性原则划分小组,让学生在合作探究中共同解决任务。第五步,展示交流。小组集体展示任务成果,注重展示过程中学生的倾听、对话及反思。第六步,总结评价。根据任务完成情况,教师组织学生自评或互评。需注意的是,上述六步流程是针对一个任务的具体环节,在一节课中,可以设置多个任务。该教学模式的课堂角色定位由教师为中心变为以学生为中心,这种角色的转换是"自然"的变化,学生需要解决任务,"自然"就成为了课堂的中心,师生关系"自然"就发生了转变。教师不再是静态知识的传递者,而是学习任务的设计者、学习活动的组织

者、学习过程的激励者。"学生中心"最直接的外显表现为教师讲授时间的缩短,课堂上的大部分时间用于学生参与活动、体验过程、完成任务。

4."宽课堂"要注重多维综合,提升思维品质

"宽课堂"注重学科的基础,也关注个体适应未来社会生活和个人终身发展所必备的素养。教师在"宽课堂"教学中要结合学生的实际,跨界、统整、拓展教学内容,通过对学科内单元知识的整合、学科间知识主题的整合,培养学生的开放性思维和实践能力,最终让学生学会运用所学的知识和方法解决生活中的问题。在具体实施过程中,教师要根据学生已有的知识水平和经验对教材进行加工,生成具有现实主题性、话题性的学习内容,在教学主题的引领下进行资源的开发、问题的设计,引领学生在自主探究和合作交流过程中理解和掌握基础知识、基本技能和思考方法。

(三)"宽课堂"的评价

1. 有清晰的目标导向

评价目标是学生学习目标的另一种表现形式,"宽课堂"要求教师在课堂上首先要确立清晰的评价目标,把评价作为课堂教学活动的一个必要且重要的环节。一是评价目标要包括知识目标和素养目标;二是知识目标与素养目标要有对应,即学习什么知识是培养了哪个方面的素养;三是评价目标要辅以具体标准,即每个目标能够达到的不同程度及表现;四是评价目标及标准要由教师解读引导学生理解,从而明确学习方向。学生在评价中实现同伴经验和自我经验的相融,真正做到自我评价、生生互动评价,让学生自主获取真实的认知。学生内化并外显为良好的学习方法或自觉创新学习方法,提升学习能力,并将其拓展运用到不同学科的学习中,或内化并外显为良好的行为品质,拓展、提升自我的文化修养,实现核心素养的有效发展。(见表1-8)

2. 有具体的评价工具

评价工具应体现"任务"对学生在知识和能力两个方面的要求,具体可采用活动任务单、学生自评表、小组互评表等形式呈现。活动任务单一般包括任务的难度、任务完成的质量、小组成员的协作情况等;学生自评表一般包括任务评价标准、总体表现、自我评价、自我反思;小组互评表包括评价指标和各组表现。(见表1-9)

表 1-8 上外三亚附中学生发展的指标

维度		单元	评估指标	
个体素养	Ⅰ 认知思维倾向	Ⅰ-1 综合统整能力	Ⅰ-1-1	整体观
			Ⅰ-1-2	多路径
			Ⅰ-1-3	迁移性
		Ⅰ-2 批判性与创造性思维	Ⅰ-2-1	客观性
			Ⅰ-2-2	批判性
			Ⅰ-2-3	创造性
	Ⅱ 人格特征倾向	Ⅱ-1 经验的开放性	Ⅱ-1-1	求知性
			Ⅱ-1-2	挑战性
			Ⅱ-1-3	审美感受
		Ⅱ-2 模糊的容忍度	Ⅱ-2-1	容忍模糊
			Ⅱ-2-2	冒险倾向
			Ⅱ-2-3	决策倾向
	Ⅲ 情绪表现倾向	Ⅲ-1 情绪的动力性	Ⅲ-1-1	进取性
			Ⅲ-1-2	自得性
			Ⅲ-1-3	满足感
		Ⅲ-2 情绪的坚持性	Ⅲ-2-1	全神贯注
			Ⅲ-2-2	自我调节
			Ⅲ-2-3	坚定性
团队素养		A 交流与沟通	A-1	自我表达
			A-2	倾听分享
			A-3	交流学习
		B 执行与协作	B-1	欣赏与尊重
			B-2	宽容与信任
			B-3	规划与分工
		C 个人影响力	C-1	说服力
			C-2	新建议
			C-3	自定位

维度	单元	评估指标
	D　人格特征倾向	D-1　责任心
		D-2　矛盾的整合
		D-3　决策与洞察

表1-9　上外三亚附中学生学习评价表

评价内容＼评价方式		自我评价	同伴评价	收获与启示（学生自我反思）
学习态度	认真思考			
	积极发言			
	讨论交流			
学习能力	实验操作能力			
	质疑能力			
	探究能力			
	合作学习能力			
	语言表达能力			
学习成果	书面作业、资料卡片、手抄报等			
综合评价	教师寄语			

3. 有明确的结果反馈

评价结果是指依据评价目标、运用评价工具收集到的评价信息，以及对评价信息进行定性和定量分析的内容。"宽课堂"评价不能仅有评价信息的收集而没有评价结果的反馈，没有反馈的评价就失去了意义。教师要在"宽课堂"上汇总收集评价信息，全面了解学生的活动表现、知识掌握程度及能力发展水平，尽量充分体现对学生评价内容的全面性、评价主体的多元性、评价方法的多样性，从而使学生获得成就感，帮助教师进一步改进教学。

二 建设"宽学科",推进学科课程的特色化建设

在学校育人目标指导下,我们设置了包含三级课程体系、六大学术领域的课程系统。六大学科领域是在保证课程独立发展的基础上,重新整理了课程之间的关联性,强调跨学科的融合性和交互性,涵盖的课程分别对应多语与人文、数学与科技、音乐与艺术、体育与健康、综合实践与 PBL、生涯探索与"A-I-R"课程,这六大类课程构成学校的课程群。以此为依据,围绕学生培养目标的要求,为了完善和补充学科知识、能力、素质结构,学校提出以学科研究为中心,以学生的培养为主线,以课程的逻辑联系为纽带,以教师团队合作为支撑,以质量效益为抓手,学科组集思广益、人人参与建设有个性、有特色、有质量的选修课程体系,即"宽学科"。

"宽学科"的建设目标有:一是构建学校课程体系,规范课程实施要求,提高课程实施有效性;二是聚焦"课堂教学改进",推进课程和评价变革,关注学生素养发展;三是深化教研组研究,探索"主题概念式"教研,提升日常研修实效;四是强化质量意识,建立质量监控体系及质量保障制度,保障学业质量。

(一)"宽学科"的内容

"宽学科"以基础性、趣味性、实践性、创新性、发展性为设计原则,通过对各个学科基础课程(国家课程)的适度延伸,发展学生必备的基础知识和基本技能,结合学校的实际需要和师生需求,设置多样化拓展课程和探究课程(即"基石课程"和"深蓝课程"),形成不同的课程群,适应学生个性发展的需求,培养学生的核心素养。

这里以"魔方数学"课程群建设为例予以说明。

"魔方数学"课程群建设以数学学科素养为指向,以学生需求为基点,以国家课程校本化实施为基础。在基础课程的带动下,拓展课程和探究课程形成了有序的课程群落。基础课程注重加强学习方法的指导,以学习习惯养成教育为主线,强化基础知识、基本技能、基本思想、基本活动经验等教学目标的落实,培养学生的基本数学素养,使学生在数学抽象、逻辑推理、数学建模、直观想象、数学运算和数据分析六大核心能力上得到全面的提升。拓展课程与探究课程是允许学生自主选修的动态性短期课程,它是由学科基础知识延伸,满足学生个性发展需要的其他学习活动组成的课程,重在激发学生的兴趣,开阔学生的视野,使学生体验发现和创造的历程,认识数学的应用价值、科学价值和文化价值,形成批判性思维的习惯,崇尚数

学的理性精神。数学学科课程群的建设使数学与生活接壤、数学学习与实践相连，彰显着学校课程的育人理念。

表 1-10 上外三亚附中基于中学数学教材的"魔方数学"课程群体系

年级	学期	基础课程	拓展课程	探究课程
初一	第一学期	数学七年级上册	趣味数学Ⅰ	创新思维Ⅰ
	第二学期	数学七年级下册	数学与生活	数学实验Ⅰ
初二	第一学期	数学八年级上册	趣味数学Ⅱ	创新思维Ⅱ
	第二学期	数学八年级下册	数学文化	数学实验Ⅱ
初三	第一学期	数学九年级上册	/	几何推理与证明
	第二学期	数学九年级下册	/	中考数学压轴题解法分析
高一	第一学期	数学必修第一册	/	GeoGebra与数学实验
	第二学期	数学必修第二册	数学文化Ⅰ	数学竞赛
高二	第一学期	数学选修第一册	立体几何动态问题	数学建模Ⅰ
	第二学期	数学选修第二册	数学文化Ⅱ	数学建模Ⅱ
高三	第一学期	数学选修第三册	数学的魅力——初等数学概念演绎	解析几何若干经典结论及其应用
	第二学期	高考总复习	/	极值点偏移、拐点偏移解法探究

"趣味数学"课程就是要把"数学有趣，数学不难"的理念放在第一位，让学生在趣味化、生活化的数学教学活动中，自主地建构数学知识；引导学生积极运用已有的生活经验去探索、去发现、去体验，让他们亲身感悟数学知识。"数学与生活"课程通过具体实例让学生体验数学与日常生活密切相关，认识到许多实际问题可以借助数学方法来解决，让学生能够将所学到的数学知识充分运用到实际生活当中去，以此来培养学生的应用能力。"数学文化"课程帮助学生了解数学的历史、应用和发展趋势，体会数学科学的思想体系、数学的美学价值、数学家的创新精神。在

教学中,通过"数学文化"的传播、交流、体验和感悟,使学生加深对数学文化特性的了解和对数学本质的认识,从而树立正确的数学观。

（二）"宽学科"的评价

（1）基础课程成绩管理:基础课程的成绩由平时成绩、期中成绩、期末成绩三部分加权组成,其中平时成绩占 40%,期中成绩占 20%,期末成绩占 40%。平时成绩包括课堂表现(30%)、作业情况(30%)、日常测验或月考(20%)、努力程度(20%),在加权成绩后给学生每门学科等级赋分。

（2）探究课程(即"深蓝课程")成绩评定:"深蓝课程"以过程性记录和结题报告作为成绩评定的标准,分成 A、B、C 三档,并采取复合成绩计算方式。

（3）拓展课程(即"基石课程")成绩评定:"基石课程"成绩以考查为主,以过程性记录与学业成果相结合,成果形式为总结、答辩或项目报告。

三 创设"宽社团",推进兴趣爱好课程的灵活实施

"宽社团"是上外三亚附中校园文化的重要载体,也是学生个性化发展的重要途径,通过不同类型的社团(公益性社团、休闲娱乐类社团、学习型社团等),拓宽学生的视野,活跃学生的思维,让学生与世界更近。"宽社团"支持所有学生的发展,学生根据自己的兴趣爱好选择社团,在形式多样的社团活动中丰富校园生活,结交志同道合的朋友,提升人际交往能力和团队协作能力,培养组织能力和实践能力。每一个学生都可以在"宽社团"中发挥所长,获得学习和生活的乐趣,为未来进入社会做好充分的准备。

（一）"宽社团"的类型与实施

"宽社团"秉承了让学生视野更广的理念,设置了话剧社、中东民族舞、曲棍球、冰球、版画设计、篮球、羽毛球等社团。它们各具特色,犹如百花齐放、万紫竞芳,充分发挥了在丰富校园文化活动、促进校本课程形成、培养社会需要的特长学生等方面的作用。我校社团由学生自由组建,自行宣传和纳新,社团内部包含指导老师、社长、副社长和社团成员,规模不限,给予学生充分的自主权和发展空间,由各社团负责成员定期开展社团活动。

（二）"宽社团"的评价要求

完善的评价激励制度是社团管理的重要部分。在对社团的评价上,我校主要遵循素质培养的原则,对社团课程和社团学生进行全面、科学的评价。对学生的评

价主要考虑三方面的因素：一是学生学习该课程的学时总量，不同的学时给不同的分数；二是学生在社团活动过程中的学习表现，如态度、积极性、参与状况等，由任课教师综合考核后给出一定的分值；三是学习的客观效果，教师可采取适当的方式进行考核。三个方面的因素中要以学生参与学习的学时量的考核为主，过程与结果为辅，但最终的学分要把三方面的因素综合起来考虑。

四 设立"宽节日"，推进校园文化课程的有序实施

"宽节日"分为传统节日和校园节日，传统节日有国家传统节日和地方传统节日。国家传统节日有除夕、清明、端午、中秋、元宵、重阳等，地方传统节日则有本地黎族三月三、欢乐节等。校园节日传承上外附中的经典活动，如"民族魂""国际文化节"等。

（一）"宽节日"的意义和价值

一是顺应学校的培养目标："宽节日"通过形式多样、丰富多彩的节日活动，让学生拓宽视野，带动全校同学更多地了解校园文化、地方文化、国家文化以及国际文化，以此不断推进素质教育，为学生德智体美劳全面发展创设时空条件与实践体验的舞台，并进一步增强学生爱祖国爱家乡的情感，增强学生实现中华民族伟大复兴中国梦的理想信念。二是完善学校的课程结构：课程的开发必须集中体现学校的特色。我校秉承上外附中"服务祖国发展、服务人类进步"的办学宗旨，通过多种节日活动营造了良好的校园文化氛围，致力于每一个节日的文化内涵和外延都具有相对稳定的完美和谐的特征，蕴涵着丰富的德育教育的素材，是对国家课程和地方课程的有益补充，从而完善了学校的课程结构。三是丰富学生的学习生活：学生通过调查访问、实践活动、"星光舞台"、研学之旅等形式，了解文化的源流，感受国际化、特色化的文化氛围，领略文化的博大精深，开阔寰宇纵横的视野，增强民族自豪感。

"宽节日"采取构建"学校—家庭—社会"一体化的组织模式，充分利用现有的人力物力资源（如各任课教师、活动场地等）组织活动，教师需要具备跨学科的广博知识、专业能力以及协调教学的素养。学校聘请校外的专业人士开设系列讲座，以及邀请家长支持并参与活动。如"民族魂"活动的策划与实施就涵盖了学校各学科教师的参与（语文组负责文案，外语组负责翻译，艺术组负责舞台效果等），部分家长负责服装采购与节目编排，校外媒体专家辅助活动的策划。

表 1－11　上外三亚附中校内外"宽节日"的形式

校内	校外
主题班会	真人图书馆
板报、校报、校刊	电台:海纳之声
主题队会	研学活动
作品展览、"星光舞台"	学校间的交流与沟通

（二）"宽节日"的评价

"宽节日"采用过程性和终结性综合的评价方式,结合学生在活动过程中的表现和最终呈现的成果给予最终的评价。过程性评价主要考察学生的活动参与、方法应用、体验获得和能力发展。借助评价表格,采用学生自评与互评相结合,教师评价、家长评价与学生评价相结合,定性评价与定量评价相结合的形式。评价的难度分为主题生成的参与积极性、实践过程中的自主探究能力、小组合作中的协同能力、活动成果的表述、活动过程中的情感体验五个难度。如果是课外活动,要求家长在观察孩子的过程中,积极参与对孩子的评价;如果是舞台汇演形式,会根据学生的表现,设置"最佳演出奖"和"舞台风采奖"。

五　探寻"宽之旅",推进文化行走课程的广泛履行

为全面贯彻党的教育方针,以《国家中长期教育改革和发展规划纲要(2010—2020年)》《基础教育课程改革纲要》《国民旅游休闲发展纲要(2022—2030年)》为指导,认真落实立德树人的育人目标,以培养学生的综合实践能力和创新能力为核心,以学生发展为本,全面提升学生的综合素质。学校开展"宽之旅"校园文化行走课程,丰富校园文化活动,培养符合时代要求的高素质人才。"宽之旅"课程即"做中学",学生在动脑、动手的实践过程中,主动获取知识、应用知识、发现问题、解决问题。"宽之旅"课程,有利于促进学生培育和践行社会主义核心价值观,激发学生对党、对国家、对人民的热爱之情;有利于推动全面实施素质教育,促进书本知识和生活经验的深度融合。

（一）"宽之旅"课程内容

1. 社会实践之旅

学校积极和科研院校、专业机构合作，整合校内外资源，拓宽课堂边界，让社会成为学生学习的大课堂，让学生走出传统教室，面向世界学习知识、解决真实问题。例如，开展"小海纳"志愿者实践服务活动；奔赴梅山革命史馆，了解党史和红色文化；走进蓝丝带海洋保护协会，认识海洋保护的意义，并参与到实践中，以实际行动保护海洋。

2. 职业体验之旅

学校开设的"生涯＋劳动＋A-I-R"课程，围绕生涯发展观、自我认知、学涯规划和职业探索四大模块展开学院学生的生涯探索，该课程充分利用合作单位和家长的优质资源，让学生近距离了解和体验相关职业。

3. 实践探索之旅

学生通过物理、化学、生物、地理、数学、语文、英语、政治、历史、通用技术、信息技术、体育、音乐、美术以及学科交叉知识的探究，发现一些值得研究的新问题。例如，带领学生走进自然，调查三亚市植物种类和海洋资源；带领学生走进商场的人工智能体验场所，感受科技的力量；带领学生走进槟榔谷，探寻黎族文化的神秘；让学生与运载火箭专家面对面交流，开启航天科普之旅。

4. 世界文化之旅

利用外国语学校的优质资源，让学生感受世界各个国家的文化风情，开展跨文化探索之旅。

（二）"宽之旅"课程组织

1. 行前准备

"宽之旅"基于研学主题和内容指导学生提前阅读相关书籍资料，行前邀请专家或老师组织学生开展学习交流，指导学生学习研学手册、熟悉研学内容，引导学生提出研学问题、明确研学任务、提高研学效果。距离和时间较长的研学目的地，行前召开说明会或发放告知书，提前告知家长活动意义、安排、线路、费用、注意事项等信息。对学生则进行行前安全教育，组织学生进行研学旅行的主题、出行纪律、生活等方面的讨论，老师指导制定行动公约。在课程对接方面，与研学基地指导教师沟通，帮助对方确定课程讲解和训练的重点，确保教学效果。及时与各学科教师沟通,建立研学内容与学科知识的内在联系,提高研学的针对性。

2. 行中活动

根据研学主题和内容,学习组织形式可以是分组集体学习、小组合作学习、个人体验学习。分组集体学习将学生分成若干小组进行集中学习;小组合作学习则是学生通过沟通对话、协作探究等形式,完成学习任务;个人体验学习是以个人体验为主,学习过程独立完成,学习结果独立呈现,突出学习的自主性。时间较长的研学,将引导学生完成每日研学手册的填写,并要求提交研学心得与感想;组织学生进行晚修,汇报分享各自的学习感悟与收获,展示各小组的学习进度与成果;对学生的作业进行指导和评价,针对学生的表现情况进行鼓励。

3. 行后总结

根据研学活动形式和要求,学生在研学旅行活动结束后的一定时间内要完成研学成果,教师根据不同学段的特点,指导学生完成不同的研学作品,如日志、摄影作品、手工创意品、心得小结、研究报告等。学校对各班提交的成果作品进行分类整理并编序建档,采用灵活多样的展示方式对学生作品进行展示,结合学生在研学旅行过程中的过程性评价和终结性评价结果,评出研学优秀学生并进行表彰。为每个学生建立研学记录档案,并将学生在研学过程中的照片、视频、学习成果、研学评价表等存档。对学生的研学成果进行认定,填写学生综合素质评价报告,并进行学分认定。

(三)"宽之旅"课程评价

"宽之旅"课程是一个开放性、综合性、体验性的主题活动。"宽之旅"课程评价方法主要有量化评价和质化评价。

1. 量化评价

量化评价是指在进行研学评价时,将教育现象和课程现象用数量和等级为基本单位,通过对比与分析对此课程进行判定。(见表 1-12)量化评价主要以分数呈现评价结果,评定指标设置最高上限分值,参与评价的学生、家长、老师可根据不同的指标勾选。

表 1-12 上外三亚附中"宽之旅"课程的量化评价表

一级指标	二级指标	三级指标	非常满意 10 分	满意 9 分	一般 8 分	不满意 7 分	非常不满意 7 分以下
研学课程规划	课程主题	明确新颖					
	课程内容	教学目标					
		学科关联					
		地方特色					
	行前先导课	知识课					
		技能课					
	研学手册资料	指导手册					
		课程教具					
研学课程实施	课程执行情况	流程顺序					
		实践内容					
		趣味程度					
研学课程实施	师资配备情况	指导老师					
		后勤服务					
		专家讲师					
	出行交通安排	火车、巴士、船等					
	住宿安排	酒店					
	餐饮安排	用餐					
	研学过程反馈	意见反馈					
研学课程成果	研学课程目标	目标完成					
	手册完成情况	内容完成					
	研学汇报计划	内化成果					
研学安全保障	安全执行方案	安全方案					
		保障措施					
	课程应急预案	安全教育					
		应急预案					

2. 质化评价

质化评价是对在研学课程评价过程中所记录的材料、建立的档案开展的评价。对学生评价的主体为研学课程的主导教师，评价方面包括在研学课程中的时间观念、环保观念、学习秩序、合作能力、贡献能力等。质化评价适用于比较复杂的教育教学现象的评价，一般是以等级来代表评价结果，通常对参与研学课程的学生和老师设置优秀、良好、合格、不合格的选项。通常要对参与研学课程的学生和老师分别评价。研学课程中的指导老师根据学生在研学课程中执行课程任务的独立性、探索意愿、课程任务完成情况等进行评价，参考表1-13。

表1-13 上外三亚附中"宽之旅"课程的质化评价表

评价指标		评价内容	优秀	良好	合格	待改进
一级	二级					
行前准备	文献检索	利用信息索引法收集目的地的关联文献				
	物资准备	出行物资准备				
	行前预习	组织参与部门进行针对性预习				
行中实施	信息利用	合理利用手机等工具				
	资料记录	认真观察、收集整理、记录有效数据				
	体验感悟	文明研学，及时记录体验过程				
	时间观念	严守研学纪律，按时集合，准时入睡				
	环保意识	随手带走垃圾，不破坏生态环境				
	就餐秩序	自助餐时有序排队就餐 就餐时安静就餐，不打闹，不浪费				
	研习秩序	认真听取讲解，安静有序随队活动 不擅自活动，不脱离队伍				
	参访秩序	积极参与活动，生活独立自主				
	团队合作	活动中能够关心他人 与同学友好相处，有良好的团队意识				
行后总结	研学报告	报告书写有规范性、创新性、完整性				

六 融入"宽世界",推进国际理解课程的多元开展

《国家中长期教育改革和发展规划纲要(2010—2020 年)》突出强调要提高我国教育国际化水平,借鉴国际先进的教育理念和教育经验,促进我国教育改革发展,培养大批具有国际化视野、通晓国际规则、能够参与国际事务和国际竞争的国际化人才。因此"融入世界"成为上外三亚附中学子的必修课。

(一)"宽世界"课程内容与实施

"宽世界"是指以"国际理解"为教育理念而开展的国际教育活动。其目的是增进不同文化背景的、不同种族的、不同宗教信仰的和不同区域、国家、地区的人们之间的相互了解和相互宽容;加强相互合作,以便共同认识和处理全球社会存在的重大共同问题。

1. 国际合作与交流

为凸显国际化内容,学校通过多方途径与国内外友好交流学校建立合作。国内,初步以上海为中心与上海外国语大学、同济大学、复旦大学等高校国际文化交流学院合作成立三亚游学基地;国外,依托上外附中的优势资源与孔子课堂等国外姊妹学校等进行国际游学团的活动合作,让学生走进不同国家、了解不同文化。

2. 多语种课程

语言是沟通和交流的基本工具,因此要想知道其他国家的文化,做到知己知彼首先必须克服语言障碍。通过对不同国家语言的学习,学生可以了解到这些国家的文化习俗。学校开设西班牙语、俄语、意大利语、德语、日语等多语种课程。

3. 国际活动与赛事

(1)国际活动:开展模拟联合国等活动,让学生在活动中参与围绕国际上的热点问题召开的会议,通过演讲来阐述观点,为了"国家利益"辩论、磋商、游说,通过亲身经历熟悉联合国等多边议事机构的运作方式、基础国际关系与外交知识,并了解世界发生的大事对他们未来的影响,了解自身在未来可以发挥的作用。学生通过实践来锻炼自己组织、策划、管理、研究、写作、演讲、辩论、解决冲突、求同存异和与他人沟通交往等多方面的能力,开阔视野,激发学习潜能,锻炼领袖才能,成为预备英才。

(2)国际课程:积极探索 STEM 和 PBL 的教育推进方式,激发学生的学习兴趣,从中学时期培养学生多学科知识,使其具备参与国际赛事的基本能力(如:国际

基因工程机器大赛 iGEM),为培养多学科人才奠定基础。

(二)"宽世界"课程评价

鼓励学生发挥自己的个性特长、施展自己的才能,激励学生积极进取、勤于实践、勇于创新,不断促进学习能力的发展,对学生的每一点进步都给予及时的肯定。

七　做实"宽研究",推进项目式学习课程的深入落实

"宽研究"课程以"跨文化素养"和"自我管理素养"为核心,在综合实践活动课程的基础上进行筛选与创新,通过对学生活动各个方面的动态、多元的全方位评价,让学生充分发挥主动性,展示其智力的优势维度,发掘其潜在维度,凸显文化融合。

(一)"宽研究"课程内容与实施

1. 语言博物馆和特色实验室

学校建立了别具一格的语言博物馆和多个特色实验室,如科创实验室、人工智能实验室、航模实验室、空间遥感实验室、植物多样性研究室、海洋生态研究室等,还有"一馆",即红色基因党史馆,这些场馆都是学生接受理想信念教育、前途理想教育、爱国爱校教育、科学知识教育、地方文化教育的重要基地。

2. 主题教育和家校合作

学校将德育活动系列化,定期开展各类主题教育,比如:每周国旗下讲话,组织研学实践活动、新生军训、国文周、理科周、"民族魂"活动、心理健康教育、消防演练,举办消防安全知识、法治讲座。学校开办"家长学校",成立家长委员会,建立家校合作机制,学校课堂对家长开放,分享优秀家长教育心得,家校牵手形成教育合力。

3. 选修课和阳光体育活动

学校为丰富学生的文化生活,充分利用现有教育资源,开设丰富多彩的选修课,提高课程的选择性。"多样实践"课程以"宽社团"为依托,以"宽节日"为活动载体,为学生提供多种实践探究课程,供学生自主选择,要求学生在艺术活动方面至少有一门特长。同时,推行"阳光体育"活动。学校要求学生坚持每天锻炼一小时,开展"三操两课"活动(早跑操、啦啦操、眼保健操、体育课、体育专项课),开展形式多样的体育比赛活动,拓展生命健康课程,给学生提供帆船、帆板、乒乓球、网球、冰球、羽毛球、篮球、足球等多门课程,要求学生在体育活动方面至少有一门特长。除

此之外,还有科技创新教育和研学实践教育等。目前,"宽研究"课程已经初步建立起了以国家课程为主体、以地方和校本课程为辅助、独具特色的课程体系,真正做到了课程的整合,为学生提供了多元化的学习平台。

(二)"宽研究"课程的评价

根据课程的性质与特点,重参与、重过程,强调评价主体的多元性,评价内容的综合性和过程性,评价标准的合理性,以及评价方法、手段的多样性。遵循参与原则、过程原则、综合原则、自主原则、激励原则。

八　布局"宽学习",推进生涯指导课程的有效执行

"宽学习"是以学生为主体,以教师为主导,给学生搭建一个开放的"自然"学习环境,为每一个学生的发展提供条件和场景,让学生成为完整的人以及积极参与的公民。

(一)"宽学习"课程内容与实施

1. 真人图书馆

每个人都是一本书。真人图书馆里所陈列的每一本"书",不一定是世俗意义上的成功者,但是他们无一例外,都有一个高尚的灵魂。怀抱真诚的心态去邂逅一本"真人书",在阅读的过程中让你的灵魂也随之沉静下来,这样,"相遇"的意义就产生了。你不用模仿"他/她"的人生选择,但是他们可以给你提供人生的更多种可能性。学校每月举办1—2次"真人图书馆",旨在为学生搭建一个面对面的沟通平台,用轻松的互动方式,让学生学到课本里没有的知识,通过各行各业精英们的现身说法,让学生初步了解行业种类;通过与各行各业精英们的深度交流,让学生对职业生涯有初步的认识,从而激发学生的学习兴趣,增强学生的学习动力。

2. "导师制"

学校为全面贯彻党和国家的教育方针,落实立德树人根本任务,扎实推进学校课程改革的深入实施,积极构建"全员育人、全过程育人、全方位育人"的德育工作体系,每学期定期开展"全员导师制"活动,即以"教师人人做导师,学生个个受关爱"的管理理念,选拔部分在校教师为学生的导师,平均每位老师负责4—5位学生的全员育人导师工作,引导教师从"学业教师"向"成长导师"转变,注重与学生谈心、及时交流与沟通,全面了解每个学生的家庭、学习、生活情况,有针对性地帮助学生解决问题,培养学生的健全人格,帮助学生全面发展。

（二）"宽学习"课程评价

"宽学习"课程采取多样化的评价方式。通过观察,记录和描述学生在活动过程中的表现,并以此作为评价学生的基础。对课程学习效果的综合考察由学生、家长、教师共同参与,积极探索"成长记录评价""协商研讨式评价"等评价方式。教师结合课程学习过程中学生的表现写出描述性评语。同时,通过生涯指导帮助学生了解各种自我评价的方法和工具,引导学生反思自己在与指导顾问及其他人讨论与互动过程中取得的进步,学习如何评价自身的潜力、行动能力、主观能动性、信息获取能力、团队合作能力与沟通能力等。

总之,"A-I-R"课程秉承着"让每一个孩子在最宽广的领域恣意奔跑"的课程理念,落实立德树人的根本任务,通过建设全面而丰富的课程群,为学生的发展赋能,拓宽学生的视野,开阔学生的思维,提高学生的学习和生活技能,努力培养能够担当民族复兴大任的时代新人,培养德智体美劳全面发展的社会主义建设者和接班人。

（撰稿者:朱玮雪　董方　王志伟　王晓）

第二章　学校课程哲学

　　学校课程哲学是学校对课程及其发展定位的一种精神界定和价值理解，是基于学校文化最本质的概括，是学校课程的本体论、认识论、价值论和方法论框架。确立学校课程哲学可以传承原有的校本文化，可以从个体精神演绎成学校精神，可以从校园的每个角落中发掘，可以运用再思考再认识的哲学思维方式，可以对新思想新观点批判并超越。课程哲学决定了学校课程的价值走向、运行模式、课程框架和课程实施路径。

课程与哲学有着密不可分的关系。研究表明,哲学不仅在历史上对课程的理念和实践方面一直发挥着作用,而且,将来仍然是课程不断发展和变革的依据。对课程的哲学基础研究,实质上就是对课程的哲学意义和价值的揭示。课程的哲学基础是课程存在的理论基础与发展动力。[1] 学校课程哲学不仅是一种文字阐述,更是学校对课程及其发展定位的一种精神界定和价值理解,是学校课程发展的灵魂,它决定着学校课程的价值走向、运行模式、课程框架和课程实施路径。

 一、何谓学校课程哲学?

决定教育的最后根据是哲学,而所有的教育问题最终都是哲学问题。黑格尔说:"哲学乃是一种特殊的思维方式,在这种方式中,思维成为认识,成为把握对象的概念式的认识。"[2]有学者认为,学校课程哲学是一所学校课程建设的价值追求,是学校教育哲学的有机组成部分,是对"课程是什么"的校本化理解,是关于学校课程的意义抽象和价值概括。[3] 我们认为,学校课程哲学是学校课程的本体论、认识论、价值论和方法论框架,是基于学校文化最本质的概括而确立的价值选择。

学校课程哲学不研究课程实践层面的问题,而是研究基于实践而发展起来的课程理念和实践模式。因此,如何确定和叙写课程目标不是课程哲学问题,但是课程目标反映出什么样的价值导向和追求却是课程哲学问题;将选择好的课程知识传授给学生的方法和技巧不构成课程哲学问题,但是某种传授模式和方法反映出什么样的价值观和方法论,其在实践中有什么样的优势和弊端等却需要哲学的慎思;如何进行课程评价不是课程哲学问题,但是"为什么这样评价课程""为什么评价课程的这些方面而不是那些方面"则构成课程哲学问题,等等。[4]

一般来说,学校课程哲学可分解为基于学校教育哲学的课程使命、课程理念和课程价值。其中,课程使命依据学校情境,体现时代需求;课程理念依据办学理念,创生学校文化;课程价值依据学生特质,实现教育目的。

① 刘雪梅. 课程的哲学基础研究之反思与改进[D]. 天津师范大学,2011:1.
② (德)黑格尔. 小逻辑[M]. 贺麟,译. 北京:商务印书馆,2019:37.
③ 杨四耕. 自主性变革:走向课程自觉的美好境界[J]. 中国教育学刊,2020(05):68—69.
④ 夏永庚. 课程哲学研究论纲[J]. 当代教育科学,2015(22):16.

二、学校课程哲学的确立

　　学校课程哲学是一所学校的特质,是独特而又不可替代的,它决定了学校整体课程发展的品质,也决定了课程发展的速度。越来越多的学校把确立课程哲学作为课程管理的突破口和着力点,并着手探索整体课程的具体模式,以期引领学校高品质发展。但是,课程哲学不可能自发地产生和形成,必须经过有意识的培育和科学的引导,并需要一个长期的过程,才能扎根师生心灵。

　　提炼学校课程哲学是学校整体课程设计中一项重要的任务。美国课程学者派纳教授认为,课程是一种特别复杂的对话,课程不再是一个产品,更是一个过程;它已成为一个动词、一种行动、一种社会实践、一种个人意义及一个公众希望。[①] 每一所学校都可以有自己的课程哲学,每一所学校的课程哲学都应该是独具一格的。它来源于学校悠久的历史背景和深厚的文化底蕴,体现于学校全体师生独特的处世原则和做事方式,是学校发展的灵魂所在,是学校师生充分认同和坚守的价值取向、精神追求,并对学校师生的成长有着潜移默化的影响。

　　那么,如何提炼学校课程哲学? 有学者认为,提炼学校课程哲学的过程是聚焦、扬弃的过程,更是研究、构建的过程。提炼学校课程哲学必须直面学校实际,在已有的课程哲学理念中,在教师和学生现有的做课程的方式中,在学校的课程历史和传统中,寻求自己个性化的表达。[②] 还有人认为,学校组织的各项活动无论是"过去的重大事件"还是"现在流行的故事"都融入了学校精神,体会其中的精神,便可以提炼和确定课程哲学,而不是直接选取各种概念化的精神名词。[③]

　　我们认为,确定学校课程哲学有以下五种方法:一是文化传承法,了解学校的历史沿革,分析学校的课程情境,使学校课程哲学保持原有的校本特质;二是精神演绎法,树标兵、立标杆,培育先进典型,使学校课程哲学从个体精神演绎成学校精神;三是文化自觉法,通过课堂教学、媒体宣传,描绘每一个场景、传扬每一段故事,营造校园环境,让每一堵墙都会说话,使学校课程哲学产生于校园的每个角落;四

① 管文洁. 科创贯通课程:链接知识与世界[J]. 上海教育,2017(36):34.
② 杨四耕. 怎样提炼学校课程哲学[J]. 基础教育论坛,2016(05):10.
③ 曹如军,刘国艳,吴平. 农村学校变革的理论与实践[M]. 苏州:苏州大学出版社,2016:170.

是问题发现法,通过发现问题打开研究之门,再运用哲学思维中的反思,对思想再思想,对认识再认识;五是批判超越法,课程领域的新思想和新观点层出不穷,运用批判作为武器,冷静地、理智地对其优劣、利弊进行有效分析,经批判而超越,从而用超越引导学校课程哲学的确定。

例如,三亚市八一中学课程哲学的提炼,采取的是文化传承法。学校依托部队办学,积淀了浓厚的军旅文化,地域资源和教师队伍都为课程建设提供了保障,校园在几个部队营区的包围之中,军号嘹亮,声声入耳,晨被号声唤醒,暮被号音催寝,师生大多敬仰军人的铮铮铁骨和无私奉献的精神。铿锵军魂、激扬青春是学校办学的生动写照,学校课程哲学也应具备部队特色,体现力量和节奏感,因此,学校确定了"铿锵教育"的教育哲学,"让每一个生命昂然挺立"的办学理念,以及"让美好青春铿锵有力"的课程理念。

应该说,学校课程哲学深刻地影响着学校整体课程的构建,它与学校课程的内容、实施、评价等方面都有千丝万缕的关系。

(撰稿者:李阳)

创意设计　　　**"集结号"课程:让美好青春铿锵有力**

在浓厚军营文化积淀的榆林港湾畔,坐落着一所绿色萦绕的校园——八一中学。八一中学创建于战火纷飞的 1942 年,初名海燕学校,1956 年陆军榆林要塞接管后改为八一中学,如今是一所具有深厚革命底蕴的完全中学。学校依据《关于全面深化课程改革落实立德树人根本任务的意见》《关于深化教育教学改革全面提高义务教育质量的意见》《关于新时代推进普通高中育人方式改革的指导意见》《义务教育课程方案(2022 年版)》以及《海南省中小学校教学管理常规》等文件的要求,致力为每一个孩子打上海南"特色印记",系统设计学校整体课程。

第一部分　学校课程情境

建校七十多年来,学校办学规模基本稳定,学校设施基本完善。抚今追昔,鉴往知来。站在为海南自贸港建设培养海南"特色印记"生力军的新起点上,乘着三亚市打造品质课程的东风,我们"八一人"蓄势待发。尽管当前学校基础建设相对滞后,生源基础相对薄弱,课程建设面临诸多问题,但机遇大于挑战。学校要实现跨越式发展,很大程度依赖于课程建设,而梳理、分析学校课程资源的发展优势与发展空间是课程建设的首要问题。

一 军旅文化为课程建设奠定了文化基础

作为一所有革命底蕴的学校,我们大力弘扬责任意识和担当精神,培养像军人一样讲担当、讲奋斗、讲奉献的青少年,引导学生深入了解部队,探究军旅文化,学习军事知识,感受军人严明的纪律、顽强的意志、严谨的作风、诚信的品质、乐观的精神,从而发展学生的能力,陶冶学生的情操,强化学生的责任意识,培养学生的团队精神,在学生身上烙下阳光健康、勇敢诚信、有责任敢担当的"特色印记"。这些品质必将伴随他们一生,为他们的人生奠基,为他们的前行积蓄力量。

二 地域资源为课程建设提供了资源保障

学校充分利用区域资源,与周边单位签订了共建协议,让学生走近子弟兵、走进高校、走进社会,树军人之形,展军人之貌。军旅文化是学生学习和成长的宝贵财富,军人的品质和军旅题材的书籍、歌曲、影视作品是浸润学生心灵的优质资源,这些为学校的课程建设与实施提供了丰厚的课程资源。

三 教师队伍为课程建设提供了师资保障

教师大多敬仰军人的铮铮铁骨和无私奉献的精神,都渴望在平凡的岗位上做出骄人的成绩。教师中研究生学历的有 10 人,省级骨干教师 6 人,省级课题专家 8 人,市级骨干教师 24 人。教师既有教育科研、课程开发的实力,又有课程建设、品质提升的强烈愿望,优良的教师队伍为学校的课程建设提供了师资保障。

四 已有课程的尝试为新课程的建设奠定了实践基础

学校前两年尝试过"尚美课程",以"尚美教育"为教育哲学,"尚美养正,美润人生"为课程理念,构架了"尚美课程"体系,以美润德、以美益智、以美健体、以美怡情、以美雅行,逐步形成了"乐教、博学、敏思、躬行"的教风,"乐学、善思、尚美、雅行"的学风。课程尝试过程中,教师更新了教育理念,有了初步的课程意识和课程能力,如对课程资源的挖掘能力、识别能力、开发能力,为学校的课程建设奠定了实践基础。

第二部分　学校课程哲学

学校教育哲学以及课程理念是学校课程变革的前提条件和价值取向,它们指导学校课程发展的方向,指引课程模式的建构,贯穿课程实践的全过程。

一　学校教育哲学

梁启超先生说,教育要教人不惑、不忧、不惧。大力弘扬责任意识和担当精神,引领学生坚定理想信念,磨炼坚强意志,锻炼强健体魄,在不断完善自我、强大自信中,做阳光向上、诚信朴实的人,是教书育人的初衷,是学校的神圣使命。鉴于我校依托部队办学之特色,我校的教育哲学应具有军队特色,体现力量感和节奏感,因此,我们将学校的教育哲学确定为"铿锵教育"。

"铿锵"是一种有节奏、有力量的声音。其一形容钟鼓等乐器发出的声音洪亮,如《汉书·张禹传》:"优人管弦铿锵极乐,昏夜乃罢。"其二形容人声洪亮或深沉坚定,如《山海经图赞·西山经·神耆童》:"颛顼之子,嗣作火正。铿锵其鸣,声如钟磬。"其三形容作品音节流畅、言语有力,如《答卢仝》:"君文真凤声,宣隘满铿锵。"治学以此为根,则根固枝茂;以此为源,可掬水濯苗;以此为鉴,则鉴明而学显。生命是有节奏的,教育即发现孩子的节奏、尊重孩子的节奏,依循生命成长的规律,帮助孩子拔节生长。教育是一种力量,这种力量能够改变人,促使一个人向着真善美前进。由此我们提出"铿锵教育"之教育哲学,"铿锵教育"是以"铿锵"的方式培育具有"铿锵"人格的人的教育,是我校的教育价值观和内涵发展方法论,是我校发展素质教育的一种实践形态和理论概括。"铿锵教育"是有节奏、有力量的教育,培育学生的理想与抱负,砥砺学生的意志与行动,引领学生发铿锵之声、行铿锵之步、铸铿锵之魂、扬铿锵之梦。

"铿锵教育"是信念教育。心有所信,方能行远。信念的力量在于,即使遭受厄运,也能点燃希望的火炬;信念的伟大在于,即使遇到险境,也能扬起生活的风帆;信念的魅力在于,即使身陷困窘,也能保持高洁的品行。"铿锵教育"引导学生坚定理想信念,筑牢精神之基,在时代洪流中信仰如山、信念如铁、信心如磐,从而步履坚定、铿锵有力地走向美好未来,成为"顶得稳、靠得住"的高素质社会主义建设者和接班人。

  "铿锵教育"是意志教育。欲修其身者,先正其心;欲正其心者,先诚其意。"铿锵教育"是直面挫折、攻坚克难的意志教育,锤炼学生形成自觉、果断、坚韧等意志品质。"天行健,君子以自强不息;地势坤,君子以厚德载物",只有意志坚强的人,才能在新时代的海洋中越挫越奋、越战越勇,才能以掷地有声、踏石有印、抓铁有痕的劲头顽强拼搏、不懈奋斗,抵达胜利的彼岸。

  "铿锵教育"是责任教育。新思想引领新时代,新征程激发新责任。祖国呼唤青少年担当,时代赋予青少年重任,一代人有一代人的长征,一代人有一代人的使命。中国特色社会主义奋进的新时代需要青少年有担当、有使命、有责任。国家的前途,民族的命运,人民的幸福,是当代中国青少年必须和必将承担的重任。"铿锵教育"强化责任,激发担当,使学生知责于心、担责于身、履责于行。

  "铿锵教育"是赋能教育。教育是一种手段,更是一个漫长的过程。教育赋予学生能力和能量,使其辛勤耕作、与日俱进。"铿锵教育"充分发挥育人优势,丰富教育内涵,着力提高学生的能力,赋予学生技能,提升学生的综合素养。"铿锵教育"提供力量之源、发展之基,给予希望,赋予能量,使学生积蓄磅礴力量,勇担时代使命。

  基于"铿锵教育"之教育哲学,我们确立了"让每一个生命昂然挺立"的办学理念。我们秉持以下教育信条:

  我们坚信,

  青春是铿锵的节奏;

  我们坚信,

  学校是号角吹响的地方;

  我们坚信,

  教师是青春集结号的吹响者;

  我们坚信,

  放飞梦想是铿锵青春前行的脚步;

  我们坚信,

  让美好青春铿锵有力是教育的使命;

  我们坚信,

让每一个生命昂然挺立是教育最美的图景。

二 学校课程理念

根据"铿锵教育"之教育哲学,我校提出"让美好青春铿锵有力"的课程理念,具体内涵如下:

——课程即信念培育。人类教育最基本的途径是信念,只有信念才能影响信念。学校在课程中融入军人信仰,培养诚实守信富有家国情怀、吃苦耐劳富有担当精神、纪律严明富有责任精神的新时代社会主义建设者和接班人;在课程中推广军旅文化,让红色基因植根于学生心灵,让学生培养信念,砥砺品行,珍惜韶华,锤炼本领。课程通过培养理想信念,传递奉献精神、创新精神、团队精神、坚守精神等正能量,以澎湃的激情、持久的动力,培育昂然挺立、奋发有为、胸怀大局的新时代强国青少年。

——课程即意志锤炼。课程的价值在于挖掘生命的潜力,激发内在的动力,磨炼坚毅的意志。课程以学生的独特性为出发点和落脚点,促使学生客观分析挫折和逆境,寻找有效的应对方法,不断地战胜学习中的困难,锤炼果断、勇敢、顽强、自觉和坚忍不拔的意志品质。在课程中,学生以奋斗之姿,汲取坚毅的意志,积青春之跬步,臻千里之遥程,朝着新时代、新征程铿锵迈步,在未来拥有无限的可能性。

——课程即责任担当。责任是与生俱来的,不可推卸的。课程把责任教育作为使命,旨在使学生树立对自己、对他人、对社会负责的价值观,养成责任意识,逐步成为自我教育、自主发展的主体。课程启发学生以对自己负责为起点,学会修身;以对家庭负责为基本点,学会孝敬;以对学习负责为支撑点,学会学习;以对他人负责为出发点,学会合作;以对集体负责为凝聚点,学会关心;以对社会负责为制高点,学会奉献。岁月不老,青春不朽;生逢其时,重任在肩。人生须知负责任的苦处,才能知道尽责任的乐趣。学生应志存高远,铿锵有力地成就自我,成为担当民族复兴大任的时代新人。

——课程即能量赋予。课程的最终目的就是给予学生前进的力量,托起学生生命的高度。课程运用恰当的方式、有效的途径,为学生提供适宜的环境、丰富的资源,最终让学生获得进步的喜悦、向上的力量,促使学生积蓄自强不息、坚韧不拔、开拓创新、锐意进取的力量,不断向更高的目标攀登。课程在学生人生的"拔节孕穗期",给予德智体美劳全面发展的力量,使学生在理想信念、革命精神、传统文化中汲取力量,成为有力量的踏实进取的时代新人,成为志气与骨气并存、体魄强健、蓬勃向上、底气坚定的社会主义建设者和接班人。

总之,铿锵梦想耀青春,铿锵集结炼意志。我们认为课程是积极向上、给人希望、促人成长的载体,因此,我们开发基于"铿锵教育"的"集结号"课程,我们期望"集结号"课程能够为学生指引方向、树立信心、给予力量,使每一个学生都能在教育阳光的沐浴下昂然挺立!铿锵青春,不负韶华!

第三部分　学校课程目标

课程是落实立德树人根本任务、实现育人目标的载体,因此,确立学校的育人目标以及课程目标是课程建设的基础,也是引领课程建设方向的指南。

一　育人目标

教育是立德树人的事业。以培养德智体美劳全面发展的社会主义建设者和接班人为目标构建的育人体系才能推动立德树人根本任务的落地、落细、落实。军队学校的育人目标也必须有军队特色,尽管我们的学生未来不一定投身军营做军人,可学校要培养他们具有军人一样的健康体魄、阳刚血性、坚毅品格、担当精神和家国情怀,八一中学的每一个男孩都应有铮铮铁骨,每一个女孩都应当英姿飒爽。我们致力培养"雄赳赳、气昂昂、活泼泼、亮堂堂"的青少年,具体内涵阐释如下:

——雄赳赳:勤操练,健康阳光;

——气昂昂:善探究,好学向上;

——活泼泼:乐生活,兴趣广泛;

——亮堂堂:勇担当,自立自强。

二　课程目标

依据以上要求,我们将学校育人目标进行细化,形成初中、高中六个年级的课程目标,具体见表 2-1(初中)、表 2-2(高中)。

表 2-1　三亚市八一中学"集结号"课程初中部育人目标

年级	雄赳赳	气昂昂	活泼泼	亮堂堂
七年级	1. 积极主动地参与体育活动。 2. 具有关注身心健康的意识,珍爱生命,建立和谐的人际关系,提升心理健康水平。 3. 增强体质,提升柔韧度、反应灵敏度和协调能力。	1. 乐学勤思,养成良好的学习习惯。 2. 重视学科基本概念的学习和应用,夯实基础。 3. 积极探索合适的学习方法,初步学会将所学知识进行应用,在应用中掌握技能。	1. 积极主动地参与艺术活动,培养一项兴趣爱好。 2. 尊重艺术,学习艺术的基本知识和技能,形成正确的审美观念,提高艺术审美修养。 3. 自觉培养自理能力,积极参加劳动。	1. 养成自尊、自爱、自强、自立的品行,了解安全知识,学会对自我负责、对他人负责、对集体负责。 2. 积极上进,诚实守信,待人热心,乐于助人,自信开朗。 3. 初步形成规则意识和法治意识。
八年级	1. 正确掌握体育技巧,丰富体育知识,提高体育能力,增强体能。 2. 勤于锻炼,提升灵敏、力量、耐力、协调等身体素质。 3. 有效控制自我情绪,形成健全人格,掌握安全技能,提高健康责任感。	1. 会学善思,主动发现问题并积极解决。 2. 有一定的自主学习能力,对问题有独特见解并勇于表达,运用所学知识和技能解决问题。 3. 保持向上的学力,初步养成大胆创新和主动探究的习惯。	1. 有一定的艺术审美知识和技能,积极参加社团活动,发展一项兴趣,学有专长。 2. 掌握一定的劳动技巧,感受劳动给生活带来的乐趣。 3. 善于欣赏美好的事物,拥有积极乐观的生活态度。	1. 树立正确的人生观、价值观,具有诚实守信的品质,自信自强、乐观向上,有自我保护的意识和能力。 2. 具有环保意识,生活朴素,关心社会环境,爱祖国、爱家乡。 3. 拥有强烈的社会责任感,学会对集体负责、对自然负责、对社会负责。

年级	雄赳赳	气昂昂	活泼泼	亮堂堂
九年级	1. 发自内心喜欢体育活动，认识身心发展规律。 2. 全面发展体能，提升体育运动能力。 3. 体质健康，养成积极进取、乐观开朗的心态，养成坚忍不拔、勇往直前的意志品质。	1. 恒学乐思，积极探索，敏锐观察，动手实践，合作交流，展示分享。 2. 有独特解决问题的策略，学有所长。 3. 提升自主学习的能力，形成一定的质疑精神和创新能力，有远大志向，永不止步。	1. 感知不同艺术的特征，有充足的艺术技能和知识，并运用到生活当中。 2. 具有积极的劳动态度和良好的劳动习惯，愿意为集体服务，主动参与劳动实践。 3. 热爱生活，崇尚劳动，乐于分享。	1. 有正确的价值取向，遵章守法，自律自立。 2. 认同传统美德，关注家乡发展，勇于担当，初步具有全球意识和开放心态。 3. 明辨是非，顾及他人，较好地处理生活中的矛盾，勇于直面困难，斗志昂扬，争做最优秀的自己。

表 2-2　三亚市八一中学"集结号"课程高中部育人目标

年级	雄赳赳	气昂昂	活泼泼	亮堂堂
高一年级	1. 进一步理解体育健康知识，乐于参与各项体育活动。 2. 拥有团队意识，逐步形成健康的生活方式和积极进取、充满活力的人生态度。 3. 学会体育学习及其评价的方法，增强体育实践能力和创新能力。	1. 会学善用，掌握科学有效的学习方法，提高运用知识解决实际问题的能力。 2. 形成实事求是的态度以及进行质疑和独立思考的习惯。 3. 学习的兴趣和欲望进一步增强，学力逐步提升，生涯规划意识强。	1. 乐于动手制作，提升想象和创作能力，敢于创新。 2. 丰富情感体验，加深对艺术的热爱，对生活形成积极乐观的态度。 3. 形成自主开展社会实践活动的意识，在活动中培养积极向上的生活态度，具有美的素养和审美能力。	1. 认同传统美德，关注家乡发展，爱祖国、爱家乡、爱学校、爱父母，将小我融于社会；为人淳朴，做事踏实。 2. 增强法律意识，守法护法，自觉遵守学校纪律；积极参加集体活动，持之以恒地奉献班级和学校。 3. 谦和礼让，自信包容，善于沟通，直面挫折。

年级	雄赳赳	气昂昂	活泼泼	亮堂堂
高二年级	1. 根据科学锻炼的原则,制定并实施个人锻炼计划。 2. 通过体育活动获得成就感,并表现出调节情绪的意愿与行为,形成良好的社会适应能力。 3. 进一步提高球类运动的技能水平,加强技术、战术的运用能力。	1. 好思善探,主动发现问题,发展思维,保持好奇心和求知欲。 2. 积极地探索、敏锐地观察,努力改进学习方法,体验事半功倍的喜悦。 3. 具有收集、处理和应用信息的能力,彰显学科素养能力。主动学习海南自贸港建设的人文及科学知识。	1. 具有自主探究和开展社会实践活动的基本能力。 2. 自主开展的实践活动内容丰富、具有生活情趣,适当利用各方资源。 3. 创新思维和艺术审美能力得到提升,在实践劳作中有能吃苦、不怕挫折的韧劲,获得成功后珍惜劳动成果。	1. 明理懂礼,尊重他人,自觉践行革命传统,初步有为祖国发展积蓄力量的意识。 2. 具有遵守社会公德和文明的行为习惯,具有规则意识和民主、法治观念,有积极向上的人生态度。 3. 愿为集体服务,做事有恒心,适应环境,善于摆脱生活困境,明辨是非,顾及他人感受。
高三年级	1. 积极主动地参与体育活动,有意识地预防和消除心理障碍。 2. 在体育活动中培养顽强的意志,勇于克服困难,增强自信,感受交往、合作与竞争。 3. 应用简单的方法测试自己的体能,有个人喜爱的体育运动,养成终身锻炼的习惯。	1. 勤学敢创,掌握综合应用知识的能力,注重学科素养的均衡发展。 2. 掌握学习方法与技能,对高考有准确定位和目标,对职业选择有理性思考。 3. 学习活动中敢于质疑、独立思考、不怕困难,提升求真能力。	1. 以劳为乐,理解劳动内涵。在实践活动中增强对大自然和人类社会的热爱和责任感。 2. 尊重多元文化,有目的、有组织地开展活动,主动展示美,乐于分享,感悟收获。 3. 具备独立解决生活中遇到问题的能力,直面挫折,自信向上。	1. 了解党史国情,具有浓烈的家国情怀,具有较强的集体意识和社会责任感,有理想信念。 2. 遵守道德准则和行为规则,用自己的实际行动影响他人。 3. 具备坚韧不拔、自立自强的内在品质;具有参与国际交流学习的良好修养,在人际交往中传播真善美,成为合格的新时代公民。

第四部分　学校课程体系

为实现上述育人目标,学校以"集结号"课程为抓手,致力于实现培养"雄赳赳、气昂昂、活泼泼、亮堂堂"的"铿锵少年"的育人目标,建构了学校课程体系。

一　课程逻辑

学校基于"铿锵教育"的教育哲学以及课程目标,根据多元智能理论,将课程设置为"铿锵之梦、铿锵之语、铿锵之智、铿锵之创、铿锵之体、铿锵之艺"六大类课程,共同承载育人功能,实现育人目标。以下是"集结号"课程逻辑图。(见图2-1)

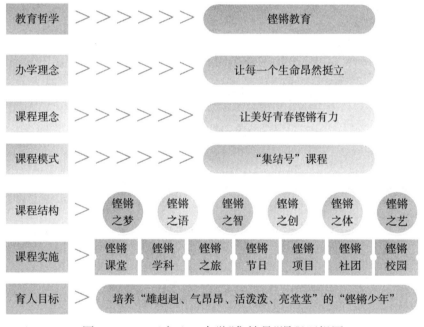

图2-1　三亚市八一中学"集结号"课程逻辑图

二　学校课程结构

根据学校办学理念、育人目标以及课程目标,学校形成"集结号"课程结构图。(见图2-2)

图2-2 三亚市八一中学"集结号"课程结构图

"集结号"课程设置"铿锵之梦、铿锵之语、铿锵之智、铿锵之创、铿锵之体、铿锵之艺"六大课程,分别指向于"社会与交往、语言与表达、逻辑与思维、科学与探索、运动与健康、艺术与审美"六项核心素养。各领域课程具体如下:

"铿锵之梦"课程指向六项素养之"社会与交往",包括道德法治、政治、历史以及"举案说法、道德观察、时政开讲、品诗论史、历史光影、铿锵讲坛"等课程。

"铿锵之语"课程指向六项素养之"语言与表达",包括语文、英语以及"小小演说家、爱唱古诗文、写真求实、细节的魅力、E手好字、魔力耳朵、悦读联播、英语剧场"等课程。

"铿锵之智"课程指向六项素养之"逻辑与思维",包括数学以及"几何模型、魔方复原、非常测量、生活中的优化问题"等课程。

"铿锵之创"课程指向六项素养之"科学与探索",包括物理、化学、生物、地理、信息技术、通用技术以及"百拼电子、物趣横生、趣味化学、疯狂酵母、显微视角、花为谁开、玩转地球、智慧背囊"等课程。

"铿锵之体"课程指向六项素养"运动与健康",包括体育健康以及"活力篮球、欢乐乒乓、羽你相约、奔跑田径、绳彩飞扬、活力啦啦操、军体拳、心灵驿站"等课程。

"铿锵之艺"课程指向六项素养之"艺术与审美",包括音乐、美术以及"妙笔生画、椰韵墨雅、铿锵之音、形体舞蹈、数字化艺术"等课程。

三　学校课程设置

基于上述课程结构,立足学生需求,结合学校课程资源,学校初中、高中课程设置如下。(见表 2-3)

表 2-3　三亚市八一中学"集结号"课程设置表

年级	学期	铿锵之梦	铿锵之语	铿锵之智	铿锵之创	铿锵之体	铿锵之艺
七年级	上学期	道德法治 历史 道德观察 入学礼 军旅文化课程	语文 英语 小小演说家 E手好字 铿锵之声	数学 生妙几何 非常测量 炮弹壳	生物 地理 信息技术 疯狂酵母 玩转地球 网事如风	体育健康 欢乐乒乓 羽你相约 军体拳	音乐 美术 铿锵之音 椰韵墨雅 妙笔生画
	下学期	道德法治 历史 道德观察 黎苗采风 军舰研学	语文 英语 快乐写作 英语模仿秀 铿锵之声		生物 地理 信息技术 花为谁开 玩转地球 网事如风	体育健康 绳彩飞扬 羽你相约 快乐足球	音乐 美术 铿锵之音 形体舞蹈 妙笔生画
八年级	上学期	道德法治 历史 举案说法 向海图强 景区研学	语文 英语 爱唱古诗文 魔力耳朵 铿锵之声	数学 几何模型 魔方复原 炮弹壳	物理 生物 地理 信息技术 智能寻轨器 显微视角 智慧背囊	体育健康 欢乐乒乓 羽你相约 活力啦啦操	音乐 美术 铿锵之音 椰韵墨雅 数字化艺术

年级	学期	铿锵之梦	铿锵之语	铿锵之智	铿锵之创	铿锵之体	铿锵之艺
	下学期	道德法治 历史 举案说法 向海图强 退队礼			物理 生物 地理 信息技术 智能寻轨器 显微视角 且听风吟	体育健康 欢乐乒乓 绳彩飞扬 快乐足球	音乐 美术 形体舞蹈 妙笔生画 数字化艺术
九年级	上学期	道德法治 历史 时政开讲 历史光影 红色研学	语文 英语 经典小屋 悦读联播 铿锵之声	数学 非常测量 生活数学 炮弹壳	物理 化学 百拼电子 趣味化学	体育健康 羽你相约 欢乐乒乓 绳彩飞扬	音乐 美术 铿锵之音 椰韵墨雅 数字化艺术
	下学期	道德法治 历史 时政开讲 成长礼 毕业礼	语文 英语 经典小屋 英语剧场 铿锵之声			体育健康 欢乐乒乓 快乐足球 心灵驿站	音乐 美术 铿锵之音 妙笔生画 椰雕工艺
高一年级	上学期	政治 历史 时政开讲 历史光影 入学礼	语文 英语 写真求实 Word Magic 铿锵之声	数学 生活中的优化问题 趣味数学	物理 化学 生物 地理 信息技术 物趣横生 有趣化学史 网事如风	体育健康 欢乐乒乓 快乐足球 活力军训	音乐 美术 铿锵之音 椰韵墨雅 椰雕工艺
	下学期	政治 历史 时政开讲 历史光影 军营研学			物理 化学 生物 地理 信息技术 物趣横生 智慧背囊 网事如风	体育健康 活力篮球 欢乐乒乓 奔跑田径	音乐 美术 铿锵之音 妙笔生画 椰韵墨雅

年级	学期	铿锵之梦	铿锵之语	铿锵之智	铿锵之创	铿锵之体	铿锵之艺
高二年级	上学期	政治 历史 道德观测 品诗论史 红色研学	语文 英语 语文课本剧 英语剧场 铿锵之声	数学 生活中的优化问题 对称美	物理 化学 生物 地理	体育健康 快乐足球 奔跑田径 活力篮球	音乐 美术 铿锵之音 椰韵墨雅 椰雕工艺
	下学期	政治 历史 道德观测 品诗论史 铿锵讲坛		数学 趣味数学 对称美	信息技术 物趣横生 显微视角 智慧背囊	体育健康 奔跑田径 羽你相约 欢乐乒乓	音乐 美术 铿锵之音 妙笔生画 椰韵墨雅
高三年级	上学期	政治 历史 铿锵讲坛 品诗论史 高校研学	语文 英语 细节的魅力 悦读联播 铿锵之声	数学 生活中的优化问题 炮弹壳	物理 化学 生物 地理 智慧背囊 物趣横生 趣味生活	体育健康 奔跑田径 羽你相约 欢乐乒乓	音乐 美术 铿锵之音 椰韵墨雅
	下学期	政治 历史 历史光影 铿锵讲坛 成人礼		数学 趣味数学 炮弹壳	物理 化学 生物 地理 物趣横生 趣味生活	体育健康 奔跑田径 欢乐乒乓 心灵驿站	

第五部分　学校课程实施与评价

为了实现上述课程目标,落实课程内容,学校通过建构"铿锵课堂"、建设"铿锵学科"、推行"铿锵之旅"、创意"铿锵节日"、创设"铿锵项目"、创建"铿锵社团"、激活"铿锵校园"等方式,形成符合我校特色的课程实施体系。

一　建构"铿锵课堂"，落实学科基础课程

课堂是学校教育的主阵地，是推进课程实施的主渠道。"铿锵课堂"从每一个学生学科素养的培育和长远发展出发，让学生激发兴趣、激活思维、积蓄智慧，在理性严谨中推动学科育人，提升课程实施品质。

"铿锵课堂"是推进国家基础课程有效实施的第一课堂。"铿锵课堂"是有节奏的课堂，瞄准学生智力发展和身心成长的节奏特点，尊重规律，踩准节奏，张弛有度，慢则润物无声，快则铿锵有力。"铿锵课堂"是有力量的课堂，强调课堂呈现的内在渗透力、课堂组织的心灵震撼力、课堂环节的思维牵引力、课堂延伸的社会感召力，不仅注重学生的基础知识、基本技能和学科素养，更注重学生的思维品质、创新精神和人文素养。

与以传授知识为主要任务的单一的、枯燥的课堂不同，"铿锵课堂"是精准、本真、有度、有型、有序、共振的立体课堂。

教学目标：精准。教学目标是课堂教学的出发点和回归点。课堂在实施过程中，培养价值取向正确、勇于担当、具有责任感的有为少年；培养学生学会倾听、思考、质疑，学会交流与合作，具有团队精神；提高和发展学生终身学习的技能和方法。

教学理念：本真。课堂教学始终坚持把学生放在第一位，顺应学生的禀赋，提升学生的潜能，从而全面促进学生发展。教师极尽教学智慧来激发学生的学习兴趣，使学生在合作中探究，在探究中体验，在体验中感受个性化学习的快乐，最终实现自我激励、自我成长。

教学内容：有度。课堂教学应努力挖掘教材中的广度和深度，从广度扩大知识覆盖面，从深度加强学生的理解力。同时注意跨学科交流，注重知识的广博性，除了让学生掌握必备的学科知识，还应充分发掘教学资源中的人文取向，培养学生的人文素养，做到既重视传统知识教育，又重视德育教育，使学生成为积极健康向上的人。

教学方法：有型。教师教学方法从学生的特点出发，反映教师自身能力和性格特点，同时为学生所接受，最终以达到自身教学目的为落脚点，形成教师独特有型的教学方式。教师在课堂上营造和谐"生态圈"，使学生技巧性、实质性地改进学习方法，充分激发学习的无限潜能。

教学过程：有序。课堂教学注重节奏控制，适度的课堂节奏牵动学生的注意力,维系学生的热情,使课堂跌宕起伏而又井然有序。教师根据学生的学习规律、课堂教学的结构、学生的课堂反应、不同课型等因素掌握和调整课堂节奏,从而实现教学目的,完成教学任务,提高教学水平。

教学效果:共振。课堂上学生、教师、文本三者有机结合,融为一体,三者真诚地交流、碰撞、沟通。学生可以挑战文本权威,教师可以有独到的见解。课堂教学成了师生共同学习、共同探究的舞台,也成了学生与文本对话、教师与学生对话、生生对话的多向互动的平台,最终使所学有所落实,师生做到共同进步、共同发展。

二 建设"铿锵学科",丰富学科拓展课程

"铿锵学科"以学科基础课程为核心,贯彻"让美好青春铿锵有力"的课程理念,依据学科课程标准的要求,根据学生的多元发展需求,对学科课程进行拓展,从而构建"铿锵课程群",帮助学生完善学科知识体系,提升学科素养,提高学科学习能力,激发学习兴趣和潜能。

"铿锵学科"根据实用性、针对性、前瞻性、趣味性、操作性等原则构建学科课程群。学科组进行课程群构建时关注学科基本属性,满足学生的学习需求,凸显学校文化特色,以课程标准的目标分类为依据,以学科课程资源整合为抓手,展示学科特色魅力,并系统思考实施路径。"铿锵学科"的基本呈现形式是"1＋X"学科课程群。这里以"阅美语文"课程群建设为例说明。

"阅美语文"以"阅语增慧,教文育人"为学科课程理念,打造"阅美语文课堂"平台,引领学生在生动活泼的语言实践活动中进行阅读与鉴赏、表达与交流,让学生逐步具备能够适应终身发展和社会发展需要的必备品格和关键能力,继而增强文化自信,提升语文核心素养。

"阅美语文"课程群从阅读品味、口语交际、综合实践等领域进行课程构建,设置"小小演说家、爱唱古诗文、经典小屋、语文课本剧、写真求实、细节的魅力"多门课程。开设的课程依据各学段的不同学情,由易到难、由浅入深、由单一到综合地循序渐进,由各年级任课教师组织实施。不同的课程评价方式不一,评价方式多样化:有以名篇背诵、诗词接龙、名著赏析、朗诵比赛、手抄报展览、思维导图展示等形式进行评价;也可以是学写课本剧、仿写小剧本,并自导自演,从而进行笔者、演者、观者之间的互评、互议的评价;还可以用作文讲评、作文竞赛、作品展出等形式进行评价。

三 推行"铿锵之旅",推进研学旅行课程

"铿锵之旅"是倡导以参观访问、亲身体验、社会调查、资料搜集、集体活动、同伴互助、成果总结等形式开展综合性学习,依据"铿锵教育"的教育哲学开设,综合历史、地理、科技、人文、自然、军旅文化和爱国主义教育等内容的特色研学旅行课程。"铿锵之旅"是学校教育和校外教育衔接的创新形式,是落实立德树人根本任务的有效途径,是学生成长的"练兵场"。通过"铿锵之旅"课程,每一位学生都研有所思,学有所获,旅有所感,行有所成,在行走的课堂中积蓄昂然挺立的力量。"铿锵之旅"研学课程具体内容如下:

军营研学。充分利用部队课程资源,组织各项活动。组织初中部学生参观军营,观看战士整队、出操、训练表演,观军人之形,学军人之貌。组织学生进行内务整理训练,体验军人严格的纪律、优良的生活作风,提高学生的纪律意识和团队意识。组织学生登上军舰,参观军舰上先进的作战设备,学习军人坚强刚毅的意志品质、勇敢顽强的战斗作风,培养像军人一样讲担当、讲奋斗、讲奉献的青少年。

红色研学。组织学生走进"红色娘子军纪念园""梅山革命史馆""西沙海战烈士陵园"等红色教育基地,身临红色文化"现场",感受革命先辈们钢铁般的意志和百折不挠的精神,使学生思想意识有所触动,道德水准有所提高,核心素养有所升华。让红色基因植根于学生心灵,给予学生铿锵前进的力量。

高校研学。利用三亚高校资源,带领高三学生走进三亚学院、三亚航空旅游职业学院等高校,感受大学独有的深厚文化氛围,体验大学生活,倾听大学生的远大理想抱负,完善自己的职业生涯规划;引导学生树立胸怀天下、奋发有为的远大目标,为建设美好海南积蓄力量,争做富有责任精神的新时代社会主义建设者和接班人。

企业研学。带领学生走出校园、走进企业,让学生零距离接触企业文化和生产实践,接受岗位认知教育,对职业生涯规划发展有初步概念,找到人生奋斗的方向。让学生聆听企业家艰辛开拓的奋斗史,感受企业家吃苦耐劳、富有担当的精神,从而使学生的职业道德素养得到提升,增强社会责任感和使命感。让学生了解并参与海南的发展与建设,吹响新时代的冲锋号,将来为海南自贸港的发展贡献力量!

景区研学。带领初中部学生走进海南呀诺达雨林文化旅游区,深入了解雨林植物知识,感悟山水的绚丽多姿,体验大自然的神奇美妙;走进海棠湾国家水稻公园,了解水稻种植的全过程,体验插秧活动,感受劳动的艰辛与喜悦。带领高中部学生走进大小洞天风景区研学实践基地,体验和感悟古崖州历史文化和热带滨海文化的博大与趣味……这些研学活动能够激发学生在秉持绿色环保理念的基础上,进一步对知识探索求知,同时培养学生的实践动手能力、团队协作能力和处理问题能力,使学生获得坚韧、挺拔、向上的力量。

"铿锵之旅"的课程实施以年级为单位,整合资源,利用课程活动时间、节假日开展研学活动。教师根据学科课程标准、学生实际情况设计研学手册、学习任务单,让学生在实地研学时完成研学手册、学习任务单,形成研学报告。

研学前:教师做好研学规划,制定课程纲要,设计活动方案和研学任务单。学生根据研学任务查阅资料,做好研学准备。

研学中:根据研学规划,教师精心组织,指导学生游中有学、行中有思。学生在行走中善于观察和思考,勤于记录和整理,积极探索知识与社会、知识与生活的链接,在行走体验中感悟和内化所学。

研学后:教师指导学生根据研学评价标准进行成果收集和整理,撰写研学报告,参与展示评比。教师负责集结成册,形成研学课程成果。

四 创意"铿锵节日",浓郁课程实施氛围

"铿锵节日"是在"铿锵教育"的教育哲学指引下开设的形式多样、面向全体、具有时代特征和八一特色的校园节日活动课程。学校依托"铿锵节日",围绕凝聚人心、完善人格、开发人力、培育人才的目标,在坚定理想信念、厚植家国情怀、加强品德修养、增长才干见识、培养奋斗精神、增强综合素质等方面下功夫,为学生终身发展奠基。"铿锵节日"通过活动创设积极向上的氛围,实现人人参与,尽显每个学生的昂扬舒展的生命力,使校园成为学生昂然挺立成长的营地,给予学生铿锵前行的力量。

节日活动是思想文化的载体,是学生成长的灵动的舞台,有助于实现文化育人、活动育人、实践育人。"铿锵节日"设置"经典节日"和"特色节日"两大板块。"经典节日"分为"传统课程"和"仪式课程"。"传统课程"以端午节、儿童节、劳动节、建党节、教师节、国庆节等节日依托,融合知、情、意、行为一体,通过营造隆重、庄严、神圣的环境氛围,传承传统,激发学生的责任感和使命感,以强烈的感染力实现育人目的。我校开设的"升旗仪式""入团仪式""入学礼""成长礼""送考礼"等仪式课程在特定时间、环境、场景中综合展示，多角度调动学生的情感与思维，使其产生共鸣、净化心灵、陶冶情操。"特色节日"设有"书香节""科创节""军韵节""美育节"，学生在活动中可以尽情地爱阅读展志气、敢创新展勇气、观军舰展雄心、唱军歌展豪情、赛队列展雄姿、讲军事展军乐、承传统展内涵、学艺术展灵气、爱运动展活力，丰富多彩的舞台让每一个学生都尽显生命盎然灵动之美。"特色节日"在实施上整合多方之力，激励学生参与、互动、展示，将价值理念与情绪感知交织、融合，对学生产生综合影响。（见表2-4）

表2-4 三亚市八一中学"铿锵节日"课程安排表

铿锵节日	课程名称	实施方式
经典节日	传统课程	端午节、中秋节：主题活动 儿童节：初一、初二同学联欢，初二退队 清明节：为烈士扫墓、缅怀先烈 劳动节：劳动技能大比拼 建党节："永远跟党走"活动 教师节：感恩教育活动 国庆节：爱国主义教育
	仪式课程	升国旗仪式课程：每周一举行升旗仪式、国旗下讲话 入团仪式：每年青年节举行入团仪式 开学、散学典礼：学期初和学期末举行活动 入学礼：新生入学活动 成长礼：高三、初三年级举行 送考礼：每年高考、中考前誓师和送考活动 毕业礼：毕业年级举行
特色节日	书香节	启动仪式、图书义卖、征文、演讲、朗诵、读书分享会等。评选"书香班级""书香少年""书香家庭"等，每年春季学期结合"新时代好少年"读书活动实施。（每年三月至四月份开展）
	科创节	科创小讲堂、科创小发明、猎鹰拍客评选、科普小先生等。通过综合实践、成果展示实施。（每年五月份开展）

铿锵节日	课程名称	实施方式
	军韵节	聆听军事讲座、走进军营、阅读军事书籍、唱响军歌、新生军训、军体拳演习、实弹打靶等。每年秋季学期初通过综合实践实施。（每年九月份开展）
	美育节	合唱比赛、文艺汇演、美术作品展、书法作品展、摄影展、运动会。通过班级联赛、主题展览、成果展示实施。（每年十二月份开展）

五　创设"铿锵项目"，发展军旅特色课程

项目式学习以学生为中心，围绕一个真实问题或系列主题，提供一些关键素材构建环境，让学生自主组建团队，在此环境里经历解决开放式问题来学会学习。根据《关于深化教育教学改革全面提高义务教育质量的意见》所倡导的"探索基于学科的课程综合化教学，开展研究型、项目化、合作式学习"，学校创设"铿锵项目"特色课程，以探索军旅文化为主题，强调学科整合，采取多种学习方式，达成"以军养德、以军促智、以军健体、以军炼志、以军创美"的课程目标。

以"铿锵项目"之"军旅文化课程"为例。其旨在让全校学生较为全面地了解军营和军人，组织学生读军旅书籍，诵军旅诗歌，观军旅影视，唱军旅歌曲，学军事知识，进军营观摩内务、参观设备、体验生活、参与训练，以达到军旅文化涵养道德、军事科技增长智慧、军事训练强健体魄、军事管理锤炼意志、军旅风姿提升素质的主题学习目的，使学生充盈正能量，树军人之形，得军人之魂，悟军人之魄，擦亮人生底色。又如"铿锵项目"之"炮弹壳课程"，其依托炮弹壳，统整语文、英语、政治、历史、物理、化学、美术多学科和仪式课程开展教育教学活动，设计了摸弹、敲弹、说弹、写弹、画弹、研弹、设计等丰富多彩的学习方式。

六　创建"铿锵社团"，落实兴趣爱好课程

社团活动是学校课堂教学的延伸性活动，是进一步深化课程改革、发展素质教育的重要体现。社团活动的正常开展，既丰富学生的课余生活，也为学生提供自主发展的空间。社团活动是校园文化建设的重要载体，是学校第二课堂的引领者，让学生在声色之间、动静之间，发现生命细微之处的灵动，因材施教向阳生长，昂扬挺拔各显其美。"铿锵社团"以教育性、思想性、艺术性、知识性、趣味性、多样性的活动吸引学生积极参与,促进学生发展。

"铿锵社团"课程是在学校文化大背景下,影响和促进师生活动发展的各种文化因素的总和,是一种无形的、巨大的教育力量,也是教育成功的重要基础。学校依据学生的综合素质,广泛调查学生的兴趣爱好,充分挖掘学生的潜能,开设语言类、科学类、文体类社团。社团形式多样,内容丰富,对启迪学生智慧、开阔学生视野、优化学生个性人格等具有重大而深远的影响。(见表2-5)

表2-5 三亚市八一中学"铿锵社团"课程的设立与实施

社团类型	社团名称
语言类	口才与演讲、话剧团、铿锵之声、求真写实、悦读联播、英语写作
科学类	趣味数屋、e视界、生妙几何、创意编程、车模航模、百拼电子世界、显微视角、趣味化学
文体类	铿锵之音、形体舞蹈、乒羽社、绳彩飞扬、篮球队、田径队、数字化艺术、妙笔生画、兰亭社
实施方式	学生根据个人兴趣,自主选择社团并提出申请,社团辅导老师根据综合考查通过申请,组织学生参与社团活动,完成社团课程,记录成长轨迹。

"铿锵社团"立足学校校情,结合学生学情,发挥教师特长引领,保证学生的自主性,提高学生的积极性,鼓励学生的创造性,力求活动的成效性,推进素质教育深入发展,营造优良校风,真正把社团办成学生喜爱的家园、学园和乐园。同时,评价要起到导向作用。学校从社团的筹备、活动过程的监测、活动效果的评估以及特色创新的推广,全方位、多角度促进社团发展、学生进步,使社团活动的开设与发展成为学校打造品牌的靓丽窗口。

七 激活"铿锵校园",落实环境隐性课程

"铿锵校园"是"铿锵文化"的物化和外显,具有一般学校没有的军队元素,学校文化品牌、各类活动、校园环境均凸显军队特色,无论是办学理念、育人目标、一训三风还是校服、校歌,无论是环境布置还是学生评价机制,都烙印着军队印记,课程因文化有了厚度,文化因课程有了载体,最终使教育走向多元化、生活化。

"铿锵校园"包括空间文化和活动文化,旨在通过校园环境的营造发挥育人功能。(见表2-6)

表2-6 三亚市八一中学"铿锵校园"课程内容与实施

类型	内容与实施	类型	内容与实施
空间文化	廊道文化: 廊道空间有功能	活动文化	"铿锵文化"征集
	教室文化: 班级文化有特色		"班级文化"评选
	广场文化: 学校竞赛有展示		"铿锵之星"评选
			"铿锵宿舍"评选

"铿锵校园"课程通过"铿锵文化"征集、"班级文化"评选、"铿锵之星"评选以及"铿锵宿舍"评选等方式进行评价。

(1)"铿锵文化"征集:面向学生征集校徽、校歌、校训、学风、廊道、广场文化等创意。

(2)"班级文化"评选:每学期开展"班级文化"评选,表彰"班级文化"建设有创意、有特色的班级。

(3)"铿锵之星"评选:"星衔"晋级制。

(4)"铿锵宿舍"评选:每月对宿舍评比,德育部组织定期、不定期对宿舍纪律、卫生、就寝等进行检查,每月评出"铿锵宿舍",周一升旗仪式上表彰,宣传栏进行展示。

总之,"铿锵教育"作为学校的教育哲学,融汇在学校课程建设的各个层面,引领课程建设,引领教师发展,引领学校文化,推动学校深入实施素质教育,全面体现办学理念。

(撰稿者:曾卫红 李阳 高福林 刘琇琇 梁玲)

第三章　学校课程目标

　　学校课程目标是学校课程所要达到的预期结果，是指导整个课程编制过程的最为关键的准则之一。学校整体课程目标设计应以拉尔夫·泰勒的目标模式为理论依据，要明确课程与教育目的和培养目标的关系，并确保这些要求在课程中得到体现。只有在对学生特点、社会需求和学科发展进行深入研究的基础上，才有可能确定行之有效的课程目标。

学校课程目标的确立是学校课程规划的关键步骤。拉尔夫·泰勒是现代课程理论的重要奠基者,他在提出的学校课程目标模式中指出四个基本的逻辑起点:"学校应该达到哪些教育目标","提供哪些教育经验才能实现这些目标","怎样才能有效地组织这些教育经验","我们怎样才能确定这些教育目标正在得到实现"。[①] 学校课程目标具有导引性,其变革必须围绕立德树人根本任务,除了按照教育方针的要求准确确定育人目标以外,还应结合每一所学校的校情、学情而定,它是学校教育的起始点和目的地。在教育过程中,课程目标起到规范和约束的作用,以理论逻辑的秩序化来处理"教什么"与"怎么教"的递进关系,以评价来构建课程质量的提升。[②]

 一、何谓学校课程目标?

课程目标是指特定阶段的学校课程所要达到的预期结果,是指导整个课程编制过程的最为关键的准则之一。它有以下四个方面的规定性:(1)时限性,即课程目标要同特定的教育阶段相联系,不是对所有教育阶段预期结果的笼统规定;(2)具体性,即课程目标要详细描述学生身心发展的预期结果,明确学生所要达到的发展水平;(3)预测性,即课程目标所描述的结果是预期性的,不是实际的结果,是学生发展状态的理想性规划;(4)操作性,即课程目标是明确的,可以付诸实现,不是一般性的规划,与教育目的不同。[③] 我们认为,三亚市各中小学、幼儿园在设立学校课程目标之时,是有法可依、有规可循的。各学校从自身学校的实情出发,深入挖掘三亚本土的地方特色,厘清自身的优势和劣势,确立适合不同阶段学生的身心发展的、可行的课程目标。

(一) 课程目标的内涵[④]

广义的课程目标的涵义定位于教育与社会的关系,是一个比较大的视角,涵盖

① 施良方. 泰勒的《课程与教学的基本原理》——兼述美国课程理论的兴起与发展[J]. 华东师范大学学报(教育科学版),1992(4):10—11.
② 田苏宏、杨璐柳婷,王梦霓. 基于"泰勒原理"构建高校实践育人体系研究[J]. 化工高等教育,2021,38(5):146.
③ 史小力. 教育学[M]. 南昌:江西高校出版社,2018:141.
④ 张文茂,康新江. 教师工作手册[M]. 石家庄:河北科学技术出版社,2012:30—31.

面是全层次的,即为教育意图,包含了"教育方针""教育目的""培养目标""课程教学目的"和"教学目标",而教学目标又包含年级教学目标、单元教学目标和课时教学目标。

狭义的课程目标的涵义定位于教育内部的教育与学生的关系,是一个相对狭窄而具体化的视角,它的涵盖面是特定的,主要指"教育目标",不包含"教育方针",只包含"教育目的""培养目标""课程教学目的"和"教学目标"。

(二) 学校课程目标的特点

一是指向的整体性。学校所有课程都是为实现育人目标而设置的,学校课程目标是为完整育人服务的。

二是时序的阶段性。任何一门课程的总目标都是按几个维度设定并分几个学段实现的,所以课程目标具有阶段性。例如,小学分为低、中、高年级三个阶段,构建"初阶 + 中阶 + 高阶"的不同层次,这是系统在结构或功能方面的等级秩序。

三是内涵的连贯性。学校课程目标虽然是分段的,但在内涵上是连贯的,不同年龄阶段的课程目标其内部是一以贯之的,体现其连续性。

四是实践的导引性。学校课程目标在实践上具有导引作用,对于课程的内容设计、实施、评价均有引导作用。

 ## 二、学校课程目标的厘定

课程目标的基本来源是确定课程目标的依据,是课程开发中的核心部分。泰勒在《课程与教学的基本原理》中指出教育目标的三个来源为:对学习者本身的研究、对校外当代生活的研究、学科专家对目标的建议。我们认为,儿童是学习的主体,他们是学习者,对学习者的研究就是对儿童身心和人格完整发展的研究。因为身心与人格发展都是在不断变化的,所以我们在设定学校课程目标时要多视角地扫描和多层次地思考,体现素质教育的基本理念。

(一) 立足研究

立足于对学习者的研究、对社会生活的研究,这是学校课程的定位,也是厘定目标的起点。我们认为应当考虑不同年龄阶段儿童的身心发展能力达到的水平、学习内容和需求,以及学习兴趣的激发。我们在教学中,应妥善处理这两种研究之间的关系,才可以厘定课程目标。要以儿童自发的需要为基础,利用这种需要去达到教育的目的。在确定社会生活的需要时,要把握好每一个社会发展维度中各个方面的关系,然后截取合适的节点并加以整合,从而形成学生于课程中所需求的养分。

(二) 衡量发展

泰勒提出的教育目标的三个来源,对于我们形成正确的课程价值观,确定课程目标,把握学科的一般教育功能具有重要的指导意义。我们将学科专家的建议作为确定课程目标的重要依据,又将学校发展的理念和愿景作为育人目标的衡量向度。

总之,确定课程目标首先要明确课程与教育目的和培养目标的关系,确保这些要求在课程中得到体现;其次,只有在对学生特点、社会需求、学科发展等各个方面进行深入研究的基础上,才有可能确定行之有效的课程目标。只有如此,课程目标才能有助于体现课程编制者的意图,使各门课程具备学科的逻辑体系,才能够将教师的教、学生的学以及课程内容与社会需求的关系进行有机统整。

(撰稿者:刘丽媛)

创意设计　　"S-H-A-N"课程:在这里,与最好的未来相遇

三亚市崖州区崖城小学现位于古代崖州最高学府崖城学宫旁,是崖州古城的一所百年老校。学校现占地面积 13 955 平方米(近 21 亩),建筑面积 6 790. 22 平方米,目前有 24 个教学班,在职教师 72 人,在校学生 1 100 余人。教师队伍中,有中小学高级教师 3 人,中小学一级教师 19 人;大学本科学历 33 人,大专学历 38 人;海南省骨干教师 1 人,三亚市骨干教师 2 人。学校近年来荣获"三亚市先进学校""三亚市教育教学质量先进单位""三亚市中小学教师专业发展先进单位""全国'两基'工作先进单位""海南省规范化学校"等荣誉称号。学校现根据《关于全面深化课程改革落实立德树人根本任务的意见》《关于深化教育教学改革全面提高义务教育质量的意见》等精神,系统设计学校整体课程。

第一部分　学校课程情境

学校课程情境是在教育实践探索的过程中逐渐生成的。多年教学中,教师时常琢磨怎么让课堂丰富、生动起来,怎么顺乎儿童天性、满足他们的需求,如何结合学校深厚的百年文化底蕴,努力创建推动学校持续发展的课程。

一　清晰的价值追求

学校以"明于心、慧于术、臻于善"为办学理念,以"明德厚学、上善若水"为校训,在长期的教育教学实践中,形成了"文明尚善,尊师爱生"的校风,"博学善导、厚生乐教"的教风,"善学善思、自信自强"的学风。学校培育学生好学善行,继承和弘扬中华民族的传统美德,加强道德和人文修养,追求人格、学识、行为的和谐统一并向美好的方向发展,真正做到"明于心、慧于术、臻于善",为终身学习打下良好的道德基础。

二　深厚的文化底蕴

在历史悠久、人文璀璨的崖州古城,一座有着百年历史、人才辈出的校园坐落在这里,这就是崖城小学。学校是百年老校,文化底蕴深厚,创校之初就在古代崖州最高学府崖城学宫内。崖城小学创办于清末宣统二年(1910 年),时为崖州直隶州高等小学堂,是崖州直隶州的第一间正规学校,校址设在崖州州治学宫孔圣庙内。1912 年,中华民国成立,废州设县,学校改称崖县高等小学堂。1919 年又改称崖县县立第一高等小学校,简称"一高"。由于学校规模不断扩大,于 1936—1937 年间,在当年母校学生的捐赠、社会各方的赞助下,学校在学宫东北围墙外新建起教室五间、教员宿舍数间。至此,学校迁出学宫。1950 年 5 月,崖县解放。崖县人民政府接管学校,学校即改称崖县第一高级小学校。1954 年,崖县人民政府迁址三亚镇,学校由区管理,改称崖城高级小学校,后改称崖城小学。1984 年 8 月,崖县撤县设市,学校改称三亚市崖城镇崖城小学。2019 年 8 月,由三亚市崖州区委机构编制委员会研究决定学校更名为三亚市崖州区崖城小学。为创建品质课程示范学校,摆脱普通小学"千校一面"的局面,构建学校竞争力,崖城小学在传承崖城学宫办学思想的同时,立足现实,着眼未来,确立了"明于心、慧于术、臻于善"的办学理念,并赋予了新的时代精神。

三 鲜明的课程特色

学校长期致力于以校为本的特色学科建设:体育学科的武术社团、乒乓球社团,音乐学科的合唱社团、舞蹈社团,美术学科的美术社团、书法社团,语文学科的朗诵社团,英语学科的英语角,综合学科的"指尖上的立方"、象棋社团……活动面向全体学生,让崖小的每一个孩子在每个学科都能学有所长。

四 丰富的文化资源

崖州区是三亚历史文物遗迹最多最密集的区域,被列入文物保护单位的共23处,占三亚市各级文物保护单位的74.2%,有保平村、骑楼街、古城门、崖城学宫等。据悉,保平村建于唐代,距今已有1100多年的历史,拥有三亚最具代表性的古民居建筑群,于2010年被列入国家历史文化名村名录;骑楼街始建于清朝末年,是三亚最早的老商号建筑群;古城门"文明门"始建于清朝嘉庆十八年(1813年),是迄今古崖州城唯一保存下来的城门;崖城学宫是古代崖州最高学府、中国最南的孔庙,2013年被列入第七批全国重点文物保护单位。

崖州历史上具有全国性影响的人物有10多位。冼夫人是南北朝时期我国南方百越族杰出的政治领袖,为祖国疆土统一和民族团结做出重大贡献;隋文帝册封她为谯国夫人,赐临振县(崖城)为她的封地。贬官谪臣中,唐代的韩瑗、李德裕,宋代的卢多逊、赵鼎、胡铨,元代的王仕熙等,都是当时声名显赫的名相重臣。其中的赵鼎、胡铨是南宋著名的抗金英雄,具有崇高的民族气节和爱国主义精神。钟芳是明代有全国性影响的海南名贤,他是崖城水南村人,进士,官至户部侍郎。他著作丰富,学术成就大,在明、清学术界被尊为"岭海巨儒"。朝廷命官中也有许多对推动崖州社会经济、文化发展起过重要作用的名宦。如南宋吉阳军知军周康、毛奎先后草创和开发南山大小洞天风景区,成为三亚乃至海南旅游事业的奠基型人物。崖城本土也不乏精英人物,如参与崖州义民抗清复明、为南明桂王护驾有功的总兵王燦;海南唯一参加康有为、梁启超"戊戌变法"的维新骨干林缵统等。

第二部分　学校课程哲学

崖城小学是崖州首间高等小学校。百年教育路程,百年教育理想。百年来,我校一直秉承先辈遗志,牢记教育初心,尊孔崇儒,兴学敷教,恪守信念,贤才辈出。在百年办学历程中,"追求卓越,止于至善"已经成为我们代代"崖小人"的理想与追求。

一 学校教育哲学

我校教育哲学是"至善教育"。《大学》开宗明义:"大学之道,在明明德,在亲民,在止于至善。"止于至善是一种以卓越为核心要义的至高境界的追求;止于至善是学校实现教育使命和愿景的过程;止于至善就是大真、大爱、大诚、大智的体现。在我校大门上方,就有"止于至善"四个大字,它是崖小前辈们的教育追求,是全体"崖小人"心中的图腾。在"崖小人"看来,"善"有三层涵义:一是善良,指人的品德;二是善于,指人的能力;三是善美,指人的状态。"至善"之"至"有"到"和"极、最"的意思,而产生了"追求善、达成善"以及"善的极致"两个内涵。"至善"是一种理念,是一种境界,是一种能力。基于"止于至善"的出处及前辈们一直恪守的教育信念,我们受到了启发,确定了"至善教育"为学校教育哲学。

"至善教育"是好的教育,是引导人追求善的活动,让学生发现自我的美好,塑造一个个精彩、完美、有力、充满灵性与创造性的灵魂。因此,我们确立学校的办学理念为"明于心、慧于术、臻于善"。我们期望:每一个学生的生命绽放,每一个教师的精神生长。基于上述"至善教育"的哲学要义及理念,我们坚定了教育信仰:

我们坚信,

教育是真善美的传扬;

我们坚信,

真善美是一生幸福的能量;

我们坚信,

学校是与美好未来相遇的场所;

我们坚信,

教师是真善美的引领者和播种者;

我们坚信,

让生命向善生长是教育的神圣使命;

我们坚信,

明于心、慧于术、臻于善是教育最美的姿态。

教育求善是一个主动的过程、实践的过程、回归本源的过程。"至善教育"是以至善之手段成至善之人的教育,是素质教育的校本化理念与创造性实践的结晶。真正的教育关注人的生活,在生活中实践善,让每个人成为有德性之人,让每个人过善的生活。

二 学校课程理念

基于上述教育哲学,我校确立如下课程理念:在这里,与最好的未来相遇。这意味着师生在这里与最好的自己相遇,与最好的未来相遇。

(一)课程即生命场景

苏格拉底说"一个未经省察的生活是不值得人过的生活",也就是说,哲学是为了善好的生活。人人都会生活,不需要别人教育也能生活,但生活的境界却是要教育才能达到的。教育使人的两只脚稳稳站在地上,哲学使人的灵魂飞到天上,人才不会沉沦。教育与哲学同源,最终都导向生活,教育的本原是场景,每个生活的场景就是教育的课程,教育让人与生活都焕发生命力。

(二)课程即美好情愫

"至善教育"要求教育者对学生呈现出内心的善良,要尊重、理解、关爱、宽容学生,对学生负责,对学生有仁爱之心,而这个要求的根本目的是让学生体验到爱。学校对每一个儿童深情的爱,旨在让他们拥有快乐,拥有智慧,拥有善的生活。"至善教育"着力彰显美和智慧,让每一个学生内心深处的善得到弘扬,开出善美的花朵。这样美好的情愫,体现了课程诗意般的追求。

(三)课程即文化相遇

百年来,接受过时代洗礼的崖城小学,沉积着厚重的文化底蕴,将生命眷恋与文化情愫交融,历久弥新。我们的课程就是要让儿童感受文化魅力,体悟文化真谛。在我们的带领下,儿童在穿越古代与现代、经典与趣味、国学与西学、历史与今天的过程中体会文化不同的味道。用目光穿透时间、用指尖对话历史,在与文化的相遇中感受那份深沉厚重、那份源远流长、那份浸透在每一个民族骨髓中的态度。汇聚百年积淀,传承百年经典,一代又一代的"崖小人",定将"至善教育"铭记于心,努力践行,履方致远。

（四）课程即成长方向

真善美是人类文明进步的标尺，是人们发自内心的道德追求，是儿童精神成长的方向，更是我们教育的根本追求。"至善教育"给予学生体验和创造的机会，提升其成就感，激发其创造热情，让他们从中学会交流沟通及团队合作。"至善教育"从儿童的成长需求出发，基于每一个儿童的发展方向、学习方式和认知规律，又指向每一个儿童的未来，帮助儿童在选择和尝试中发现自己、唤醒自己，在求真、求善、求美的路上乐此不疲。

总之，善的生活是好的生活，好生活需要好教育，好教育才能培养出好人。好教育与好生活之间形成了一种正相关的关系。好教育就是引导人成为好人，引导人过好生活。"好生活，更好地生活"是好教育的追求，是好教育对善的渴望、对幸福的向往。因此，真正的教育是好的教育，是引导人追求善的活动。我们秉承这样的教育观，并把这种教育观通过课程的实施对孩子加以影响，使其形成正念。"至善教育"催开最绚烂的花朵，滋养儿童茁壮成长，找到一生幸福的能量。

第三部分　学校课程目标

课程是有方向的，育人目标和课程目标就是课程的方向。

一　育人目标

我校的育人目标是培养"明于心、慧于术、臻于善"的"至善儿童"。具体内涵如下：

——明于心：爱家国，会做人；

——慧于术：爱学习，会探索；

——臻于善：爱运动，会做事。

二　课程目标

为了实现培养目标，我们将学校课程目标进行细化。（见表3-1）

表 3-1　学校课程目标表

目标＼年级	低年级	中年级	高年级
明于心：爱家国，会做人	1. 敬国旗、唱国歌，初步知晓祖国历史和基本国情。 2. 用礼貌用语，主动与他人打招呼，同学间作为朋友相处，互相帮助。 3. 按时上学，整理身边的东西，努力学习，培养自己的兴趣爱好。	1. 诵读经典，继承优秀传统文化，弘扬中华民族精神。有责任意识，和家庭成员一起创建愉快和睦的家庭。 2. 孝敬父母，尊敬师长，宽厚待人，同学之间理解、信赖、帮助，向对自己生活有帮助的人表示谢意。 3. 自己的事情自己做，凡事先思后行，有错认错，知错就改。有良好的卫生习惯。（"四勤四不"，学习正确的坐、立、行、卧姿势，注意口袋卫生等）	1. 初步树立正确的世界观、人生观、价值观，有远大的理想抱负和建设祖国、振兴中华的理想志向。 2. 尊重理解，友善宽容，乐于助人，正视自我，自尊自律，勇敢担当。 3. 生活有规律、有节制、有目标，有上进心和求新精神。培养自强、自信、自尊、自立的好品质，树立善于合作，敢于竞争的精神风貌。
慧于术：爱学习，会探索	1. 对生活中美好的东西有所反应，或爱或赞扬。 2. 学会口头表达、书面表达、形体表达。努力学习，培养自己的兴趣爱好。 3. 热爱生活，能对常见问题提出"为什么"。热爱学习，基本养成听说读写的良好习惯。	1. 善于发现生活中的美，有被美的东西和气质高雅的东西所感染的心。 2. 对待学习有克服困难、战胜困难的信心和勇气，做事有决心、有毅力，说到就要做到，想做的事情就要坚持下去。 3. 学习积极主动，对自己有自信，独立思考，流畅表达自己的感受和观点。热爱学习，形成浓厚的学习兴趣，注重联系实际。	1. 对美好的东西有感动向往之心。对于超过人类认知水平、关于未来科学的知识有好奇、好闻、探究的心理。 2. 刻苦好学，会学善学，兴趣广泛，学有所长。 3. 独立思考，有与他人不一样的解决问题的方法和策略。热爱学习，保持浓厚的学习兴趣，熟练地将所学运用于实践。

目标　　年级	低年级	中年级	高年级
臻于善：爱运动，会做事	1. 掌握基本的体育技能，如跳绳、列队等，通过体育锻炼增强自信心。 2. 愿意做一些力所能及的事。（自己的事情自己做，家里的事情帮着做，集体的事情争着做） 3. 积极帮助别人做力所能及的小事，热爱劳动，感受生活的美好。	1. 掌握基本体育技能，如前滚翻、打篮球等，通过体育锻炼增强自信心。 2. 有责任意识，关心残疾人，照顾有困难的人。 3. 动脑帮助别人解决困难，善于发现生活的美好。	1. 掌握基本体育技能，如中长跑、肩肘倒立等，通过体育锻炼增强自信心。 2. 做好自己能做好的事，努力为社会服务，体验劳动的喜悦和乐趣。 3. 自我管理，拥有对美好生活的追求、乐观的生活态度和健康的心理。

第四部分　学校课程体系

为了实现上述课程目标，我们建构学校课程体系。

一　学校课程逻辑

从总体上看，我校课程体现为基础课程和学科拓展课程的有效整合。我校为了进一步统整学校课程基本分类，逐步完善和明确学校课程发展方向，根据学校课程实际及课程发展理念、目标，形成课程逻辑体系。（见图 3-1）

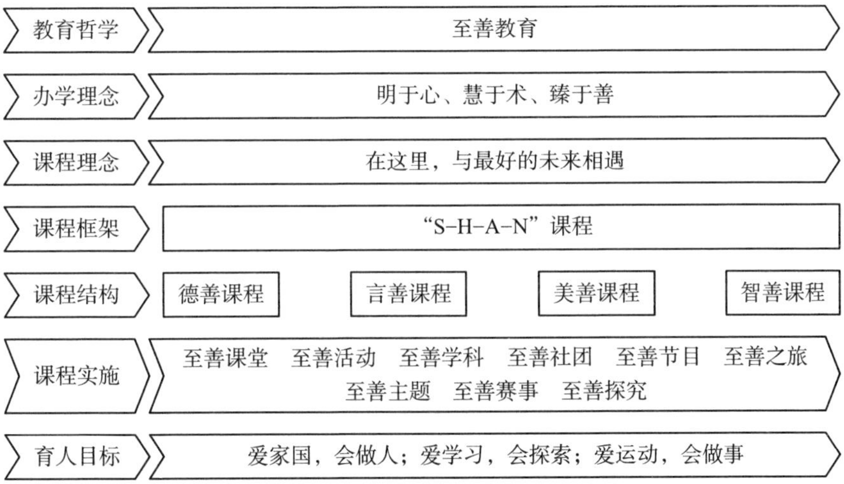

教育哲学	至善教育
办学理念	明于心、慧于术、臻于善
课程理念	在这里，与最好的未来相遇
课程框架	"S-H-A-N"课程
课程结构	德善课程　　言善课程　　美善课程　　智善课程
课程实施	至善课堂　至善活动　至善学科　至善社团　至善节目　至善之旅 至善主题　至善赛事　至善探究
育人目标	爱家国，会做人；爱学习，会探索；爱运动，会做事

图 3-1　学校课程逻辑图

二　课程结构

我校课程分为"德善课程、言善课程、美善课程、智善课程"四类,分别指向自我与社会、语言与表达、艺术与体育、科学与逻辑四大领域。(见图3-2)

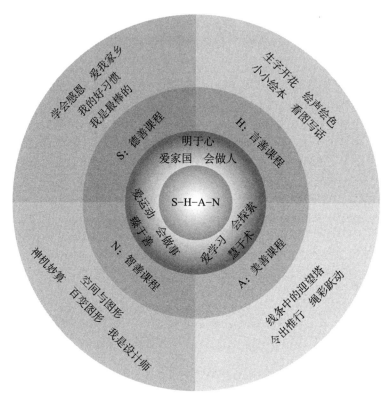

图3-2　"S-H-A-N"课程结构图

上图中,各板块课程如下:

S,德善课程:自我与社会课程,如国旗下讲话、道德与法治、班会等。

H,言善课程:语言与表达课程,如语文、英语、朗诵等。

A,美善课程:艺术与体育课程,如美术、音乐、体育等。

N,智善课程:科学与逻辑课程,如数学、科学、魔方等。

我们学校的课程模式命名为"S-H-A-N"课程,"S-H-A-N"课程是学校为学生开垦的生态田地,是适合学生生长的土壤,让学生在这片土壤上健康成长是我们学校的责任。爱是儿童成长的土壤,儿童只有得到了充分的关爱,才能够具备健全的人格、心智、道德。而"S-H-A-N"课程的提出,就是致力于让我们的孩子在文明和谐、仁爱善美的环境中,成长为一个诚信友善的人。同时,"S-H-A-N"课程的建设和实施,为教师的专业发展提供了一个实践平台,也对教师提出了更高的要求。针对现阶段我校教师个体的发展现状,学校分析和找到一些影响课程发展的根本因素,鼓励教师根据自己的教育理念开发自己的课程,不断改进自己的教学方式,以此推动教师在研究的状态下工作,完善知识结构,挖掘潜能,从而进一步提升我校教师团队的教育教研水平,让老师找到自己的价值,找到作为教师的幸福感,让学校成为教师精神生长的地方。通过"S-H-A-N"课程的规划与实施,把"在这里,与最好的未来相遇"的课程理念融入全面的教育教学实践之中,我们期待通过品质课程建设的实施,构建具有特色的校园文化,促进学校内涵发展,形成自己独特的教育风景。

三　学校课程设置

基于上述课程结构,除了基础课程之外,我校全面推进拓展课程建设。

(一)"德善课程"设置

"德善课程"主要包含道德与法治、班会课、国旗下讲话等。(见表3-2)

表3-2　"德善课程"设置表

一上	我的好习惯	家乡美	各显神通 (唱一唱自己的家乡)	各抒己见 (说一说自己的家乡)	
一下	我是最棒的		各显神通 (说一说自己家乡的好)	各抒己见 (夸一夸自己的家乡)	
二上	做个文明卫生花	爱我家乡	各显神通 (画一画自己的家乡)	各抒己见 (夸一夸自己的家乡)	作品展示
二下	做个"开心果"		各显神通 (了解家乡的农产品)	各抒己见 (画一画自己的家乡)	

三上	我会保护自己	家在崖州	各显神通 （收集关于崖州的古诗词）	各抒己见 （写一写你心目中家乡的样子）	作品展示
三下	安全在我心中		各显神通 （了解家乡的风貌）	各抒己见 （写一写你心目中家乡的样子）	
四上	团结的力量	家在崖州	各显神通 （收集关于家乡的古诗;收集崖城名胜古迹资料）	各抒己见 （说一说、写一写、画一画你心目中家乡的样子）	作品展示
四下	文明礼仪我最棒		各显神通 （了解家乡的历史）	各抒己见 （说一说、写一写、画一画你心目中家乡的样子）	
五上	榜样的力量	谁不说咱家乡好	各显神通 （阅读有关家乡的文章）	各抒己见 （介绍家乡著名景点;介绍崖城名人）	资料展览会
五下	好习惯伴我成长		各显神通 （介绍家乡著名景点;了解崖州名人）	各抒己见 （说一说、写一写自己将为家乡做的贡献）	
六上	我是中国人我自豪	最美崖州	各显神通 （阅读有关家乡的文章;收集崖城名胜古迹资料）	各抒己见 （夸一夸家乡的土特产;说一说家乡的历史名人）	展望家乡的未来
六下	学会感恩		各显神通 （设计家乡的未来）	各抒己见 （为建设家乡出谋献策）	

（二）"言善课程"设置

"言善课程"主要包含语文、英语、朗诵、脱口秀等。（见表 3-3）

表 3-3 "言善课程"设置表

一上	拼音游戏	拼音助读	小口说说	图画日记	认识校园	动画欣赏
一下	生字开花	诵诗读韵	绘声绘色	图画日记	走进四季	歌声嘹亮（听歌谣、唱歌曲）
二上	奇妙象形	缤纷绘本	童言童语	看图写话	建成长册	歌声嘹亮（听歌谣、唱歌曲）
二下	汉字魔方	故事大王	童声童情	小小绘本	成长足迹	动画欣赏
三上	有"形"有"声"	奇妙童话	我来告诉你	手写我见	传统节日	趣味配音
三下	巧说汉字	神话与传说	言之有理	手写我心	大自然的启示	电影赏析
四上	巧妙会意	成语世界	讲讲精彩的瞬间	快乐日记	我是义工	阅读绘本
四下	玩转汉字	寓言故事	故事擂台	摘抄乐园	走进敬老院	趣味配音
五上	追根溯源	名人故事	小小发布会	漫谈批注	校园记者	电影赏析
五下	墨韵飘香	走进经典	我是演说家	有感而发	热点播报	阅读绘本
六上	汉字文化	诗词歌赋	我是最佳辩手	笔上年华	足迹采撷	英语角
六下	笔走龙蛇	诗海泛舟	辩出自我	笔耕历程	毕业绘本	英语脱口秀

（三）"美善课程"设置

"美善课程"主要包含美术、音乐、体育等。（见表 3-4）

表 3-4 "美善课程"设置表

一上	线条中的迎望塔	令出惟行	绳彩跃动	学习乐理常识；学习基本节拍；认识课堂打击乐种类；正确使用打击乐器。
一下		令出惟行	绳彩跃动	学习正确的音高；练习基本功；"六一"文艺汇演。
二上	色彩缤纷的古城	号令如山	彩绳凤舞	学习乐理常识；学习基本节拍；认识课堂打击乐种类；正确使用打击乐器。
二下		号令如山	彩绳凤舞	"六一"文艺汇演；建立多声部音乐感知；练习基本功；涉猎学习小作品。

三上	城墙内外	一声同行	绳彩飞扬	学习乐理常识;学习基本节拍;认识课堂打击乐种类;正确使用打击乐器;全方位学习合唱知识;全面学习各类舞蹈并参加舞蹈比赛。
三下	印象中的古城	快快集合	求和	"六一"文艺汇演;全方位学习合唱知识并参加合唱比赛;全面学习各类舞蹈并参加舞蹈比赛。
四上	老街的骑楼	众口同声	绳彩百变	全方位学习合唱知识并参加合唱比赛;全面学习各类舞蹈并参加舞蹈比赛;参与"元旦"文艺汇演、中小学校园艺术节。
四下	老街印迹	如影随形	旋转陀螺	全方位学习合唱知识并参加合唱比赛;全面学习各类舞蹈并参加舞蹈比赛;参与"六一"文艺汇演。
五上	走进孔庙	令行如流	绳舞飞翔	全面学习各类舞蹈并参加舞蹈比赛;全方位学习合唱知识并参加合唱比赛;参与"元旦"文艺汇演、中小学校园艺术节。
五下	古庙情怀	令行如流	绳彩跃动	全方位学习合唱知识并承担合唱比赛任务;全面学习各类舞蹈并承担舞蹈比赛任;参与"六一"文艺汇演。
六上	古镇风情	师令不二	绳舞腾空	学习乐理常识;学习基本节拍;认识课堂打击乐种类;正确使用打击乐器;参加"元旦"文艺汇演、中小学校园艺术节。
六下	画笔下的崖州	变化默契	腾空飞翔	参加"六一"文艺汇演、毕业典礼。

（四）"智善课程"设置

"智善课程"主要包含数学、科学等。（见表3-5）

表3-5　"智善课程"设置表

一上	循规蹈矩	算你厉害	魔法磁铁	巧用废品
一下	空间与图形	乐赏图形	指纹作画	空气的力量
二上	循规蹈矩	众志"乘乘"	看不见的空气	我是设计师
二下	空间与图形	百变图形	做一个指南针	我是录音师

三上	分秒必争	神机妙算	神奇的"力"	我们来造纸
三下	空间与图形	"慧"玩图形	种子的力量	千奇百怪的树根
四上	循规蹈矩	优胜劣汰	杠杆的力量	行走机器人
四下	数与代数	趣味"慧"算	杠杆的力量	行走机器人
五上	循规蹈矩	神机妙算	"微世界"	我的计时器
五下	数与代数	算中生"智"	电磁铁的奥秘	看不到的"小世界"
六上	循规蹈矩	立竿见影	让生活充满阳光	小小机械师
六下	数与代数	老谋"神"算	绿巨人——纸桥	寻找星座的"秘密"

第五部分　学校课程实施与评价

　　丰富的课程设置为学生的学习和提升提供了多样化的选择和路径,学校以"至善课堂""至善活动""至善学科""至善社团""至善节日""至善之旅""至善主题""至善赛事""至善探究"等途径,推进各类课程有效实施,以科学、立体的评价助推课程的扎实落地。

　　一　建构"至善课堂",提升课程实施品质

　　"至善课堂"是学生善听、善问、善思、善学、善习的课堂;是教师善引、善导、善点、善拨、善得的课堂。

　　(一)"至善课堂"的内涵与操作

　　"至善课堂"是在新课程理念引领下的一种课堂形态,着力于学生的发展,以师生学习活动为载体,实现课堂的自主化、生活化、情感化,培养学生包括合作能力、思维能力、创新能力在内的综合能力素质,培育学生灵性,完善学生个性,开启和丰富学生智慧,使学生的灵动与教师的灵动同构共生。它是能够充分展现课堂思维、彰显课堂方法、创设多元生活情境、推动自主合作探究学习发生的课堂。

　　(1)"至善课堂"要求展现课堂思维。在课堂教学中,学生不是单纯地接受知识,而是通过多种途径,调动已有知识、生活经验和思维基础,对接收到的信息进行整合、内化、创新,从而进入更高的思维阶段。

（2）"至善课堂"强调用课堂的方法解决课堂的问题，从而使学生获得丰富的人生体验，形成正确的人生观、世界观和价值观，提升审美情趣和审美品位。

（3）"至善课堂"提倡创设多元化生活情境的学习。在情境化的课堂上，通过教师设计的各种生活情境，学生能保持浓厚的求知欲，激发学习兴趣，获得真实的情感态度和价值观的体验，将知识与技能、情感态度与价值观和谐统一，并再次上升反馈到思维形态，进行自我修补与提升，完善思维体系。

（4）"至善课堂"在情境化教学方式的引领下，变单向传授的课堂为多向互动的课堂，通过单个或多个有机呈现的情境、场景，把学生学习的主动性调动出来，实现自学、互学、小组学等可持续发展的课堂形式。

"至善课堂"的推进关注以下四个方面：

（1）明确理念，达成共识。教师通过集体备课和教研，统一"至善课堂"的内涵，明确要在课堂活动上体现展现课堂思维、彰显课堂方法、创设多元生活情境、推动自主合作探究学习发生的"至善课堂"的要求，在推行中达成共识，不断反思，形成课堂教学理念。

（2）定期展示，听评研讨。明确"至善课堂"理念，教师自行实践完善，全员参加学校每学期至少进行一次的校内公开课展评，课前上交教学设计和课件，课后学科组内进行评课研讨，进一步明晰"至善课堂"的形式和内容呈现方式，寻求最佳方案和课型，分享推行。

（3）凸显优势，个性创新。"至善课堂"的课堂模式并非固定，而是贯穿于课堂教学理念和目标，教师根据个人优势特长进行个性化的创新尝试，只要能充分展示"至善课堂"的内涵，教师完全可以实施个性化教学。

（4）梳理经验，形成案例。在"至善课堂"的实施过程中，教师一定能积累一些感受、体验、反思和收获。因此，鼓励教师发展专业能力，将实践所得梳理成理性专业的文字，形成案例，并在经验梳理过程中以专业成熟的态度和眼光，重新审视自我、审视课堂，促进"至善课堂"的良性完善，形成可持续发展。

（二）"至善课堂"的评价标准

学校从学习目标、学习内容、学习过程、学习方式、学习主体等维度制定了"至善课堂"评价标准，以此引领课堂发展方向、提高课堂教学实效，从而全面提升学校课程建设的品质。（见表3-6）

表 3-6 "至善课堂"的评价标准

评价项目	评价标准	分值	得分
学习目标	1. 学习目标与课程标准、核心素养的要求一致。 2. 学习目标的制定能满足不同孩子的学习需求。	15	
学习内容	1. 在立足教材的基础上,能够根据学习目标灵活选择学习内容,能将学习内容从教材转向五彩缤纷的生活世界。 2. 根据实际需要,体现与其他学科的联系。	20	
学习过程	1. 学习环节完整,课堂气氛民主和谐,课堂容量适当,时间分配合理,学习过程紧凑流畅。 2. 关注学情,注重学思结合,注重学科课程理念和核心素养的落实,关注个体差异,能调动不同层次的孩子积极参与。 3. 关注课堂生成,有较强的课堂组织和应变能力。	25	
学习方式	1. 学习方式灵活多样,积极开展助力学习目标达成的创造性学习活动。 2. 学习方式与学习内容相适应,既体现方式的个性化,又注重实效。	20	
学习主体（师生）	1. 孩子在知识、能力和情感态度与价值观等方面得到和谐发展,不同层次的孩子都有收获,学习目标达成效果好。 2. 教师通过课堂实践及时反思,提升自身的专业素养和教育智慧。	20	

二　开展"至善活动",让"善"的花朵处处开放

"至善活动"是学校以"善心、善言、善行"为主要活动内容,以"善待自己、善待他人、善待环境"为活动对象,以"善在学校、善在家庭、善在社会"为活动范围开展的一系列活动。通过"习善、积善、扬善"的发展过程,建立"至善活动"学生评价体系,让学生"以善小而必为",从小积善成德,形成健全人格。

（一）"至善活动"的主要内容

（1）开展"传统经典文化进校园"活动,与传统文化有机结合,深入开展"读""练""写""演"校本课程,有计划地让学生诵读《三字经》《弟子规》《论语》等。

（2）开展"文明礼仪伴我行"活动。我校深化文明校园创建,对学生开展文明礼仪教育,以班级为单位建立相关档案,在学期末进行评比奖励,激发学生讲文明、树

新风的积极性,帮助学生养成良好的学习、生活习惯。

(3)打造大课间。把大课间的活动设计交给少先队负责,让学生积极参与其中,认真思考、安排好课间活动,不断丰富其内容,让所有学生在活动中获得自信、全面发展、感受幸福。

(4)开展爱心活动。利用节假日组织学生开展一系列爱心活动,如:帮助家长做力所能及的家务,到五保户家中慰问孤寡老人,到社区义务劳动,为灾区人们捐款,为贫困孩子捐赠衣物等。学生在活动中一路收获阳光与爱心。

(二)"至善活动"的评价标准

为促进"至善活动"的有效发展,我校从活动目标和内容、活动方式和方法、活动过程、活动效果等方面对活动过程进行评价。(见表3-7)

表3-7 "至善活动"的评价标准

评价项目	评价标准	分值	得分
活动目标和内容	1. 符合学校育人目标,与学校课程目标相对应。 2. 贴近生活,贴近学生,丰富学生的直接经验。 3. 引入多种信息,运用多种知识。 4. 容量适当,难易得当。	20	
活动方式和方法	1. 组织形式符合学生的成长规律。 2. 方法得当,多法结合,以活动为主。 3. 指导适量,方法得当。	20	
活动过程	1. 活动方案翔实,活动组织得力,具有安全性。 2. 活动步骤翔实,具有逻辑性,过程紧凑,张弛有度。	30	
活动效果	1. 活动充分体现学生的自主性,学生参与活动方案准备、活动实施过程和活动评价各个环节。 2. 学生参与面广,活动过程中参与积极。 3. 活动方法多样,有相应的活动成果。	30	

三 建设"至善学科",推进学科课程实施

"至善学科"以学科课程为核心,以提高学生学科素养为目的,拓展研发丰富多彩的学科课程。

（一）"至善学科"的建设路径

对于课程的实施,每一个学科都要有清晰的课程目标、细致的实施要求、科学的内容设计、合理的课程评价、准确的特色定位。

1. "趣味语文"课程建设

我校语文学科校本化实施的思路是以中华传统的汉语言文字为抓手,围绕汉字学习以点带面,进行优秀课外读物的阅读,通过老师引导、学生共读、创编剧目等学习形式,促进学生语文阅读和写作能力的提升,并以汉字大赛活动为推手,形成学习汉字的浓厚氛围。教学中,教师必须采用灵活的方式拓展教材,加深学生的情感体验。课堂是以学生为主的课堂,以学生的自主、自学、自悟、自练、自习为主,教师辅导为辅,学生置身其中,在与教师交往、与同学交往的过程中学会合作、共享经验。学贵有疑,思维的变通与拓展,就是发现问题、解决问题的过程,解决问题的过程就是学习的过程,课堂中采取研讨式学习方式,让学生大胆提问、大胆质疑、交流研讨、大胆实践,养成解决问题的能力。(见表3-8)

表3-8 "趣味语文"课程设置表

课程 册别	魅力汉字	智力阅读	妙语连珠	妙笔生花	处处留心
一上	拼音游戏	拼音助读	小口说说	图画日记	认识校园
一下	生字开花	诵诗读韵	绘声绘色	图画日记	走进四季
二上	奇妙象形	缤纷绘本	童言童语	看图写话	建成长册
二下	汉字魔方	故事大王	童声童情	小小绘本	成长足迹
三上	有"形"有"声"	奇妙童话	我来告诉你	手写我见	传统节日
三下	巧说汉字	神话与传说	言之有理	手写我心	大自然的启示
四上	巧妙会意	成语世界	讲讲精彩的瞬间	快乐日记	我是义工
四下	玩转汉字	寓言故事	故事擂台	摘抄乐园	走进敬老院
五上	追根溯源	名人故事	小小发布会	漫谈批注	校园记者
五下	墨韵飘香	走进经典	我是演说家	有感而发	热点播报
六上	汉字文化	诗词歌赋	我是最佳辩手	笔上年华	足迹采撷
六下	笔走龙蛇	诗海泛舟	辩出自我	笔耕历程	毕业绘本

2. "智善数学"课程建设

义务教育阶段的数学课程,其基本出发点是促进学生全面、持续、和谐地发展。它不仅要考虑自身的特点,还要遵循学生学习数学的心理规律,强调从学生已有的生活经验出发,让学生亲身经历将实际问题抽象为数学模型并进行解释与应用的过程,进而使学生在获得对数学理解的同时,在思维能力、情感态度与价值观等多方面得到提高和发展。我校数学课程以"至善教育"这一教育哲学为主线,致力于培养热爱祖国、学会做人、学会学习、热爱探究的新时代的"至善儿童"。

数学学科根据学生的年龄特征和各学段的内容要求,设立了"善始善终""尽善尽美"的"智善数学"。"善始善终"课程分设"循规蹈矩""分秒必争"等小课程;"尽善尽美"课程分设"算你厉害""众志'乘乘'""神机妙算""优胜劣汰""立竿见影"等小课程。"智善数学"旨在引导学生在多样的学习活动中,积极思考、乐于探究、敢于创造,养成良好的学习习惯,掌握恰当的学习方法,发展优秀的学习品质,最终实现全面发展。(见表3-9)

表3-9 "智善数学"课程设置表

学期	课程	
一上	循规蹈矩	算你厉害
一下	空间与图形	乐赏图形
二上	循规蹈矩	众志"乘乘"
二下	空间与图形	百变图形
三上	分秒必争	神机妙算
三下	空间与图形	"慧"玩图形
四上	循规蹈矩	优胜劣汰
四下	数与代数	趣味"慧"算
五上	循规蹈矩	神机妙算
五下	数与代数	算中生"智"
六上	循规蹈矩	立竿见影
六下	数与代数	老谋"神"算

3. "乐善英语"课程建设

"乐善英语"旨在培养学生会表达、会思考、会交流、善交际。依据《义务教育英语课程标准(2022年版)》,我们将"乐善英语"的总目标分为:语言能力目标、文化品格目标、思维品质目标、学习能力目标。

学生在社会情境中,通过听、说、读、写、看等方式,在习得语言的过程中初步形成语言意识和英语语感。"乐善英语"课程为学生创设轻松活泼的学习氛围,使其理解语言所表达的意义,乐于运用已有语言知识表达自己的观点,乐意与他人进行交流,传递情感态度与价值观。

学生通过"乐善英语"课程的学习,初步感知中外文化异同,对接触的外国文化习俗感兴趣,乐于了解外国文化习俗,汲取国外优秀文化精华,构建基本的文化意识,初步形成国际视野和跨文化交际能力。

学生能在"乐善英语"课堂上,乐于思考,乐于参与,积极合作,敢于表达,塑造自信,收获能力。(见表3-10)

表3-10 "乐善英语"课程设置表

一上	动画欣赏	一下	歌声嘹亮(听歌谣、唱歌曲)
二上	歌声嘹亮(听歌谣、唱歌曲)	二下	动画欣赏
三上	趣味配音	三下	电影赏析
四上	阅读绘本	四下	趣味配音
五上	电影赏析	五下	阅读绘本
六上	英语角	六下	英语脱口秀

4. "悦动音乐"课程建设

"悦动音乐"依据音乐学科课程标准、音乐学科核心素养以及我校学生的特点,本着"让每一朵花都开放,让每一只鸟都歌唱"和"让每一个孩子都自信、健康、快乐地成长"的音乐学科课程理念,构建音乐学科课程群,开设"律动""合唱""舞蹈"三大主题课程。(见表3-11)

表 3-11　"悦动音乐"课程设置表

课程册别	课程安排	课程具体内容
一上	律动	学习乐理常识;学习基本节拍;认识课堂打击乐种类;正确使用打击乐器
一下	合唱	学习正确的音高
	舞蹈	练习基本功;"六一"文艺汇演
二上	律动	学习乐理常识;学习基本节拍;认识课堂打击乐种类;正确使用打击乐器
二下	合唱	"六一"文艺汇演;建立多声部音乐感知
	舞蹈	练习基本功;涉猎学习小作品
三上	律动	学习乐理常识;学习基本节拍;认识课堂打击乐种类;正确使用打击乐器
	合唱	全方位学习合唱知识
	舞蹈	全面学习各类舞蹈并参加舞蹈比赛
三下	合唱	"六一"文艺汇演;全方位学习合唱知识并参加合唱比赛
	舞蹈	全面学习各类舞蹈并参加舞蹈比赛
四上	合唱	全方位学习合唱知识并参加合唱比赛
	舞蹈	全面学习各类舞蹈并参加舞蹈比赛;参与"元旦"文艺汇演、中小学校园艺术节
四下	合唱	全方位学习合唱知识并参加合唱比赛
	舞蹈	全面学习各类舞蹈并参加舞蹈比赛;参与"六一"文艺汇演
五上	舞蹈	全面学习各类舞蹈并参加舞蹈比赛
	合唱	全方位学习合唱知识并参加合唱比赛;参与"元旦"文艺汇演、中小学校园艺术节
五下	合唱	全方位学习合唱知识并承担合唱比赛任务
	舞蹈	全面学习各类舞蹈并承担舞蹈比赛任务;参与"六一"文艺汇演
六上	律动	学习乐理常识;学习基本节拍;认识课堂打击乐种类;正确使用打击乐器;参与"六一"文艺汇演
六下	毕业典礼	参加"六一"文艺汇演、毕业典礼

5. "艺绘美术"课程建设

绘画是儿童感知世界直接而自由的表达方式。课标要求教师不仅是课程的实施者，还是课程的开发者。教师依据教学经验，逐步提炼自己的教学主张，认为学科基础课程已不能满足学生的学习需求，且课程不应局限于教材，而应跳出书本，走出课堂，到大自然中、生活中寻找和发现更适合的美术学科教学新资源、新内容，更好地激发学生的学习兴趣，发挥他们的艺术才能。"艺绘美术"课程是美术教师依据《义务教育艺术课程标准(2022 年版)》，以及学生在技能技巧、造型表现、感官体验等诸多方面的需求，开发设置的课程。学生通过课程漫步遨游在五彩斑斓的世界，用眼去发现、用心去体验、用手去创造生活中的美。(见表 3-12)

表 3-12 "艺绘美术"课程设置表

一上	线条中的迎望塔(上)	一下	线条中的迎望塔(下)
二上	色彩缤纷的古城(上)	二下	色彩缤纷的古城(下)
三上	城墙内外	三下	印象中的古城
四上	老街的骑楼	四下	老街印迹
五上	走进孔庙	五下	古庙情怀
六上	古镇风情	六下	画笔下的崖州

6. "健善体育"课程建设

"健善体育"采用简单、有趣、多样的教学手段激发学生的体育兴趣，让学生在充分运动的过程中明白了道理、提高了技术、学会了与同学和睦相处、培养了体育锻炼的能力。课堂教学多采用游戏的方法，让学生学会一些简单的动作与方法，配合以韵律活动和舞蹈等，培养学生正确的身体姿势，提高其身体各种基本活动能力。教师要针对学生求新、求变、求异的心理特点，多采用情境式、学导式、主动式、合作式、启发式等教学方法，多运用模仿性、游戏性的练习方式进行教学，有目的地培养学生对体育的兴趣，使学生感受到活动的乐趣和身心的愉悦，学会同学间的和谐相处；引导学生主动、积极地参与到体育活动中，并在活动中表现出展示自我的愿望和热情。(见表 3-13)

表 3－13 "健善体育"课程设置表

册别 ＼ 课程	健善体育	
一上	令出惟行	绳彩跃动
一下	令出惟行	绳彩跃动
二上	号令如山	彩绳凤舞
二下	号令如山	彩绳凤舞
三上	一声同行	绳彩飞扬
三下	快快集合	求和
四上	众口同声	绳彩百变
四下	如影随形	旋转陀螺
五上	令行如流	绳舞飞翔
五下	令行如流	绳彩跃动
六上	师令不二	绳舞腾空
六下	变化默契	腾空飞翔

7. "道德与法治"课程建设

"道德与法治"课程是小学教学体系中的重要内容,这门课程不仅关系着小学生是否具有良好的行为习惯,还关系着其是否具有较高的社会道德及个人素养。学校既是小学生接受教育的关键场所,还是小学生行为养成的重要区域。我校"道德与法治"校本课程以"至善教育"为目标,对学生呈现出最大的善良,尊重、理解、关爱、宽容学生,对学生负责,让每个学生内心深处的善得到弘扬,让每一个学生都能养成安全、健康、环保的生活和行为习惯,学会清楚地表达自己的感受和见解,倾听他人的意见,体会他人的心情和需要,与他人平等地交流合作,积极参与集体和生活,热爱家乡,珍视祖国的历史与文化,具有中华民族归属感和自豪感。(见表 3－14)

表 3-14　"道德与法治"课程设置表

一年级	（上）我的好习惯；（下）我是最棒的
二年级	（上）做个文明卫生花；（下）做个"开心果"
三年级	（上）我会保护自己；（下）安全在我心中
四年级	（上）团结的力量；（下）文明礼仪我最棒
五年级	（上）榜样的力量；（下）好习惯伴我成长
六年级	（上）我是中国人我自豪；（下）学会感恩

8."奇趣科学"课程建设

"奇趣科学"课程群以科学课程为核心，将生活融于课程，将课程实践于生活，围绕"科学启蒙、科学兴趣、科学观察、科学体验、科学实践、科学创新"六个方面进行课程群建构，使学生初步形成主动观察体验、乐于实践创新的能力，快乐地遨游在科学的海洋中，发展科学观念、科学思维、科学探究能力、科学态度与责任等学科核心素养。（见表 3-15）

表 3-15　"奇趣科学"课程设置表

册别＼课程	智美魔方	善于发现
一上	魔法磁铁	巧用废品
一下	指纹作画	空气的力量
二上	看不见的空气	我是设计师
二下	做一个指南针	我是录音师
三上	神奇的"力"	我们来造纸
三下	种子的力量	千奇百怪的树根
四上	杠杆的力量	行走机器人
四下	杠杆的力量	行走机器人
五上	"微世界"	我的计时器
五下	电磁铁的奥秘	看不到的"小世界"
六上	让生活充满阳光	小小机械师
六下	绿巨人——纸桥	寻找星座的"秘密"

（二）"至善学科"的评价标准

"至善学科"是有效实施课程的主要途径，"至善学科"评价体系不仅关注学生的学业成绩，而且发展学生多方面的潜能，了解学生发展中的需求，遵循逻辑性、实践性、多元性的原则。（见表3-16）

表3-16 "至善学科"的评价标准

评价内容	评价指标	分值	得分
教学目标	1. 根据学情和内容恰当定位三维目标：以知识技能为主线，过程与结果统一，要求方法的掌握与灵活运用，情感体验、态度养成、价值观的升华，三维目标的统一。	5	
	2. 目标制定准确、具体：重、难点清楚，训练点明确，拓展点明了，易错点明晰；符合学段、单元、本课的教学要求和实际情况。	10	
教学过程	1. 教学过程紧扣目标，思路清晰，层次分明，听、说、读、写能力训练扎实有效。	15	
	2. 教学方式与教学内容及学情相适应，有利于学生主动参与和知识掌握、能力提升。倡导创新思维方式，鼓励学生自主探究，培养其合作精神，能够有效进行小组合作学习。关注：方法和手段与教学内容的匹配性；方法和手段对学生的适切性；方法和手段与教师的适应性；方法和手段对目标的助益性。	10	
	3. 适时渗透学习习惯的培养和学习方法的指导。善于培养学生的语文能力，善于开发有活力的语文学习资源。	5	
	4. 教学评价具有针对性、启发性和实效性。	5	
	5. 具有课堂组织与调控能力，能妥善地处理生成性问题。整个教学过程具有逻辑性、连贯性、节奏性。	10	
教学效果	1. 课堂氛围和谐，从让每个学生的个性得到充分发展的宗旨出发，学生的主体地位切实落实，不同层面的学生都有交流与表现的机会，教师的主导作用恰如其分。	10	
	2. 学生具有良好的行为习惯、学习习惯。（课前准备、倾听习惯等）	10	
	3. 目标达成度高，不同层次的学生均有所获。	20	

四 创设"至善社团"，推进兴趣爱好课程

"至善社团"以活动为驱动，利用校内外资源，开展丰富多彩的社团活动。根据日常活动、文字资料、成果总结、参赛获奖、宣传影响等方面,评选出优秀社团和优秀社团辅导教师。

（一）"至善社团"的主要类型

我校成立有"书法社团""美术社团""合唱社团""象棋社团""朗诵社团""舞蹈社团""武术社团""乒乓球社团"等,它们各具特色,犹如百花齐放、万紫竞芳,充分发挥了在丰富校园文化活动、促进校本课程形成、培养社会需要的特长学生等方面的作用。

（1）书法社团。为培养学生的书写水平,发扬学生的特长,丰富学生的课余文化生活,对学生进行中华传统艺术的熏陶,培养学生对艺术的了解和热爱,学校特组织了每周周五的"书法社团"活动,学生通过书法学习,培养全面素质,提高个人修养。

（2）美术社团。为增加学生的课外知识,提高一定的技能,丰富学生的课余文化生活,学校组织了"美术社团",为培养绘画人才起着积极推动的作用。通过社团活动,学生进一步了解绘画的基本知识,更好地发展绘画特长,培养观察能力和创新思维能力,提高审美能力。

（3）合唱社团。学生通过"合唱社团"的严格训练激发对歌唱艺术的热爱,做到自信、自然、独立、有感情地演唱,建立起与别人合作演唱的经验,培养群体意识和团队合作精神。社团为学生提供展现自我的舞台和相互交流的机会,更好地推进素质教育,丰富学生的精神生活,活跃学生的校园文化生活。

（4）象棋社团。目的是使学生健康快乐地成长,进一步激发学生的学习兴趣,培养学生积极健康向上的精神,发展学生的个性特长,提高学生的综合素质,促进学生的全面发展。

（5）朗诵社团。旨在培养学生的朗读兴趣,激发学生在各种活动中的朗读欲望,有勇气在公众面前表达自己、展示自己。社团主要通过形体训练、礼仪训练、吐字发音训练等,教授朗诵方法和技巧,培养学生的自信心、朗诵能力和语言表达能力。

（6）舞蹈社团。旨在丰富学生的课余生活,进一步推动校园文化建设,营造良好的艺术氛围,使学生习得正确的动作技术,养成良好的姿态,培养节奏感、协调性和灵敏性,发展各项身体素质,增强体质,培养自主学习能力,激发创新潜能。

（7）武术社团。旨在挖掘开发传统的民族体育课程,弘扬民族精神。教学中通过技能展示、套路组合的表演和展示,激发学生的参与热情,帮助学生领悟武术的"形神兼备"的特点,使学生崇尚武德,培养讲礼守信的道德情操,逐步建立热爱中华民族传统体育的情感。

（8）乒乓球社团。为了丰富学生的课余生活，进一步推动校园文化建设，营造良好的体育氛围、运动氛围，进一步提高学生学习的积极性，我校成立了"乒乓球社团"。通过社团活动，引导学生树立"健康第一"的理念，以新颖活泼的体育活动为载体，培养学生的合作、诚信、果敢、公平等优良品质，发展学生的个性特长，促进学生身体、心理和社会适应能力等方面健康和谐地发展。

（二）"至善社团"的评价要求

完善的评价激励制度是社团管理的重要部分。在对社团的评价上，我校主要遵循素质培养的原则，对社团课程和社团学生进行全面、科学的评价。（见表3-17）

表3-17 "至善社团"评价表

项目	"至善社团"指标	分值	得分
社团机构与管理	1. 社团管理体制完善，机构设置合理，制定符合学生实际的社团建设实施方案。	10	
	2. 建立、健全并严格执行社团各项规章制度。	10	
	3. 社团成员人数适合，规模适度，成员资料档案齐全。	10	
	4. 指导教师认真负责。	10	
	5. 突出学生的主体性和创造性，使学生在社团活动中自治自理、健康发展。	10	
	6. 社团活动空间固定，环境良好，有相应的文化建设。	10	
活动组织和开展	1. 经常和定期开展社团活动，组织有序，开通网上社团，有每次活动的电子签到记录、活动记录、照片、活动小结。	15	
	2. 社团活动内容丰富，形式多样，体现实践性和综合性，有利于培养和锻炼学生多方面的素质，表现校园文化精神。	10	
	3. 社团成员个人活动或集体活动成果显著。	10	
	4. 活动取得良好的教育效果，在学生中有一定的影响。	5	

五　创设"至善节日",浓郁学校课程氛围

学校以"至善节日"为实施途径,开展形式多样、面向全体、具有时代特征和校园特色的各种活动,实现人人参与、快乐分享。节日课程让学生感受中华传统文化的源远流长,增强学生的民族自豪感,强化学生的民族精神,激发学生的爱国热情,增强学生的凝聚力,激发其责任感和使命感。

(一)"至善节日"的创设和实施

我校的"至善节日"分为"传统节日"课程和"校园节日"课程。

"传统节日"旨在让学生更深入地了解当地传统节日文化,增强民族自豪感,亲近传统文化,吸收传统文化的精华,夯实文化底蕴,提高人文素养。

"校园节日"旨在全面推进和实施素质教育,提高学生的综合素质和能力,培养广大学生"多才多艺、自信、开放、创新"的意识,使学生展现出积极乐观、敢于拼搏、锐意进取的精神风貌。因此,学校将"书香节""趣味数学节""英语节""体育节""音乐节""科技节""美术节""社团节""美食节""至善文化节"等节日设置为具有我校特色的"十大节日"。(见表 3-18)

表 3-18　"至善节日"的课程设置表

至善节日		时间安排	活动目的
传统节日	春节	2月	实现基础课程与节日课程的整合,通过"我的压岁钱"调查活动、春联征集活动、走亲访友礼仪活动的开展,使学生了解春节的由来及隆重的习俗仪式,领略传统文化的博大精深。通过拜年走亲访友等活动,培养学生"勤劳节约、文明敬老"的优良品质。
	元宵节	2月	让学生通过多种方式调查了解元宵节的由来、家乡的庆祝习惯等,用和家人一起制作灯笼、逛花灯等方式庆祝传统节日。
	清明节	4月	清明节主题教育活动主要让学生了解清明节的由来、习俗及纪念方式。通过组织学生参加祭扫、网祭英烈、少先队活动课等形式,引导学生缅怀先烈,发扬感恩精神。
	端午节	5月	端午节主题活动的开展,旨在让学生了解端午节的来历、传说故事和习俗活动,并通过动手参与包粽子等活动感受浓浓的亲情,体验劳动的快乐。

至善节日		时间安排	活动目的
	中秋节	8 月	通过中秋节主题教育活动,使学生了解中秋节的由来、习俗、庆祝意义,初步了解中秋节是家庭团圆的节日,从而重亲情、尊重自然;使学生体验关爱家人的情感,感受家园和睦的温馨之情,引导学生产生对生活无限的热爱和对美好生活的向往。
	重阳节	10 月	通过开展重阳节敬老主题教育活动,使学生了解有关重阳节的由来、传统习俗活动、庆祝的意义,从而使学生认识到尊老爱幼自古以来是中华民族的传统美德。通过组织学生参加敬老活动,增强他们敬老尊长的意识,弘扬中华民族尊老爱老的优良传统。
校园节日	书香节	4 月	"书香节"旨在创建良好的校园文化,营造浓郁的读书氛围,激发师生读书的兴趣与热情,在校园内、班级内形成浓郁的读书氛围,让书香飘满校园,营造书香班级、书香校园。通过读书活动,让每一位师生都亲近书本,喜爱读书,学会读书,享受阅读的快乐。
	趣味数学节	6 月	"趣味数学节"旨在激发学生学习数学的兴趣,营造轻松快乐的学习氛围,丰富学生的校园文化生活,使学生更全面地了解数学、喜爱数学、快乐学习数学。
	英语节	3 月	通过举办校园"英语节",营造浓厚的英语交际氛围,让学生感受英语、运用英语。举办丰富多彩的各项活动,激发学生学习英语的兴趣,培养学生的创新精神和实践能力。
	体育节	4 月	通过"体育节"促使学生养成良好的体育锻炼习惯,增强体质,提高团队合作意识;加强足球文化在我校的普及应用;在趣味比赛和竞技比赛中,加强班级、年级之间的沟通交流,增进学生间的友谊。
	音乐节	5 月	"音乐节",不仅能提升学生的音乐素养,还能让学生学会合作、互动、交流,在团体中找到自己的位置,彰显每个人独特的作用;繁荣校园文化,营造至真、至善、至美的校园文化艺术氛围,为学生展示个人才艺与风采搭建舞台,培养学生高雅的艺术欣赏能力和艺术表现能力。

至善节日		时间安排	活动目的
	科技节	1月	通过丰富多彩的科技教育和科普活动,如"百变机器人、科学小实验、科学小制作、科学创想画"等,发展学生的创造能力、综合设计能力和良好的思维品质,进一步传播科技思想,弘扬科学精神,提高我校师生的科技文化素养,打造科技文化浓厚的校园氛围。
	美术节	3月	学校以"美术节"为契机,面向全体学生,开展丰富多彩的美术活动,发展学生的美术特长,增强学生的美术素质,提高学生的审美能力,切实提高艺术教育质量和效益,以艺载德、以艺促智,推进学校艺术教育发展,着重展现小学生热爱祖国、朝气蓬勃、热爱生活的精神风貌和努力学习、勤于探索、敢于创新的青春风采。内容上紧扣时代脉搏,弘扬中华民族优秀文化,开展具有时代特征、校园特色、学生特点的艺术活动。
	社团节	6月	"社团节"旨在进一步推进素质教育实施,实现学校特色办学、学生多元成长、教育均衡发展的目标,建设健康、文明、和谐的现代校园文化。以培养创新精神、实践能力为重点,促进学生全面发展,丰富学生的课余生活,让不同学生在不同的领域有不同的发展,让每个学生都获得成功的体验。活动重视学生的自主性,提高学生的积极性,鼓励学生的创造性,力求活动的成效性,使社团活动的开设与开展逐渐成为我校素质教育的亮丽的窗口。
	美食节	12月	让美食文化走进校园,丰富学生的课余生活,提倡绿色、健康、安全、营养的饮食观念,加强学生的安全食品意识。通过了解美食、制作美食、欣赏美食,培养学生的动手能力和审美情趣;通过制作美食小报,培养学生收集信息、处理信息的能力。"美食节"将校园文化与美食文化相融合,张贴食品营养卫生与安全海报,安排教师负责解答涉及食品营养、卫生、饮食安全等方面的咨询问题,营造良好的美食文化气氛。

至善节日	时间安排	活动目的
至善文化节	6月	为探索"至善教育"文化育人的新模式,学校运用网络多媒体技术,以丰富的主题内容、生动的图文传播和实时的互动交流,开展"至善文化节"活动。以丰富多彩的歌舞吟诵、钢琴合唱、歌舞串烧、快板、课本剧等方式演绎"至善项目",培育德智体美劳全面发展的人。让学生感受到节日的喜庆,在成长的历程中留下美好、动人的记忆。

（二）"至善节日"的课程评价

"至善节日"倡导采用多主体、开放性的评价,运用综合评价方式:以节日为载体,结合学校各年级活动目标及学生在语动过程中的表现,进行过程性评价与终结性评价。过程性评价主要围绕学生展示的途径和阵地,考查学生的综合能力和基本素养。（见表3-19）

表3-19　"至善节日"课程实施评价表

评价指标	评价内容	分值	得分
主题	1. 主题鲜明,具有时代性、科学性、针对性、实效性、教育性。 2. 立意新颖,能根据学生身心发展和成长中遇到的共性问题确定主题。	15	
目标	1. 目标明确,有明确的导向和时代性。 2. 培养学生积极、正确的情感态度与价值观。 3. 学生在实践中,增强自我教育能力,促进身心健康发展。	15	
内容	1. 贴近社会现实,贴近学生的实际生活,贴近学生的身心发展规律。 2. 紧扣主题,准确定位。 3. 层次清晰,重点突出。	20	
形式	形式多样,生动有创意。	15	

评价指标	评价内容	分值	得分
学生的主动性	1. 学生在课程中有任务分工,有角色担当。 2. 充分发挥学生的积极性、主动性,培养其创新能力。	15	
实施	1. 课程情境设计合理,操作性强,能体现学生综合运用知识的能力。 2. 设置拓展性、开放性、能给学生思考空间的问题,引导学生体验和感悟。 3. 师生互动,能充分体现学生主体的课程理念。 4. 面向全体,关注学生的个体差异,注重培养学生的实践能力。 5. 凸显课程的实践性、自主性、综合性、创造性和趣味性。	20	

六　推行"至善之旅",落实研学旅行课程

陶行知说"生活即教育",杜威说"教育即生活",教育离不开生活,教育应与社会生活紧密相连,学生应在生活情境中接受教育,"至善之旅"让学生从学校、课堂中解放出来,到大自然、社会中去寻求知识的真理。"至善之旅"是学校课堂教学的延伸性活动,是进一步深化教育教学改革、全面实施推进素质教育的重要体现。

（一）"至善之旅"课程设置

"至善之旅"是让学生走进社会、亲近自然,观察了解身边的景物与事物,内容涉及社会政治、经济、文化、历史、地理、法律等方方面面,融合各学科探究为一体的研学课程。学校根据学生的年龄特点及周边教育资源,制定出"至善之旅"课程设置表。（见表 3-20）

表 3-20　"至善之旅"课程设置表

年级	课程主题	课程目的
一年级	亲近自然	开展亲近大自然活动,调动学生参与集体活动的积极性,培养学生爱护自然的高尚情操,同时锻炼学生的意志力,增强学生的凝聚力,培养学生的团结、互助精神。

年级	课程主题	课程目的
二年级	亲近家乡、了解家乡	让学生在不同的生活中拓展视野、丰富知识,加深与自然和文化的亲近感,增加对集体生活方式和社会公共道德的体验,培养自理能力、创新精神和实践能力,感受家乡崖州的活力之美、生态之美、宜居之美,培养热爱家乡、热爱祖国的美好品质。
三年级	走进崖州科技城	旨在加强科学技术普及教育,提高学生的科技素质,培养学生对科学技术的兴趣和爱好,增强其创新精神和实践能力,引导他们树立科学思想、科学态度,从小爱科学、学科学、用科学,了解我国现在的科技发展水平。
四年级	相约大小洞天恐龙博物馆	依托大小洞天恐龙博物馆研学基地,遵从学生的兴趣和认知规律,让学生通过参观浏览、观看影片、寻宝、修复恐龙化石等教育形式,探索恐龙文化、地学知识、环保知识,感受研学旅行新体验。
五年级	探访梅山革命老区	梅山革命老区是学生学习、传承、弘扬红色精神的好地方,学生通过参观,重温了革命历史,缅怀了革命先烈,对党的历史有了更全面的了解和认识,接受了革命传统教育和爱国主义教育,真切地感受到革命先烈艰苦奋斗、无私奉献的伟大精神。
六年级	崖州发展之美	了解家乡的文化传统、历史风貌、文化背景,知道家乡的风景名胜、特色产品和产业为当地带来了巨大的经济收益,了解当地的民风民俗,这种了解和探索有利于增强学生热爱家乡的情感,提高其审美意识并增强其民族自尊心和自豪感。这是培养学生爱国主义情感的必由之路。

（二）"至善之旅"的课程评价

"至善之旅"是学校教育和校外教育衔接的创新形式,是教育教学的重要内容,是综合育人的有效途径,促使学生开阔眼界、增长知识、陶冶情操。学生在外出时,通过观察和实践,有效地将书本知识和生活实践相融合。评价方式分为组内自评、组内互评、教师总评三个方式。（见表 3－21）

表 3 - 21　崖州区崖城小学"至善研学"的评价标准

评价内容		评价标准	自评	组评	师评	
研学准备	研学计划	充分准备、有计划				合格 （★） 良好 （★★） 优秀 （★★★）
研学过程	守时守纪	遵守时间和纪律要求				
	文明交往	与同伴文明交往				
	积极参与	积极参与各项活动				
	资料收集	积极查阅资料				
	合作互助	与同伴合作共享、互帮互助				
	创新精神	善于发现，有创新精神				
研学收获	成果展示	成果多样				
	学习收获	收获丰富				

七　做活"至善主题"，发展主题整合课程

"至善主题"是一种教育性实践活动，其以每月的教育主题为载体，构建主题鲜明集中、材料典型生动、事迹真实感人、形式多样灵活、内容丰富多彩、评价方式多元的专题教育课程体系，拓宽学生的学习领域，丰富学生的认知和情感体验，促进学生全面发展。

（一）"至善主题"的内容与实施

"至善主题"以提升学生幸福感和归属感为目标，围绕热爱中国共产党、热爱祖国、热爱学校、学会做人做事四方面开展"弘扬雷锋精神传承中华美德""知恩感恩报恩""我为党旗添光彩""美丽祖国我的家""光荣的少先队员"等活动，对学生进行思想、政治、道德教育，引导学生形成正确的价值观，传播积极向上的正能量，培养学生从小成为爱党、爱国、爱校的新时代好队员。（见表 3 - 22）

表 3 - 22　"至善主题"课程实施方案表

教育主题	课程内容	课程目标
弘扬雷锋精神传承中华美德	学雷锋颂雷锋、倡节俭、送爱心	1. 弘扬雷锋精神，激发学生人人争当小雷锋的兴趣。 2. 通过"学雷锋树新风"爱民助民活动，引导学生见贤思齐、做榜样好少年。

教育主题	课程内容	课程目标
知恩感恩报恩	学会感恩、学会关爱、真情回报父母与长辈	1. 通过校园感恩活动,在妇女节或母亲节到来之际,让学生为母亲与长辈送上最特别的祝福,培养其孝亲尊长的良好品质。 2. 让学生在活动中,学会感恩、学会关爱,用真情与行动回报母亲与长辈。 3. 让学生学会珍惜当下幸福生活,感受亲情的美好。
我为党旗添光彩	了解党的历史、听红色故事、观看红色电影、写体会	1. 以各中队、大队部为主阵地,引导学生向党靠拢,学习英雄人物及身边的楷模。 2. 引导学生加深对党史的了解,牢记习爷爷教导,抒发爱国情怀。
美丽祖国我的家	爱祖国、唱祖国、颂祖国、浏览祖国大好河山	1. 让学生了解国庆节的由来及历史背景。 2. 让学生熟知欢庆国庆节的形式,理解国庆节的深刻含义,增强爱国意识,培养爱国情怀。
光荣的少先队员	年级入队仪式、建队节全体队员重温队仪式等日常德育活动	1. 以"中国梦"和社会主义核心价值观为指导,培养学生的爱国主义情怀。 2. 营造浓厚的活动氛围,增强队员的归属感和荣誉感。 3. 培养学生、学生干部、大队干部自主学习和管理的能力。

（二）"至善主题"的课程评价

"至善主题"以活动设计、活动过程、活动成效三方面为评价维度,以表现力为驱动,评价活动的整体情况。（见表3-23）

表3-23　"至善主题"课程评价表

评价指标		评价内容	分值	得分
活动设计	主题设计 内容设计 模式设计	目标明确,设计合理,有较强的针对性,结构安排合理,突出学生的主体地位,促进学生主动参与,针对目标要求综合设计活动的程序、方法和手段。	15	

评价指标		评价内容	分值	得分
活动过程	活动组织	创设教学情境,给学生充分的自主活动时间和空间,提供探索、尝试和思考的机会,面向全体学生。	15	
		组织有条理、有层次,衔接紧密,过渡自然。		
	方法运用	能调动学生的主动参与性,有计划地给予方法的指导,恰当地选择和组合各种辅助手段,灵活、恰当地根据学生反应与参与状况,及时调节活动节奏和步调,有较强的驾驭能力。	30	
	主体体现	学生通过恰当的方式,主动参与活动的过程,并能用系列方法自主解决问题。	25	
	个性体现	学生在思维上闪现出灵活性和开放性,能表达出不拘泥于常规的思路和方法。		
	特色创新	教学视角独特,设计新颖,特色突出,时代性强。		
	情感沟通	课堂气氛活跃、民主、和谐,教态亲切自然。		
	问题交流	学生敢于发表自己的见解,教师能尊重学生的观点,鼓励学生求新求异。		
活动成效	基本目标	能达到学生理解和应用当堂活动的目的。	5	
	综合发展	学生在情感意志、道德品质等方面都有发展。	10	

八　开展"至善赛事",提供儿童展示自我平台

开展"至善赛事"课程,每年一度的各种赛事评比,能够发展学生的特性特长,展示学生的风采。

(一)"至善赛事"课程内容及实施

(1)合唱比赛。为丰富学生校园学习生活,培育学生个性特长,我们以赛促学,设置了班级合唱比赛。合唱教学课程作为学校的校本课程常态,面向全员开展,班级自选歌曲参赛。

(2)经典诵读比赛。学校在书香校园建设的基础上,于每学期组织全校范围的经典诵读比赛,比赛以班级为单位,全员参加,每班选择经典作品进行5—8分钟的表演,表现形式多样。

(3)规范书写比赛。每年4月进行全校范围的规范书写比赛,一、二年级为五

言古诗,用铅笔书写;三、四年级为七言古诗,用钢笔书写;五、六年级为经典美文,用钢笔书写。

（4）校园趣味运动会。在每年 5 月份举行,这是学生最喜爱的赛事,彰显运动会的趣味性、科学性、全员参与性,提高学生的兴趣和集体观念。

（5）课间评比。这是一项基于每天锻炼一小时理念的赛事。该赛事常态开展,每学期组织两次大课间评比。评比内容为日常进行的大课间展示内容,利用大课间时间分年级进行。

（二）"至善赛事"课程评价

"至善赛事"以各种比赛为课程内容,需要具备详细的比赛规则。对于每门赛事课,我校从如下方面评价。（见表 3-24）

表 3-24 "至善赛事"课程评价表

评价项目	评估标准	分值	得分
赛事理念	比赛体现"以人为本"的理念。教师在活动中,要注意角色的转换,要从过去的主导、主角的地位向学生学习的伙伴、朋友、知己的角色转换。	25	
赛事规则	比赛具有"公平公正"的规则。每项赛事,都要建立完备的赛事方案,尤其对比赛规则的制定,要有严密的评分系统,避免出现比赛不公正,影响学生比赛成绩的现象。	25	
赛事效果	比赛的效果乐于接受。比赛不能为了成绩而进行,而是要将比赛的内容融入日常的教学行为中,使学生的技能不断得到提高,不能搞突击训练,影响正常教学秩序,使学生产生负面情绪。	25	
赛事评价	比赛全面关注学生。比赛的结果应全面关注学生,对不同层次的学生需要设定不同层次的标准,以激励原则为主。	25	

九 "至善探究",把本土文化融入课程

本土文化是一个民族的文化根基,是一种取之不尽、用之不竭的教育资源。陶行知说:"活的乡村教育要用活的环境。"走出学校,走向社会,是教育资源开发利用的一大举措。而借助本土资源,则是培养小学生爱国爱乡之情感的一条便捷有效的途径。

(一)"至善探究"课程内容及实施

"至善探究"是学校育人与本土教育资源的整合,是我校课程的特色,是综合育人的有效途径。因此,我校根据育人目标,将区域资源渗透到学生的教育中,让学生在充分了解家乡文化的基础上,更加热爱我们的家乡、热爱我们的祖国。

(1)利用本土资源,开展有趣的实践活动。在本土文化中探寻课程的生命点,充分利用本土资源,引导学生感受家乡的变化和发展,激发其爱家乡、爱祖国的情感。我们在开发本土文化的课程中,让学生积极参与活动,老师则将家乡味儿浓厚的、有挖掘价值的崖州文化特色给展示出来,让孩子产生丰富的构想,给予孩子以真的启迪、善的熏陶、美的享受。如开展"爱我崖州"逛骑楼老街、看名人故居、参观红色历史纪念地、唱崖州方言歌谣等主题活动;结合校园节日开展征文、演讲、讲故事等主题比赛;邀请老干部、老民兵、老英雄到学校做报告,聘请他们作为校外辅导员,使革命传统教育进校园。让孩子心底油然而生热爱家乡的情怀,受到爱国爱乡思想的陶冶。

(2)在教法中探寻本土文化的生命力。在实际教育教学活动中,我们积极鼓励教师放手将孩子带到更广阔的自然环境中,让孩子感受最广泛的"自然资源"。在我们正常开展的教育活动中,穿插本土文化教育内容,保证本土文化教育目标的实现。开展"走进农家",让学生了解耕作农具、石磨、石臼等生活劳动模具,开展"走进农田",让学生体验农活……学生通过这样的体验活动可以真正了解农民的辛勤劳作,培养懂感恩、懂珍惜的良好品格,感悟"谁知盘中餐,粒粒皆辛苦"的现实意义!

(3)在设计理念的融合中寻找本土文化的魅力。本土文化主题活动的开展给我们带来了良好的教育契机。开展"寻找崖州美食",走进"美丽乡村",参观大小洞天、南山寺风景名胜,走进"崖州科技城""南繁育种基地""大隆水库"等系列活动,让学生体验、懂得、珍惜当今来之不易的幸福生活,增强他们的责任心和使命感。学生对家乡的环境、人文文化等方面有了深刻的印象,从而也激发了内心热爱家乡的情感。

(4)充分利用家乡崖州特有文化,创设学生喜欢的校园氛围。开展《崖州古诗词读本》诵读比赛,唱军话童谣《捡香螺》《刹虫虫》,创编具有崖州特色的舞蹈主题活动等。利用经典文化的各种声像资料,将视频讲座带进校园。根据实际需求,把名师、名家请进来,与学生进行面对面的文化交流。借助校园节日、文艺汇演等载体,让学生感受崖州文化、热爱崖州文化。加强校园文化建设,完善图书室、班级图书角、校园广播、文化长廊等文化阵地,广泛开展校园、家庭阅读活动。利用宣传橱窗,定期举办诗文图展、师生作品展,校园墙面张贴历代名人画像、格言警句等文化符号,绿地与树木标牌、道路标识牌印制《论语》等国学经典章句,做到"一面墙壁会说话,每一个角落会育人,每到一处受感染,每一次活动受教育"。通过校园文化建设特色学校等活动,促进区域教育特色的形成。

(5)运用现代化教学技术,为实现本土化的主题活动提供实施手段。在教学中,我们运用了现代化教学技术,让学生学习的主体性得到极大的提高,学生的实践能力、学习兴趣、创新能力得到全新的发展。通过影像教学,将学生的已有经验进行了整合提炼,更加激发了学生爱家乡的情感。

(二)"至善探究"课程评价

为更好开展"至善探究"课程,学校构建"至善探究"评价体系,从学习兴趣与态度、学习方法与思维习惯的养成、参与活跃度、在活动中所获得的体验情况、创新精神和实践能力的发展情况、学习收获或成果等方面进行评价。(见表3-25)

表3-25 "至善探究"课程评价表

评价内容	评价等级											
	自评				互评				教师评			
	A	B	C	D	A	B	C	D	A	B	C	D
学习兴趣与态度												
学习方法与思维习惯的养成												
参与活跃度												
在活动中所获得的体验情况												
创新精神和实践能力的发展情况												
学习收获或成果												
教师综合评价等级												
说明:1.评价等级中自评、互评、教师评分别在相应等级栏内打"√"。2.总评等级分别为A、B、C、D,由教师填写。3.一年级学生由于水平有限,可由教师评价。												

学校课程实施方式是儿童与世界打交道的方式。学校课程为了实现预期教育结果,通过以上九个方面开展具体活动。在进行课程实施时,学校必须让所有教师动起来,让儿童在诗情画意中感受到美妙的人生真谛,让课程实施的所有渠道畅通起来,课程变革图景一定美妙绝伦!

　　同时,学校为了使课程的开发与管理走向规范和高效,成立了由校长、专家、骨干教师、学生以及家长会代表和社区相关人士组成的学校课程领导机构,健全课程开发管理机制,制定课程项目实施方案、教师课程培训制度、教师课程评价制度和考核制度,保障课程的高效运转和课程质量的不断提高。

　　(撰稿者:林元华　陈传英　陈宗宁　廖树优　王忠雄　谢鸣霞　刘丽媛)

第四章　学校课程框架

　　学校课程框架对课程功能的发挥起关键作用,它影响着课程目标的实现。因此,学校课程建设作为一项整体性工程,必须注重整体设计课程框架。课程框架主要回答学校课程结构和学校课程设置两个方面的问题,变革课程框架才能改善现有的课程文化,从而建设有国家视野、时代特征、本土情怀、校本特色,多元整合,实施活跃的学校课程体系。

学校课程框架是课程的结构化和体系化的结果。有人认为,体系化是指学校将校本课程与国家规定的课程按照一定的结构比例和结构类型加以系列化的整体安排,形成学校自身的课程体系。[①] 它是将课程理念转化为课程实践的关键环节,直接影响着课程价值的实现程度和人才培养的质量。[②] 崔颖以目标定位作为课程体系制定的立足点,认为课程体系是在一定的教育价值理念的指导下,将课程的各个构成要素加以排列组合,使各个课程要素在动态过程中统一指向课程体系目标实现的系统。[③] 我们认为,课程框架主要涉及两个方面的问题,即"教什么?"(回答学校课程结构)和"如何安排"(回答学校课程设置)两个方面的问题,本质上是把握学校课程的横向分类和纵向布局。

 一、横向分类:学校课程结构

课程结构是学校课程体系的骨架,课程结构是课程的各种类型、各个组成成分或要素按照预定的一定准则形成的相对稳定的相互联系。[④] 学校课程结构的本质是学校课程的分类及其关系。学校课程根据分类标准的不同,有多种分类方法。徐昌多维审视提出了三种视角下的课程分类标准。[⑤]

(一)管理视角下的学校课程分类

课程管理是指通过一定的组织对课程进行管理的系列活动。管理视角下的学校课程可分成 3 种:基于课程管理权限的划分标准,有国家管理的课程、地方管理的课程、学校管理的课程;基于学段差异的划分标准,有幼儿园课程、小学课程、初中课程、高中课程、职教课程;基于行政改革专项的划分标准,有国家专项课程、省市专项课程、区县专项课程。

(二)知识视角下的学校课程分类

知识是学生学习的核心,在知识论视角下,根据学习内容的差异,可以将学校

① 张露. 小学校本化课程体系构建的实践研究[D]. 西南大学,2018:15.
② 杨清. 论学校课程结构设计[J]. 河北师范大学学报(教育科学版),2019,21(06):109.
③ 崔颖. 高校课程体系的构建研究[J]. 高教探索,2009(3):88.
④ 黄甫全. 现代课程与教学论[M]. 北京:人民教育出版社,2014:192.
⑤ 徐昌. 当前学校课程分类标准的多维审视[J]. 教育实践与研究(C),2020,(02):30—33.

课程分为 3 种：基于培养目标差异的划分标准,有德、智、体、美、劳课程;基于知识分化程度的划分标准,有分科课程、综合课程;基于学习领域的划分标准,有语言与文学、数学、人文与社会、科学、技术、艺术、体育与健康和综合实践活动。

(三) 学生视角下的学校课程分类

从学生的视角来看,学校的课程可以分为 5 种:基于认识来源路径的划分标准,有学科课程、活动课程、经验课程;基于学生群体差异的划分标准,有基础课程、拓展课程、提升课程;基于学生选择性的划分标准,有必修课程、选修课程;基于学习场域的划分标准,有校内课程(课内课程、课后课程)、校外课程、社会课程;基于网络资源使用的划分标准,有线上课程、线下课程、混合课程。

除了以上分类,也可以根据加德纳的多元智能理论进行课程分类。加德纳认为个体身上相对独立存在着的、与特定的认知领域或知识范畴相联系的三类智力,一类是免于对象的智力,包括语言—语言智力、音乐—节奏智力,它们不受到客观世界的影响,而是依据语言与音乐系统而决定的;一类是与对象有关的智力,包括逻辑—数学智力、视觉—空间智力、身体—动觉智力,这些能力被个体所处环境的对象所控制与塑造;另一类是与人有关的智力,包括自知—自省智力、交往—交流智力、存在智力。[①] 这也为我们在进行学校课程分类时提供了理论依据。

例如,三亚市第二小学以多元智力理论为支撑,结合学校的自身特点,就发展学生多元智力、培养学生优势智力进行了有效的尝试,构建了"海之粟"课程结构,以培养"扎根沃土、健康自信、智慧饱满、个性张扬"的现代小公民为育人目标,形成了"粟德课程""粟健课程""粟言课程""粟创课程""粟美课程"五大类课程。

 二、纵向布局:学校课程设置

课程是指学校学生所应学习的学科总和及其进程与安排。泰勒将课程结构分为三个层次:最宏大的层次是指学科结构、广域结构、核心结构和完全统整结构;中间层次是指"学科分层若干段"的课程和"以一学期或学年为期的科目";最低层次

---

① 田雯. 多元智力理论及其对我国教育的影响[D]. 华中师范大学,2007:6—7.

是由课、题目和单元所构成。① 廖哲勋将课程结构分为两个层次：一是表层结构，指课程表层内部各成分之间合乎规律的组织形式，即一定学段课程的整体规划的结构；二是深层结构，指一定学校的教材结构，包括各种教材的内部各要素、各成分的组合。② 我们认为课程设置要确立课程内各构成要素及其相互关系，如学科门类，各学科内容的比例关系、开设顺序、课时分配，必修课与选修课、分科课程与综合课程的搭配等。根据国家基础课程安排，结合学校课程资源、课程门类，考虑学生的学习兴趣和发展需求，三亚市第二小学按照年级分学期对课程内容进行系统建构，形成了"海之粟"课程五大类课程设置的具体框架。

（一）学科课程与经验课程

根据课程内容所固有的属性，可以将课程分为学科课程与经验课程两种类型。学科课程是指以文化知识（科学、道德、艺术）为基础，按照一定的价值标准，从不同的知识领域或学术领域选择一定的内容，根据知识的逻辑体系，将所选出的知识组织为学科的课程类型。它是最古老、使用范围最广的课程类型。其主导价值在于传承人类文明，强调使学生掌握、传递和发展人类积累下来的文化遗产。经验课程亦称活动课程，是指围绕学生的经验和兴趣、以活动为组织方式的课程形态，即以学生的主体性活动的经验为中心组织的课程。学生的兴趣、动机、经验是经验课程的基本内容，其主导价值在于使学生获得关于现实世界的直接经验和真切体验。③ 因此，我们认为在课程设置中应该充分考虑课程类型的优缺点，结合本校办学实际，从学生的实际需要出发设置课程，例如，三亚市第二小学设置了"七巧板、数独"课程，就是既考虑了数学这一学科课程的特点，又在"玩中学"体现了经验课程的特点。

（二）显性课程和隐性课程

按照课程的呈现方式，可以将课程分为显性课程和隐性课程。显性课程也叫显在课程、正规课程、官方课程、公开课程，指的是为实现一定的教育目标而正式列入学校教学计划的各门学科以及有目的、有组织的课外活动。隐性课程也叫非正

---

① 杨清. 论学校课程结构设计[J]. 河北师范大学学报（教育科学版），2019，21（6）：110.
② 杨清. 论学校课程结构设计[J]. 河北师范大学学报（教育科学版），2019（6）：110.
③ 余文森，洪明，等. 课程与教学论[M]. 福州：福建教育出版社，2015：40—42.

式课程、潜在课程、隐蔽课程、自发课程,指学生在学校情景中无意识地获得经验、价值观、理想等意识形态内容和文化影响,是学校政策及课程计划中未明确规定的、非正式和无意识的学校学习经验。[①] 三亚市第二小学在课程设置中既有国学经典诵读、电脑编程等正式的课程,也有研学旅行、节日课程等非正式的课程,学生在研学旅行的过程中参观大小洞天自然风景区、槟榔谷自然风景区,学习竹编技艺、体验蜡染过程、了解黎族文化,激发了爱家乡、热爱传统文化的情感。

总之,在学校课程框架的构建过程中,我们不仅要考虑国家的教育方针和课程政策的规定等因素,还要从学科内容、学生需求、社会生活等方面搜集资料,再经过学校教育哲学及学生实际进行校本化的表达,通过对学校课程体系校本化的规划、建设和实施,实现特色教育目标,提升学生的核心素养,培养"有理想、有本领、有担当"的新时代中国青年。

(撰稿者:杨冬玲)

创意设计 "海之粟"课程:让每一颗种子向阳而生

三亚市第二小学(以下简称三亚二小)始建于 1961 年,前身为崖县三亚镇港门村小学,校址为三亚市河东路 64 号,现隶属吉阳区教育局。学校目前占地面积 23 566.27 平方米,校舍建筑面积 11 996 平方米,现有教学班 48 个,学生 2 323 人,在编教职工 109 人,外聘教师 32 人。近年来,学校一直秉承"种子教育"的教育哲学,坚守"播种爱、成全人"的办学理念,以培养"扎根沃土、健康自信、智慧饱满、个性张扬"的现代小公民为育人目标,倾心于孩子的今天,着眼于孩子的明天,着力推进素质教育,为培养德智体美劳和谐发展的现代小公民不懈努力。学校先后被评为"海南省规范化学校""海南省文明校园""海南省家长示范学校""海南省足球特色学校""三亚市教育教学质量先进单位""三亚市中小学网络教研先进单位""三亚市教科研先进单位"等。为进一步落实学校办学理念,彰显学校文化,让学校从规范办学走向品质提升,学校依据《关于全面深化课程改革落实立德树人根本任务的意

[①] 梁双顺,钟雪梅. 教育学[M]. 长春:吉林大学出版社,2012:135.

见》《关于深化教育教学改革全面提高义务教育质量的意见》等政策精神,系统设计学校整体课程。

第一部分　学校课程哲学

学校课程哲学是一所学校的课程价值观,是学校对课程及其发展定位的一种理解,对学校课程发展有渗透性的指导作用,是学校课程框架的灵魂,贯穿于课程体系形成的过程,凸显学校自身价值追求。

一　学校教育哲学

一所学校,一个班级,不可能每一个孩子在学业上都达到同样的高度,但如果每一个孩子在他所经历的学校教育过程中,都能够显示出积极的生命状态,内心被激活,生命被点燃,每天显示出朝气蓬勃的状态,这就是学校教育的真正意义之体现。对于学校、对于教师而言,学生一拨一拨地经过,但对于学生而言,他们在此度过的学校生活是他们人生的一部分,是唯一的,是不可重复的,让孩子拥有良好的学校教育经历,就是在积极点亮他们未来的人生。

我们的教育哲学:种子教育。 吕叔湘说过一个比喻:教育的性质类似农业,而绝对不像工业。意思即教育是一个生命过程,而不是加工、制造的过程。美国民主主义教育家杜威提出"教育即生活",实质上揭示了一种新的儿童发展观和教育观。因此,种子和教育,不是一种简单的拼凑,而是种子特征、儿童特性与教育规律的自然融合。三亚二小借助"种子"的隐喻,将种子的特性与儿童的特性、种子的生长规律与儿童的成长规律等联系起来,以此作为审视小学教育的视角,同时建构出既有统领性核心理念又有独特内涵的"种子教育",通过相应的具体实践,形成独特的办学思想与办学特色,提升学校办学水平,推进学校可持续性发展。

"种子教育"是儿童的教育。 儿童作为人,具有和成人一样的人格和尊严、一样丰富的精神世界、一样的差异性。但儿童又不同于成人,他们正处于发展之中,有自己独特的认识方式、成长特点,他们的幼稚、不成熟恰恰代表着人类发展的轨迹以及学习和发展的可能性。儿童有巨大的发展潜能和被塑造与自我塑造的潜力,需要时间去成熟和发展。学校必须树立正确的儿童教育观,为儿童发展提供适宜的环境,让儿童在此环境中积极适应,从而产生积极变化,能主动选择、吸收积极养分,让童真、童趣、童稚得到自由伸展。而适宜的环境要符合三点:一是要充满爱,没有爱就没有教育;二是要有儿童发展的营养;三是能跟上儿童的成长节奏。三亚二小的"种子教育"旨在创造良好的环境,采取正确的教育措施,激活儿童生长的内在生命潜力,使儿童的生命力和个性通过学校教育得到表现、满足和发展。

"种子教育"是生长的教育。每个孩子都具有巨大的智慧潜能,只是潜能领域不同。学校教育的主要任务就是设法发现每个孩子自己的宝藏并将其开发出来,使儿童成为一个在某领域有用之人,进而成就自己的幸福人生。我们要坚信每一个孩子都是一粒种子,都会发芽、开花、结果。大地从不筛选种子,无论种子优良劣次,大地都以博大的胸怀拥抱它,给它肥料,呵护它生长。而种子,也从不抱怨出身,从不挑剔环境,无论顺境、逆境,都在积攒能量,只为破土,向阳而生。我们的教育也应该是这样,大地不筛选种子,教育不筛选学生,把每一个孩子当成种子,倡导教育以"种子"为中心,我们相信:教育是农业,教师是农人,学生是种子,细心地呵护他们,陪着他们沐浴阳光、迎接风雨,慢慢地看着他们长大,这也许就是教师这个职业特有的幸福!

"种子教育"是满爱的教育。教育是一项"以爱育爱"的事业,因为爱的存在,教育多了几分温暖,多了一份亮丽的底色,教师具有对教育的挚爱、对学生的关爱才能够触摸到教育的真谛、赢得学生的喜爱和信赖。对于种子来说,它的生长离不开适宜的条件,如肥沃的土壤、充足的阳光、流通的空气和及时的雨露等。对学校来说,优良的制度、师资、环境等如同肥沃的土壤;饱满的师爱、来自生活化的丰富课程,如同充分的阳光;而学校内外不同主体间的交流、心与心的关爱如同流畅的空气和及时的雨露。

"种子教育"是成全的教育。用心成就每一个梦想,尊重生命的独特价值,遵从"种子"的生长节律,遵循教育的内在秩序,在"种子教育"理念下,创新教育模式,开发教育课程,优化教育载体,完善教育评价,让教师实现自己的教育梦想,让学生实现自己的成长梦想,让家长实现自己的成功梦想。"用心"对于教师而言,需要一种始终秉承信念的执着,并且为之去努力以至拼搏;对于学生来讲,梦想属于青春年少,在追求梦想的过程中,需要的是鼓励和呵护,给想要翱翔的翅膀一个支撑、一个推动;对于家长来讲,要做学校教育理想的合伙人,同步教育学生,共同促进孩子的身心发展。

每一个孩子都是一粒种子,我们愿意把自己的热情和爱化作一缕阳光,不断提高自己人格的魅力,丰盈自己生命的底色,为孩子成长提供甘甜的雨露和肥沃的土壤,使每一颗种子都能充满勃勃的生机。我们的教育信条:

我们坚信,

教育就是播种;

我们坚信,

教师是心灵的播种者;

我们坚信,

好学校是播种爱的地方;

我们坚信,

每一个孩子都是一颗种子;

我们坚信,

播种爱、成全人是教育的智慧;

我们坚信,

播种梦想、收获幸福是教育的神圣使命;

我们坚信,

让每一颗种子向阳而生是教育最舒展的姿态。

总之,"种子教育"是激励、唤醒和点燃的教育,是顺儿童成长之理,处儿童成长之势,给予生命关怀的教育;它以尊重生命、发展特质、学会选择和内力觉醒为基本理念,意在让教育回归教育的逻辑起点"学生",依据学生的身心发展规律,促进学生自主发展;它是基于学生生长的"促进"手段,其教育意义是使生命成为一种非确定的过程,使人的发展永远具有创造性和超越性,使人永远处在生长之中。为此,我们提出了"播种爱、成全人"的办学理念。

二　学校课程理念

学校是学生成长的沃土,三亚二小秉承"播种爱、成全人"的办学理念,构建学校课程体系,为每个学生提供适切的教导,让自由与天性成为"种子"生长扎根的广袤土壤;让交流与对话成为"种子"生长需要的雨露阳光;让濡染和熏陶成为"种子"

生长必需的滋养护理;让批判与理性成为"种子"生长期盼的丰硕果实,帮助学生实现个性化发展。因此,我们提出学校课程理念:让每一颗种子向阳而生。

1. 课程即心灵的成长

我们期望:"用心成就每一个梦想","办一所让学生有童年记忆的学校",培育现代小公民。我们将"种子教育"这一核心理念浓缩于"健康、快乐、自信、担当"的校训之中,要求学生追求真理,善良知礼,张扬个性,做最好的自己;要求教师遵循规律,以仁爱之心育人,善于发现和发展学生潜能,引领学生走向美好,让学生各美其美。在此核心理念的引领下,三亚二小以"夯实常规管理,建设课程文化,聚焦课堂教学,促进师生发展"为目标,通过系统、高品质的课程文化建设,为学校特色发展、教师专业发展、学生全面而有个性发展提供强大的动力。

2. 课程即个性的彰显

每个孩子都是一颗独特的种子,因材施教是学校教育的基础,尊重学生的个体差异,发展学生的个性特长,才能促进学生的个性化成长和可持续发展。因此,践行扬长教育理念、开设丰富多彩的选择性课程、帮助学生个性化成长是三亚二小一直以来的坚持,用选择性课程助力学生个性化成长,就是面向未来,于基础教育阶段为每一个学生的"人生出彩"奠定基础。

3. 课程即生命的种子

把教学过程作为一个特殊的生命过程来理解,在教学过程中密切关注生命存在,把教学看成让学生更自由、更智慧的活动,教学才有美好可言。三亚二小努力探索以学生为主体、以思维为核心、以活动为主线的教学实践,教学中关注学生成长五要素(兴趣、信息、质疑、方法、智慧),唤醒学生的自我意识,充分调动他们的主体能动性,培养他们的学习兴趣及独立思考的能力,让学习成为学生一种快乐的精神活动,让每一个学生都拥有自由舒展的生长空间。

4. 课程即成长的营养

为充分发挥课程应有的育人功能,把"种子教育"贯穿教育教学全过程,努力实现全程育人、全方位育人,三亚二小努力做好国家课程与校本课程的加减法,使两者互相融合、一体化实施,构建基础课程、拓展课程、活动课程三大课程体系。在学生评价方面,学校建立评价主体多元、评价内容多元、评价方式多样,终结性评价与过程性评价相结合的"三多一结合"的评价体系,从品德素养、身心素养、学习素养、创新素养、国际素养、审美素养、信息素养、生活素养八大素养对学生综合素养进行评价,通过强化课程建设,升级课程的"烹饪工艺",定制课程的"专属菜谱",为学生健康成长提供鲜活食材。

一个人就像是一粒种子,天生就有发芽的欲望。只要是一颗健康的种子,哪怕是在地下埋葬千年,哪怕是到太空遨游过一圈,哪怕被冰雪覆盖,哪怕经过了鸟禽消化液的浸泡,哪怕被风刀霜剑连续斩杀……只要那宝贵的胚芽还在,一到时机成熟,它就会在阳光下探出头来,绽开勃勃的生机。[①] 为此,我们将学校课程模式命名为"海之粟"课程,这意味着生命就像沧海之一粟,渺小卑微但孕育着无穷的力量;生命就像一颗种子,不显眼却可以破土而出、向阳而生!

课程是学校教育的心脏,有什么样的课程就有什么样的学校教育,只有构建符合学校教育哲学的课程,才能走出特色办学之路。三亚二小将丰富的"海之粟"课程体系作为学校办学思路最丰富的展示,并把它作为培养"扎根沃土、健康自信、智慧饱满、个性张扬"的现代小公民这一育人目标的培养基。

第二部分　学校课程目标

一　育人目标

学校坚信每个孩子都是一颗种子,只有汲取了充足的养料,他们才能茁壮成长,教育要善于发现与开发。围绕学校的育人目标,学校以立德树人为核心,坚持以德立人、以智慧人、以体育人、以美化人、以劳成人,遵循规律、整体规划,做到全科育人、全程育人、全员育人,在"种子教育"教育哲学的引领下,创新教育模式,开发课程体系,优化教育载体,完善教育评价,分年级确立教育目标、达成方式,培养"扎根沃土、健康自信、智慧饱满、个性张扬"的种子。(见图4-1)

1. 扎根沃土:爱家国　懂感恩

家是最小的国,国是千万户家,每个人的生命体验都与家国紧密相连。自古以来,家国情怀就是扎根在中国人内心深处的精神元素。当代小学生,是明天的栋梁,是国家的前途、民族的希望,更应该拥有一种把个人命运与国家、民族和社会的

---

① 节选自毕淑敏的《一个人就是一支骑兵》。

三亚市第二小学"种子教育"育人目标

图 4-1　三亚市第二小学"种子教育"育人目标

命运融合在一起的情怀。而感恩,则是一种爱的回报、一种健康的心态,更是一种高尚的品德。学校要培养学生的家国情怀,唤醒时代未来主人的责任担当,让学生努力学习文化科学知识,心怀感恩,努力回报祖国、社会和家庭,做一个真正爱国、爱家、敢于承担责任的人。

2. 健康自信:爱运动　有自信

健康是人的基本权利,是生活质量的基础,健康是生命存在的最佳状态。增强青少年体质、促进青少年健康成长,是关系国家和民族未来的大事,是国家基础性、战略性工程。学校要科学安排学生学习、生活、锻炼,保证其睡眠时间,大力开展"阳光体育"运动,鼓励学生走向操场、走进大自然、走到阳光下,创新体育活动内容、方式和载体,根据学生的年龄、性别和体质状况,增强体育活动的趣味性和吸引力,着力培养学生的体育爱好、运动兴趣和技能特长,大力培养学生的意志品质、合作精神和交往能力,使学生掌握科学锻炼的基础知识、基本技能和有效方法,让每个学生至少学会两项终身受益的体育锻炼项目,养成良好的体育锻炼习惯和健康的生活方式,培养中国特色社会主义事业的合格建设者和接班人。

3. 智慧饱满:爱学习　能探索

近几十年来,我们所生活的世界一直在发生巨变,先进的技术与交流手段、迅猛的经济发展与激烈的竞争、日益加剧的全球性挑战,让我们越来越明白,终身学习、主动探索是人类进入 21 世纪的一把钥匙。如果我们的学校教育仍然保持不变,那我们该如何应对未来的世纪挑战？学校教育要让探索和思考成为孩子的习惯，教给学生掌握认识世界的工具，让他们学会最迅速、最有效的获取信息、处理信息和运用信息的能力，以学固本、以学立德、以学增智，永远保持对知识的兴趣，具备随时寻找自己所需知识的能力，形成不断发掘知识、不断思考问题的习惯。

4. 个性张扬：爱艺术　会创新

学会审美，人生才会完整，追求审美的人生，就是追求诗意的人生、创造的人生、爱的人生。人们在追求审美人生的过程中，会不断地拓宽自己的胸襟、涵养自己的气质，不断提升自己的人生境界。学校在教育教学中要培养学生积极向上的审美情趣和审美能力，让学生广泛地接触自然美、社会美与艺术美，在欣赏中获得认识美、感受美、鉴赏美的能力，陶冶情操，增强对生活的责任感和热爱之情，提高创造美好生活的意愿和能力，提升生活品位。

二　课程目标

为了实现学校育人目标，根据学生实际情况，按照年级段的不同，我们将育人目标细化，形成低、中、高三个学段的课程目标。（见表4-1）

表4-1　三亚市第二小学"海之粟"课程目标

育人目标	目标定位	低学段	中学段	高学段
扎根沃土	爱家国 懂感恩	1. 珍爱生命，热爱生活，养成自尊自律、乐观向上、勤劳朴素的态度。 2. 爱亲敬长，养成文明礼貌、诚实守信、友爱宽容、热爱集体、团结合作、有责任心的品质。 3. 初步形成规则意识和民主法治观念，崇尚公平与公正。	1. 珍爱生命，热爱生活，养成自尊自律、乐观向上、勤劳朴素的态度。 2. 爱亲敬长，养成文明礼貌、诚实守信、友爱宽容、热爱集体、团结合作、有责任心的品质。 3. 形成规则意识和民主法治观念，崇尚公平与公正。	1. 珍爱生命，热爱生活，养成自尊自律、乐观向上、勤劳朴素的态度。 2. 爱亲敬长，养成文明礼貌、诚实守信、友爱宽容、热爱集体、团结合作、有责任心的品质。 3. 形成规则意识和民主法治观念，崇尚公平与公正。

育人目标	目标定位	低年级	中年级	高年级
		4. 热爱家乡,珍视祖国的历史与文化,具有中华民族的归属感和自豪感,尊重不同国家和民族的文化差异,初步形成开放的国际视野。 5. 具有关爱自然的情感,逐步形成保护生态环境的意识。	4. 热爱家乡,珍视祖国的历史与文化,具有中华民族的归属感和自豪感,尊重不同国家和民族的文化差异,初步形成开放的国际视野。 5. 具有关爱自然的情感,逐步形成保护生态环境的意识。 6. 了解自己的特点,发扬自己的优势,有自信心。懂得自尊自爱,有荣誉感和知耻心。 7. 懂得感恩,学习基本的礼仪常识,学会欣赏、宽容和尊重他人。	4. 热爱家乡,珍视祖国的历史与文化,具有中华民族的归属感和自豪感,尊重不同国家和民族的文化差异,初步形成开放的国际视野。 5. 具有关爱自然的情感,逐步形成保护生态环境的意识。 6. 积极参加、组织学校的各项活动,并能设计清晰的流程。 7. 会感恩、能包容、善纳新、敢担当,具有积极向上的人生态度。
健康自信	爱运动有自信	1. 学做广播操、眼保操、搏击操、韵律操等特色操。 2. 锻炼体能,学会基本队列训练。 3. 学会两项以上小学体育技能。 4. 有初步的课外活动的自我保护意识与锻炼能力。 5. 达到小学生运动、健康、体质方面的成长目标。	1. 会做广播操、眼保操、搏击操、韵律操等特色操。 2. 爱上体育课,主动参与体育锻炼。 3. 学会两项以上小学体育技能。 4. 参加一项竞技性的体育项目。 5. 参加课外活动,懂得并做到自我保护与锻炼。	1. 会做广播操、眼保操及啦啦特色操。 2. 爱上体育课,掌握常用竞技体育技能。 3. 熟练掌握一项以上体育技能,掌握比赛规则。 4. 积极参与乒乓球队、篮球队、田径队等体育社团。

育人目标	目标定位	低年级	中年级	高年级
		6. 懂得集体生活的规则。 7. 有自信心，有是非观。 8. 主动亲近同伴；愿意与老师、家长分享自己的真实想法。 9. 与同学友好相处，乐于助人。	6. 参加大课间跑步。 7. 达到小学生运动、健康、体质方面的成长目标。 8. 正确处理同学之间的关系。明辨是非，懂得真善美。 9. 愿意倾听、会与他人分享。 10. 乐于表达、理解他人。 11. 学会谦让，会和他人沟通；能与他人友好合作。 12. 正确处理生活、学习方面的困难。	5. 主动参加课外活动，懂得并做到自我保护与急救常识。 6. 参加大课间跑步。 7. 达到小学生运动、健康、体质方面的成长目标。 8. 正确处理师生、同学之间关系，生活充满正能量。对待学习生活有自信心。明辨是非；站在他人立场理解问题。
智慧饱满	爱学习能探索	1. 养成良好的学习习惯。 2. 有积极的学习兴趣。 3. 课堂积极发言，敢于提出自己的想法。 4. 建立良好的师生关系，同学之间友好相处，乐于帮助同学。 5. 课堂注意听讲，扎实学好各门课程。	1. 养成良好的学习习惯。 2. 对学习有兴趣。 3. 养成课堂积极发言、积极质疑的品质。 4. 建立良好的师生关系，同学之间友好相处，乐于帮助同学。 5. 课堂注意听讲，积极发言。扎实学好各门课程。养成自主学习和合作学习的习惯。	1. 有良好的学习习惯。 2. 对学习有兴趣，快乐主动地学习。 3. 养成课堂积极发言、积极质疑的品质。 4. 课堂注意听讲，扎实学好各门课程，会合作学习。 6. 学习时主动认真、善于思考。初步调动知识经验与人力资源来智慧地解决问题。有较好的学习品质、思维能力。

育人目标	目标定位	低年级	中年级	高年级
个性张扬	爱艺术 会创新	1. 有创新意识,养成爱科学、学科学的好品质。 2. 培养艺术欣赏能力,发掘艺术潜能。 3. 选学一样器乐。	1. 有良好的创新意识,养成爱科学、学科学的好品质。 2. 培养艺术欣赏能力,发掘艺术潜能。 3. 选学一样器乐。 4. 积极进行小科学创新和艺术创作。	1. 有良好的创新意识,养成爱科学、学科学的好品质。 2. 培养艺术欣赏能力,发掘艺术潜能。 3. 选学一样器乐。 4. 独立完成简单的创作。

第三部分　学校课程架构

学校地处南海之滨,有丰富的海洋文化。结合地域特色和学校"让每一颗种子向阳而生"的课程理念,三亚二小以"海之粟"课程为抓手,致力于实现培养"扎根沃土、健康自信、智慧饱满、个性飞扬"的现代小公民的育人目标,建构了学校课程框架与体系。

一　学校课程逻辑

学校基于"种子教育"的教育哲学、"播种爱、成全人"的办学理念以及学校课程目标,建构了"海之粟"课程体系,围绕"培养德智体美劳全面发展的社会主义建设者和接班人"的教育方针,设置了"粟德课程""粟健课程""粟言课程""粟创课程""粟美课程"五大类课程。(见图 4-2)

二　学校课程结构

依据学校育人目标及课程目标分解,结合学生实际需要,形成"海之粟"课程结构图。(见图 4-3)

三　学校课程设置

根据国家基础课程安排,结合学校课程资源、课程门类,考虑学生的学习兴趣和发展需求,学校按照年级对课程内容进行系统建构,形成"海之粟"课程五大类课程的具体框架。(见表 4-2)

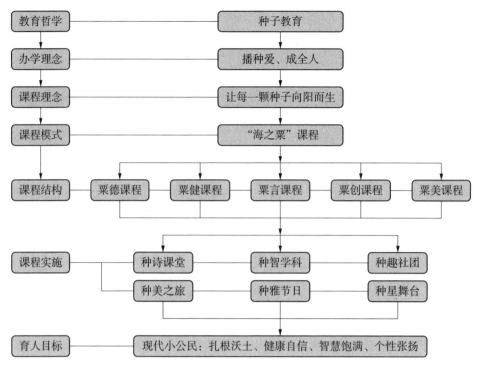

图 4 - 2　三亚市第二小学"海之粟"课程逻辑图

图 4 - 3　三亚市第二小学"海之粟"课程结构图

表 4-2 三亚市第二小学"海之粟"课程设置表

年级	粟德课程	粟健课程	粟言课程	粟创课程	粟美课程
一年级	国家课程 地方课程 管理时空花园 国学经典诵读 节日课程 礼仪课程 典礼课程	国家课程 地方课程 队形队列 中华武术 跆拳道 韵律操课程 小体育运动 跳绳	国家课程 地方课程 绘本阅读 趣味识字 古诗文大赛 故事比拼 海南国际旅游岛少儿英语 读写绘	国家课程 地方课程 棋类课程 数独 口算小能手 快乐拼搭 整理我能行 趣制作年历	国家课程 地方课程 绘画课程 书法课程 民族舞 纸盘画 艺术节 手工制作 器乐学习
二年级	国家课程 地方课程 中华经典诵读 节日课程 礼仪课程 典礼课程	国家课程 地方课程 乒乓课程 跆拳道 中华武术 韵律操课程 踢毽子	国家课程 地方课程 绘本阅读 趣味识字 古诗文大赛 故事比拼 英语口语 海南国际旅游岛少儿英语 读写绘	国家课程 地方课程 纸飞机 棋类课程 益智数学 计算小行家 七巧板 环保小卫士 购物小达人	国家课程 地方课程 绘画课程 书法课程 民族舞 纸盘画 艺术节 手工制作 走秀课程 器乐学习
三年级	国家课程 地方课程 啄木鸟行动 中华经典诵读 节日课程 礼仪课程 典礼课程 研学课程	国家课程 地方课程 足球课程 篮球课程 乒乓课程 中华武术 棋类课程 跆拳道 韵律操课程	国家课程 地方课程 粟种阅读 英语口语 书写书韵 少儿广播 口语交际 故事演讲 沙盘作文 中华诗词 绘读童诗 小记者写作	国家课程 地方课程 除除有余 风筝的秘密 完善图书角 节约用水	国家课程 地方课程 书法课程 绘画课程 舞蹈课程 手工诗词贴画 艺术节 合唱 器乐学习

学期	粟德课程	粟健课程	粟言课程	粟创课程	粟美课程
四年级	国家课程 地方课程 中华经典诵读 节日课程 礼仪课程 典礼课程 研学课程	国家课程 地方课程 足球课程 篮球课程 乒乓课程 中华武术 棋类课程 跆拳道 韵律操课程 田径竞赛	国家课程 地方课程 粟种阅读 英语配音 口语交际 书写书韵 少儿广播 故事演讲 沙盘作文 中华诗词 小记者写作	国家课程 地方课程 航模课程 巧算专家 图形之美 精彩足球赛 生活中的数学 数独 速算 24点益智	国家课程 地方课程 书法课程 绘画课程 舞蹈课程 植物标本贴画 艺术节 合唱 器乐学习
五年级	国家课程 地方课程 中华经典诵读 节日课程 礼仪课程 典礼课程 研学课程	国家课程 地方课程 足球课程 篮球课程 乒乓课程 中华武术 棋类课程 跆拳道 韵律操课程 游泳竞赛 田径竞赛	国家课程 地方课程 好书分享 英语趣配音 英语课本剧 主持播音 故事演讲 演讲与口才 中华诗词 中国小记者 经典阅读 魅力文字	国家课程 地方课程 航模课程 机器人课程 电脑编程 妙趣算算算 壁纸设计师 设计游戏规则 旅游中的数学	国家课程 地方课程 书法课程 绘画课程 现代舞 扇面画 艺术节 音乐合唱 器乐学习
六年级	国家课程 地方课程 中华经典诵读 节日课程 礼仪课程 典礼课程 研学课程	国家课程 地方课程 足球课程 篮球课程 乒乓课程 中华武术 棋类课程 跆拳道 韵律操课程 游泳竞赛 田径竞赛	国家课程 地方课程 好书分享 英语趣配音 英语课本剧 主持播音 故事演讲 演讲与口才 中华诗词 中国小记者 原声剧场 经典阅读 魅力文字	国家课程 地方课程 航模课程 机器人课程 电脑编程 数学百分百 巧手包装 统计与概率 生活趣数学	国家课程 地方课程 书法课程 绘画课程 现代舞 贝壳贴 艺术节 器乐学习

第四部分　学校课程实施与评价

课程实施是把课程计划付诸实践的过程,它是达到预期课程目标的基本途径。我校将通过建构"种诗课堂",建设"种智学科",创设"种趣社团",开展"种美之旅",推行"种雅节日",搭建"种星舞台"等方式,全力落实"让每一颗种子向阳而生"的课程理念,为学生的健康成长、全面发展拓宽渠道,建构符合我校办学特色的课程实施体系。

一　建构"种诗课堂",提升课程实施品质

"种诗课堂",就是课堂要像诗歌所表达的那样,给人以美感的意境。"种诗课堂"不是阳春白雪,它最质朴的出发点,就是希望孩子能摆脱功利化学习的重荷,重返美好、灵动、意蕴生动的课堂,"快乐学习,幸福成长"。

(一)"种诗课堂"的内涵特征

"种诗课堂"具有新课标引领下新课堂的一切特征,将绿色、健康、尊重学生身心特点的教学理念融入日常教学活动中,形成以学生为核心的开放性课堂,它关注生命、生活,关注感悟、体验、对话,注重培养学生的语感、思维、灵性,更关注学生生命的发展;在教学中体现以师生的共同合作、创造为基础的美学追求和生命精神追求。

1. 主张平等与尊重

"种诗课堂"要求教师树立互利共生型课堂生态观,在教学中尊重学生,积极引导学生参与课堂、主动探究、乐于合作,与学生在生命与生命的对话、交接和融合过程中实现学生生命自由、全面、和谐地发展,同时也体现教师的生命价值和自身发展。

2. 主张轻松、自然

"种诗课堂"要求课堂氛围要轻松愉悦,教师鼓励的眼神、亲切的态度、轻松的语气都会对学生接受信息产生间接影响;教学中教师精心创设的民主情境、问题情境,也能最大限度地激发学生积极的情感和参与的兴趣,从而营造乐学氛围。

3. 主张合作、互动

"种诗课堂"要求教学活动不应该是一种单纯的"目标—结果"的线性关系,而

要彰显课堂教学的过程价值,突出个性化建构,对于学生在学习过程中的独特体验教师要给予尊重。教学中,教师要根据即时生成的资源,抓住有利时机,恰当灵活地调整教学目标、策略、资源及进程,抓住有价值的问题或有创见的观点,因势利导,引导学生进行深入探究,生成新的教学资源,让课堂充满活力。

(二)"种诗课堂"的实践操作

1. 树立以人为本的教学新理念

教师要努力创造融学习方法、师生关系、教学材料、教学环境为一体的生态系统,把学生生命的本质、特征和个性化需求"融化"在教育教学过程之中,为学生营造和谐、生动的学习成长环境,使课堂教学的过程成为循于学生生命发展规律、点化和润泽学生生命、绽放学生生命智慧的生命化旅程,让课堂真正充满生命气息,这样学生才能主动进入学习环境。

2. 创建生态化的课堂教学环境

课堂教学环境包括教学内容、教师期望、师生关系、课堂氛围、教学策略、班级学风等因素,要想让课堂的主体得到持续发展,实现课堂教学环境的生态化,就要求课堂教学资源丰富,生动、直观、形象的教学信息不仅传输速度快,易于学生接受,而且要激发学生的学习兴趣;教学方式要灵活,教师不仅要用有声语言刺激学生的听觉系统,还要运用恰当的表情、动作和实物等非语言媒介作用于学生的视觉系统,让学生所获取的知识信息更丰富。

3. 创造和谐共生的师生关系

良好的师生关系是创造愉悦和谐的课堂气氛的基础,是提高课堂教学效率,保持学生学习兴趣的重要手段,也是实施课堂教学改革、增强课堂教学有效性的重要手段。师生之间应是一个相互依存的共生关系,教师的责任在于唤醒、激发、鼓励和规范学生的意识和学习,学生的责任是主动配合教师的教育,履行自己的"学习自觉"。教学中,教师要立足现实,放眼未来,大胆实践,迅速唤醒学生的参与意识,把课堂变成学生参与探究、尝试合作、体验成功的训练场;要激发学生的思维,引导他们独立思考,培养他们的创造能力、想象能力以及举一反三的迁移能力;要引导学生多方面思维、多角度分析、多视点透视。

4. 构建充满诗意的课堂教学情境

教师不仅要建立"课堂教学为师生共同进行、共同成长"的观念,还要把课堂作为学生和老师栖居的主要场所,让它充满浓浓的诗意。教师要用诗一般的激情渲染课堂,让课堂成为一个诗意的生态场,学生要在这个诗意的场景中,自由地思想,自由地表达,诗意地抒情。此时此刻,我们的老师,还必须学会蹲下来,平视学生,用关爱的眼神温暖每一个幼小的心灵,用真诚的心灵聆听每一朵花开的声音,在师生心灵和谐共振、互相感染、互相影响、互相欣赏的精神创造过程中,实现师生生命在课堂中的涌动与成长。

(三)"种诗课堂"的评价标准

"种诗课堂"要求构建多元化的评价方式,要从以"评教"为主转移到以"评学"为主,评价过程强调师生参与、互动、多元,做到教师评价与学生自评、他评相结合,定性评价与定量评价相结合,形成性评价与终结性评价相结合。

学校根据"种诗课堂"的内涵,围绕教学基本功、教学目标、教学过程、教学方法及教学效果制定了"种诗课堂"教学评价表。(见表 4-3)

表 4-3 三亚市第二小学"种诗课堂"教学评价表

评价指标	评价要素	分值	得分
教学 基本功 (20分)	教态自然大方,有亲和力,语言规范,应变和调控能力强。	5分	
	板书设计科学合理,言简意赅,条理性强,有艺术性,字迹工整、美观,板书娴熟。	10分	
	说普通话,表达准确清楚,精当简练,生动形象,有启发性,抑扬顿挫,富于变化。能合理使用场地,口令清晰,动作规范标准。	5分	
教学目标 (20分)	教学目标制定科学、合理、全面,符合学生实际。	5分	
	核心素养与学习内容能有机结合,贯穿教学过程始终。	5分	
	教材处理深浅适度,容量恰当,层次分明;注重新旧知识的纵横联系。	5分	
	突出重点,突破难点,抓住关键;注重双基落实和能力培养。	5分	
教学过程 (25分)	教学思路清晰,符合教学内容和学生实际,具有创新性。	5分	
	围绕三维目标进行教学,教学结构严谨、逻辑性强,层次合理、清楚,过渡自然,密度适中,效率高。	5分	

评价指标	评价要素	分值	得分
	面向全体,体现差异,因材施教,教学信息多向交流,反馈及时,矫正奏效。	5分	
	注重学法指导,情知交融、启迪思维、培养能力。	5分	
	注重结合现实和学生生活实际,渗透情感态度与价值观教育。	5分	
教学方法 (10分)	发挥教师的主导作用,多法结合,优法活用,具有创新性。	5分	
	充分体现学生的主体地位,学生参与面广,自主、合作、探究学习有机结合,观察、思考、讨论、操作有机结合。	5分	
教学效果 (25分)	教学目标全面达成,各类学生都学有所获。	5分	
	学生掌握学法、思想活跃、课堂气氛活跃,教学效率高。	5分	
	学生善于思考,勇于质疑,创新能力得到培养。	5分	
	轻负高质,学生受益面大,不同程度的学生都有进步。	5分	
	课件自制,与教案吻合,实用、美观、新颖。	3分	
	使用电教仪器熟练,操作正确。	2分	
总分		100分	

二　建设"种智学科",丰富学校课程体系

建设"种智学科",要求学校积极实践国家和地方课程的校本化实施,严格执行国家三级课程总课时数的要求,开齐开足基础型、拓展型和探究型三大类课程,要探索科学、合理、高效的课程计划安排形式,以学科群的状态呈现,满足学生全面而有个性地发展的需求,促进教师专业化发展,推进学校课程建设,凸显学校的教育理念和办学特色。

(一)"种智学科"建设路径

学校"种智学科"体系的建设遵循由纵向和横向交叉组合而形成的一个分层分类的结构体系,其以国家课程为基础,发挥教师的学科优势,结合教材开发建立多样型的特色课程,形成"1＋N"的课程群结构,整合多种课程,采用课堂授课、社团活动、竞赛、研学、课本剧等形式完成。

1. 纵向——设立几大门类课程领域以及各领域所涉及的主要课程

学校依据学生的人文、社会、科学、艺体等基本素养发展的要求以及国家规定的课程标准,将必修课程和地方选修课程整合后形成几大门类主要课程。

2. 横向——分层分类推进

按学生学习水平将课程分为三个层次:面向全体学生的基础型课程;面向部分学生的拓展型课程,主要是基础型课程的拓展,既有重心下移的查缺补漏,也有学段衔接和加深延伸;面向个体的探究型课程(包括兴趣特长类课程)。

3. 形成学科课程群

为了满足学生多样化的学习发展需求,"种智学科"将一门学科通过学科内拓展以及学科间的交叉整合,开发出一个学科系列,从而体现学科课程内容的层次性和选择性。

(1)语言课程群:现代小公民必备素质之一就是交流沟通能力,语言学科承载了发展学生听说读写思能力的功能,以及文学审美、文化价值、思想价值的引领,因此,语言课程群不仅要培养学生基本的语言能力,更要注重优秀文化对学生的熏染,让学生的情感态度与价值观以及道德修养、审美情趣得到提升,良好的个性和健全的人格得到培养。语言课程群基本课程设置如下。(见表4-4)

表4-4 三亚市第二小学语言课程群课程设置表

年级	听	说	读	写	思
一年级	绘本阅读	故事比拼	古诗文大赛	趣味识字	读写绘
二年级	绘本阅读	故事比拼	古诗文大赛	趣味识字	读写绘
三年级	少儿广播	口语交际	绘读童诗	书写书韵	沙盘作文
四年级	少儿广播	口语交际	绘读童诗	书写书韵	沙盘作文
五年级	英语趣配音	演讲与口才	经典阅读	魅力文字	中国小记者
六年级	原声剧场	演讲与口才	经典阅读	魅力文字	中国小记者

(2)智趣数学课程群:智趣数学课程群旨在追求"智从趣生,趣由智始,智趣共生"的境界,使学生在乐学、善思、乐享的学习过程中提升数学学科素养,追求小学数学教育的真义,在课程实施过程中,以趣促智、因材施教、因学而教、顺学而导,帮助学生找到适合自己的学习方法,不断建构属于自己的知识体系,逐步提升自己的数学素养。智趣数学课程群基本课程设置如下。(见表4-5)

表 4-5　三亚市第二小学智趣数学课程群课程设置表

年级	智趣运算	智趣创意	智趣统计	智趣体验
一年级	口算小能手	快乐拼搭	整理我能行	趣制作年历
二年级	计算小行家	七巧板	环保小卫士	购物小达人
三年级	除除有余	风筝的秘密	完善图书角	节约用水
四年级	巧算专家	图形之美	精彩足球赛	生活中的数学
五年级	妙趣算算算	壁纸设计师	设计游戏规则	旅游中的数学
六年级	数学百分百	巧手包装	统计与概率	生活趣数学

(3)艺体课程群:为了能更好地贯彻落实国家教育方针政策,三亚二小一直在努力探索学校特色建设的突破口。经过实践摸索,学校决定在音乐、美术、体育等各个学科把已经取得的经验作为基础,结合学校实际情况和学科特点,建立艺体课程群,开展特色活动,让我校艺术教育全面开花,用丰富多彩的活动促进学生的发展,全面提高学生的素质,提高教育教学的质量,提升学科和学校的美誉度。艺体课程群基本课程设置如下。(见表 4-6)

表 4-6　三亚市第二小学艺体课程群课程设置表

年级	音乐	美术	体育	综合
一年级	民族舞	搓纸画	跳绳	艺术节
二年级	民族舞	纸盘画	踢毽子	艺术节
三年级	合唱	手工诗词贴画	足球	艺术节
四年级	合唱	植物标本贴画	足球	艺术节
五年级	现代舞	扇面画	篮球	艺术节
六年级	现代舞	贝壳贴	篮球	艺术节

(二)"种智学科"的推进策略

"种智学科"建设必须从整体布局入手,思考、建构完整系统的教育教学内容框架,丰富学校的课程体系。一是加强课程领导,二是制定课程规划,三是搞好课程建设,四是夯实基础课程。

（三）"种智学科"的评价

学校根据"种智学科"的建设路径及推进策略，从趣味性、主体性、参与度、发展性、创新性五个方面制定教师评价标准表（见表 4－7），从学习态度、合作精神、探究能力三个方面制定学生评价标准表（见表 4－8），保障学校各类学科开展的持续性和成效性。

表 4－7　三亚市第二小学"种智学科"评价标准（教师）

课题：		得分
趣味性 30 分	1. 目标明确。学习目标的制定明晰、正确，叙写规范，目标具体可测评。 2. 以学定教。立足学生已有的经验基础，充分考虑学生的兴趣，根据学习内容，挖掘各种教学资源，创设学生感兴趣的情境，调动学生的学习热情。 3. 因材施教。课堂教学的各个环节关注学生的差异性，兼顾各个层面的学生。	
主体性 20 分	1. 活动自主。体现让学生自主"发现问题，提出问题，分析问题，解决问题"的原则。 2. 赏识激励。关注学习过程，课堂评价及时、准确、丰富，以激励、欣赏为主。 3. 寓教于乐。教态亲切，语言亲和，方法灵活。	
参与度 20 分	1. 互帮互学。有效进行小组合作学习。 2. 乐思善述。学生的思维有广度和深度，学生勇于发表自己的观点，乐于听取别人的意见。 3. 积极参与。在学习过程中学生积极、投入，气氛活跃。	
发展性 20 分	1. 知行合一。重知识与能力的综合、过程与技能的转化、体验与品质的过渡。 2. 目标达成。体现"教—学—评"的一致性。学习目标达成度高。 3. 智趣共生。体现"智从趣生，趣由智始、智趣共生"的学科理念。	
创新性 10 分	恰当地运用电子白板等多媒体，理念先进，教师创教、学生创学，课堂中有创新点。	
总评：(A 级 85—100，B 级 75—84，C 级 60—74，D 级 60 以下)		

表4-8 三亚市第二小学"种智学科"评价标准(学生)

指标	标准	评价等第		
		自评	互评	师评
学习态度	有明确的学习目标			
	有丰富的资料积累			
	有浓厚的学习兴趣			
	有坚持不懈的学习精神			
合作精神	能大胆表明自己的观点			
	能虚心听取别人的意见			
	能服从分工并完成任务			
	能热心帮助学困生			
探究能力	有观察和思考的能力			
	有发现和提出问题的能力			
	有收集和整理信息的能力			
	能独立思考			
定性评价	自评:			
	互评:			
	教师评:			
说明	1. 定量评价等第设优、良、合格、需努力四等。 2. 定性评价是指对主要问题、突出问题或某些特长写出描述性评语。			

三 创设"种趣社团",激活课程活力

"种趣社团"是我校校园文化的重要载体,是学生身心发展、拓宽兴趣的阵地,也是展示学生个性、内化能力的第二课堂,学校致力于丰富多彩的社团活动和校本拓展课程建设的融合发展,让孩子在兴趣潜能和综合素质的培养中,获得长足的发展。

(一)"种趣社团"的建设途径

学校按照结构合理、种类丰富、运作规范、活力充盈的社团运行原则,按照"组建社团→招收成员→社团启动→社团建设→社团活动→成果展示→考核评价"实

160

施流程,培育出主题教育类、学科类、艺体类、综合类四大类别20余个社团组织,作为课程实施的有效载体。下面列举数个。

（1）舞蹈社团:包括"民族舞社团""现代舞社团"。舞蹈是八大艺术之一,是以身体为语言做"心智交流"的运动表达艺术,既可以帮助学生强身健体、修身塑体、言情益智,又可以让学生拜师结友、切磋交流、展示才艺、完善自我。"舞蹈社团"的宗旨是"营造艺术氛围、锻炼良好体魄、陶冶个人情操、展现自我风采"。

（2）田径社团:"田径社团"秉承"推广田径运动,弘扬体育精神,提高学生体质,丰富学生生活,培养终身体育爱好"的宗旨,根据小学生身心特点,通过各种活动形式,锻炼学生的身体的协调性、灵敏性,增强其身体力量、速度及体质,从而培养学生对田径运动的兴趣和爱好,激发学生参加田径运动的热情,提高学生的田径运动能力和体质健康水平。

（3）足球社团:足球运动作为一项风靡全球的运动,其丰富的锻炼价值使它非常适合在校园开展,对培养学生自信、坚毅的性格,正确的竞争意识,团队协作能力,面对挫折的能力等都有极好的效果。我校2019年被评为"海南省足球特色学校",希望通过"足球社团"的开展培养学生对足球运动的兴趣,带动学生学习足球的积极性;拓展学生的身体素质,提高学生的运动能力;培养学生的团结协作精神和团队意识;培养学生的运动兴趣,养成终身体育的思想;培养学生吃苦耐劳的意志品质。

（4）快乐篮球社团:篮球运动是集跑、跳、投于一身的集体对抗性项目,学生通过篮球运动的体验可以有效地增强体能,增进健康,促进身心全面协调发展,培养勇敢、顽强、竞争、拼搏、协作的精神。"快乐篮球社团"的学习目标是让学生掌握篮球运动的基本知识、基本技术、基本战术配合,了解基本规则和裁判法,社团活动内容包括:篮球游戏、基本球性练习、行进间运球、传接球、投篮、半场三对三对抗赛。

（5）经典诵读社团:经典诵读社团是我校书香校园建设的重要阵地。中国有着灿烂悠久的历史,传统文化博大精深,经典古诗文是我们中华民族的瑰宝,是我们每一个中国人的骄傲,我们应该生生不息地传承下去。我校"经典诵读社团"通过一系列活动的开展,让学生接受中华诗文的文化熏陶,从先哲圣典中汲取精神营养,形成良好的道德情操,养成良好的阅读习惯,从而推动书香校园的建设,提升学校的文化品位。学校"经典诵读社团"的一群可爱的小精灵,组成一个快乐的小家庭,他们因热爱朗诵而聚集在一起,他们用语言传递真情,他们用声音表达思想。舞台的最前端有他们的靓影,校园广播站有他们的童声。

(6)益智数学社团:为了激发学生学习数学的热情和兴趣,感受数学的魅力,体会数学的价值,培养学生在日常生活中运用数学的意识,让学生在参与社团中得到锻炼,我校特成立"益智数学社团"。本社团由五年级每班选出5—6人参加,活动以新课程标准为依据,结合本年级教材,力求题材内容生活化、形式多样化、解题思路方程化、教学活动实践化,将数学知识寓于游戏活动之中,教师适当穿针引线,把单调的数学过程变为艺术性的游戏活动,让学生在游戏中学习、在玩中收获。教师在活动中围绕"趣"字,把数学知识融于活动中,使学生在好奇中、在追求答案的过程中提高自己的观察能力、想象能力、分析能力和逻辑推理能力,力求体现我们的"做数学,玩数学,学数学"的思想和理念。

(三)"种趣社团"的评价

我们采取了赋予学分、等级评定、展示评比和反馈表彰等不同的形式进行社团课程评价,为课程开发和社团活动保驾护航,并且制定了三亚二小社团评分表。(见表4-9)

表4-9 三亚市第二小学"种趣社团"评分表

项目	指标细则	评估方式	评分细则	自评	复评	终评
有组织	建立健全并严格执行社团各项规章制度。(5分)	查阅资料	章程内容完整,涉及社团宗旨、会员权利与义务、财务管理、奖惩管理等,每少一项扣1分。			
	社团内部管理规范,内容完备。(5分)	查阅资料 实地察看	有会议、活动记录,并有专人负责。每少1项扣2分。			
	符合学校对社团工作的要求和小学生发展个人专长、拓展自身素质的需求。(5分)	查阅资料 走访座谈	酌情打分。			
	社团管理体制完善,机构设置合理。(5分)	查阅资料	酌情打分。			

项目	指标细则	评估方式	评分细则	自评	复评	终评
有活动	指导教师相对固定。（5分）	查阅资料 走访座谈	每学期指导教师不固定的扣2分。经常调换指导教师的扣4分。			
	活动开展正常有序。（5分）	查阅资料 走访座谈 实地察看	有活动记录，每学期不少于15次，每少1次扣0.5分，扣完为止。			
	能积极参加并承担教育行政部门及学校组织的相关活动。（5分）	查阅资料	学校活动每次0.5分，区级活动每次1分，市级活动每次2分，上限5分。			
	社团活动场地相对固定（5分），软硬件环境良好（5分）。	实地察看	没有相对固定场所的扣4分。场地环境布置符合社团的发展要求和文化氛围。卫生不好的扣2分，环境混乱的扣2分。			
有特色	有体现社团特色的社团标准。（5分）	查阅资料	酌情打分。			
	活动开展富有特色。（5分）	实地察看	与标准符合。酌情打分。			
有影响	遵守和贯彻党的教育方针，为繁荣校园文化生活，促进学校素质教育，推动校园精神文明建设做出重要贡献。成立3年以上。（10分）	查阅资料 走访座谈	历史档案资料不全者扣3分。其他酌情打分。			
	参与面广，会员较多。（10分）	查阅资料	会员少于10人，此项不得分。以10人为标准分1分，每增加10人加0.5分，上限10分。			

163

项目	指标细则	评估方式	评分细则	自评	复评	终评
	在学生中和社会上有一定的影响。（10分）	查阅资料 走访座谈	学生知晓率 80% 及以上得 6 分；每低 10 个百分点扣 1 分，扣完为止。在社会各类媒体发布活动信息等每条得 0.5 分，上限 4 分。			
	在各级各类比赛中成绩显著。（15分）	查阅资料	获得学校、区级、市级、省级、国家级及以上的一等奖每次分别得 0.5 分、1 分、2 分、5 分、10 分。获得二等奖、三等奖的每次得 0.5 分。同类别同系列的以最高获奖为准，上限 15 分。			
总分						

四 开展"种美之旅"，落实研学课程

研学旅行，是一种心灵陶冶，更是一种寓教于乐。近年来，学校依托三亚独具特色的滨海风光及历史、人文资源，开展"旅游＋教育"的跨界融合，根据不同年龄阶段学生的研学需求，围绕"历史文化、诗词经典、非遗民俗、自然科普、文物考古、国学教育、海洋环保"等多个方面，创新设计并选出多条研学线路，最大程度地让学生亲近自然、了解历史、感悟文化，真正做到"研有所值、学有所思、旅有所乐、行有所获"。

（一）"种美之旅"的课程设置

1. 红色革命传统教育主题

海南人民在中国的历史进程中涌现出许多可歌可泣的英雄人物，彰显了民族革命精神，留下了许许多多革命的遗迹，如琼崖纵队、红色娘子军、母瑞山革命根据地、解放海南登陆临高角等，这些宝贵的红色资源，可与研学旅行相结合，根据学生的年龄特点、学科特点和教育培养重点,展开爱国主义教育等专题研学旅行活动,传承革命精神和民族精神,培养学生的民族认同感。

2. 中华传统历史文化主题

中华文明绵延上下五千年,有着顽强的生命力,它博大精深、引人向往,是中华儿女的宝贵财富,如儋州东坡书院通过景区周边的水井、石碑、学堂等实景资源,让学生能够从触觉、视觉等多感官来认识苏东坡这位大文豪。研学旅行中,学校结合当地的人文资源,让学生体会到中华文化的魅力,树立民族自信心。

3. 祖国大好河山和国、省、乡情主题

祖国地域辽阔,各地风景不尽相同,风土人情更是千差万别,如海南热带野生动植物园、海口火山口公园等基地均设有科普馆,结合旅游景区的自然资源,创建了研学体验与课本内容结合、趣味性与知识性结合的研学旅行路线,在研学旅行过程中,学生从当地的地貌特征、动物、植物、生态环保、风土人情等方面去了解和感受,体会这些因素之间的联系,激发他们对国家、家乡、自然的热爱。

(二)"种美之旅"的实践操作

1. 研学旅行和本校课程有机融合

学校紧扣培养"扎根沃土、健康自信、智慧饱满、个性张扬"的现代小公民的育人目标,找准研学旅行定位,系统构建校本研学课程体系,彰显模块化、序列化,整体规划研学课程的校本体系,具化研学旅行课程目标,设计序列化的课程内容,积累有效的实施策略,形成将研学旅行纳入本校教育教学计划,与综合实践活动课程统筹考虑的校本化实施路径。

2. 确保研学旅行有实效

海南省入选的40个省级中小学生研学旅行实践教育基地大体可分为5个板块:优秀传统文化板块、自然生态板块、国情教育板块、国防科工板块和革命传统教育板块。这些教育基地互为补充,能够让学生在研学旅行中充分感受祖国的大好河山,感受中华传统美德,感受光荣革命历史,感受改革开放的伟大成就,感受地域特色文化和家乡变化。每次研学之前,学校会结合研学基地的基本情况,精心设计研学课程及活动流程,如大小洞天风景区和槟榔谷的研学课程。(见表4-10、表4-11)

3. 统筹安全问题

组织开展研学活动前,学校要制定安全应急预案,应急预案中有详细的安全保障举措和安全责任日报告制度;出发前对参加的学生进行安全教育,强化其安全意识;确保交通及用车安全,车辆营运手续要完备,车况、车龄和安全性良好,司机车技优秀、经验丰富、综合素质高,保证每人都有独立座位,禁止超员;强化保险意识,所有参加研学旅行的师生必须购买旅游意外险;强化过程管理,加强对承办方服务承诺落实的监督,对活动中吃、住、行等细节都要提出明确要求。

(三)"种美之旅"课程评价

学校还建立了研学课程评价办法,形成双向互评的评价机制,一方面,是学校管理人员、教师、学生对研学基地的评价,包括课程内容、实施情况、现场执行的教师能力、安全措施及用餐服务等,评价结果将作为与研学基地是否继续合作的决策依据;另一方面,是研学基地对学校管理、教师、学生的评价,包括组织管理、安全意识、教师参与、学生礼仪、有效沟通、实施效果等,结果纳入校内评价。(见表 4-12、表 4-13)

五 推行"种雅节日",创设课程实施氛围

在我们日常生活中有着许多的节日,在这些重要的节日、纪念日中,蕴藏着宝贵的教育资源。通过节日教育,我们可以了解和认识我国民族风俗和民族习惯,增强民族凝聚力。

(一)"种雅节日"课程开发意义

1. 顺应时代的呼声

中国的传统节日五彩缤纷,文化内涵丰厚,有许多中华民族珍贵的生活史料,是历代民众共同创造的精神文明的积淀。我们应该继承传统节日中的精华,不断挖掘传统节日的文化内涵,以创新的精神发展传统节日文化,让更多的学生参与这种文化活动,了解文化的源流。

2. 完善学校的课程结构

传统节日在中国民众生活中经过了几千年来的自在地、自发地传承,早已经形成了世世代代传习不断的全民族重大生活的内容和表现形式,每一个节日的文化内涵和外延都具有相对稳定的完美和谐的特征,蕴涵着丰富的德育教育的素材。这些内容,在国家课程中很少涉及,节日课程的开发是对国家课程的有益补充,从而完善学校的课程结构。

表4－10 三亚市第二小学"大小洞天研学"活动流程

大小洞天研学活动课程表

时间	用时	地点	1,2班	3,4班	5,6班	7,8班	9班
09:00—10:00	60分钟	景区	开营仪式				
10:10—10:50	40分钟	景区	文化大博览	水质检测试验	营地教育	贝壳艺术家	彩虹滑道
11:00—11:50	50分钟	餐厅	享用午餐	享用午餐	贝壳艺术家	彩虹滑道	文化大博览
12:00—12:50	50分钟	景区	水质检测试验	营地教育	享用午餐	享用午餐	享用午餐
12:50—13:20	30分钟		休息调整				
13:30—14:20	50分钟	景区	营地教育	贝壳艺术家	彩虹滑道	文化大博览	水质检测试验
14:30—15:50	80分钟	景区	贝壳艺术家	彩虹滑道	文化大博览	水质检测试验	营地教育
16:00—16:50	50分钟	景区	彩虹滑道	文化大博览	水质检测试验	营地教育	贝壳艺术家
17:00—17:20	20分钟	景区	研学分享会				
17:30	—		返程学校				

表4－11 三亚市第二小学"槟榔谷研学"活动流程

三亚市第二小学2021年5月26日槟榔谷研学活动流程表

时间	用时	地点	1班	2班	3班	4班	5班	6班	7班	8班	9班
07:40—08:10	30分钟	学校	集合、上车								
08:10—09:00	50分钟	学校-槟榔谷	前往槟榔谷景区								
09:10—09:40	30分钟	景区大门口	开营仪式								
11:50—13:00	70分钟	餐厅	享用午餐								

时间	用时	地点	1班	2班	3班	4班	5班	6班	7班	8班	9班
13:10—14:10	60分钟	景区		扎染体验			藤编体验			皮划艇	
14:15—15:15	60分钟	景区		藤编体验			皮划艇			扎染体验	
15:20—16:20	60分钟	景区		皮划艇			扎染体验			藤编体验	
16:30—17:20	50分钟	剧场	观看《槟榔·古韵》演出								
17:30—18:20	50分钟	景区—学校	返程学校								

表4-12 三亚市第二小学研学旅行课程实施评价表A
（学校管理/教师/学生对研学基地的评价）

学校管理/教师/学生：

年级/班级	活动主题	研学基地	实施时间	评价					总评建议
				课程内容	课程实施	教师团队	安全措施	用餐服务	

表4-13 三亚市第二小学研学旅行课程实施评价表B
（研学基地对学校管理/教师/学生的评价）

研学基地：

年级/班级	主题	实施时间	评价						总评建议
			组织管理	安全意识	教师参与	学生礼仪	有效沟通	实施效果	

注：评价分为4个等级，直接打分：90分以上，80—89分，70—79分，70分以下。

3. 丰富学生的学习生活

民族节日是最富有文化意味的,学生通过上网、调查访问、实践活动,不仅了解节日的由来,还能更深层地领略传统文化的博大精深,极大地丰富学习生活,增加知识面,增强民族自豪感。

(二)"种雅节日"的实践操作

利用不同的节日,为学生打开一个开放的学习途径,强调学生在亲历实践中掌握新的学习方式,促进学生主动学习、综合学习、探究学习、实践学习。

(1)校园节日:校园节日的意义在于通过开展丰富多彩的校园文化活动,引导学生加强文化道德修养,提高综合素质,促进德智体美全面发展。校园节日的创设,为学生搭建有利于他们健康成长的校园氛围,让学生成为节日的主角,让节日成为学生才艺展示的大平台。我校的校园节日有:读书节、英语节、艺术节、田径运动会、绿榕杯足球赛、合唱节、经典诵读节等。

(2)中国传统节日:中华民族传统节日传承了中国上下五千年的历史,是一个取之不尽、用之不竭的知识宝藏。为了让学生更多地了解其精华,我校依据自身的办学特色与学生的兴趣爱好,进行了以中国传统节日为主的校本课程开发。(见表4-14)

表4-14 三亚市第二小学"种雅节日"之中国传统节日内容安排表

节日	目标		
	一级	二级	三级
清明节 (4月4日)	知道清明节的具体日期;初步了解节日的来历;了解清明节的风俗习惯。	通过调查、访问,收集有关清明节的资料,并整理成文章。	通过手抄报、演讲等形式挖掘清明节的文化内涵,并诵读诗文。
端午节 (五月初五)	知道端午节的具体日期;初步了解节日的来历;了解端午节的风俗习惯。	通过调查、上网查找等方式,收集有关端午节的资料,并整理成文章。	收集端午节风俗习惯的各种图片,办一次图片展或组织一次其他形式的实践活动,挖掘端午节的文化内涵,并诵读诗文。

节日	目标		
	一级	二级	三级
中秋节 （八月十五）	知道中秋节的具体日期；初步了解节日的来历，了解中秋节的风俗习惯。	通过多种渠道收集与中秋节有关的资料，并把资料整理组合好。	了解中秋节的文化意义，并通过一些实践活动发现更深层次的内容，诵读诗文。
春节 （正月初一）	知道春节的具体日期，初步了解节日的来历，了解春节的风俗习惯。	通过回忆、查找资料等途径了解春节时各地不同的风俗习惯，并整理成文章。	通过各种实践活动，发现春节的文化意义，并诵读诗文。
元宵节 （正月十五）	知道元宵节的具体日期，初步了解元宵节的来历；了解元宵节的风俗习惯。	通过回忆、查找资料等途径，了解元宵节时各地不同的风俗习惯，并整理、组合资料。	收集元宵节风俗习惯的图片及各种实物，办一次展览，了解元宵节的文化内涵，并诵读诗文。

（3）学校重大节日："六一"儿童节,对学生进行热爱社会主义的教育,使其感受来自父母、学校、社会的关爱;"七一"党的生日,对学生进行热爱党的教育,使其了解中国共产党不忘初心,为人民服务的宗旨;9月10日教师节,对学生进行尊师重教的教育;"九一八"纪念日使学生牢记祖国的昨天,立志振兴祖国的明天;十月一日国庆纪念日对学生进行热爱祖国、献身祖国的教育,增加其民族自豪感;"一二·九"运动纪念日对学生进行革命传统的教育。我们主要是通过主题班会、演讲、征文、书画、参观访问、研学、观看电影、文艺汇演、知识竞赛、体育活动等形式,学校德育处、少先队大队部每年要把"种雅节日"列为学校的年度工作计划,各个年级、各个处室、各个教研组根据自己负责的工作再完善各自的工作计划和实施方案。

（三）"种雅节日"课程评价

"种雅节日"课程倡导采用多主体、开放性的评价,加强师生双向评价机制的探索,真正把节日教育推向深处。

1. 学生评价

结合各年级目标及学生在活动过程中的表现,进行过程性及终结性评价。过程性评价首先提供学生展示的平台(见表 4－15),然后借助评价表格,采用学生自评与互评相结合,教师评价、家长评价与学生评价相结合,定性评价与定量评价相结合的方式。(见表 4－16)

表 4－15　三亚市第二小学"种雅节日"学生展示平台

校内	校外
校报、校刊	电视台、报社等
黑板报	社区展示
作品展览交流会	成果汇编出版
主题队会	学校间的交流与沟通

表 4－16　三亚市第二小学"种雅节日"学生评价记录表

活动主题				姓名	
评价项目	评价等级	自评	评价等级	互评	指导老师对你说
情感态度	优		优		
	良		良		
	及格		及格		
信息加工	优		优		
	良		良		
	及格		及格		
实践创新	优		优		
	良		良		
	及格		及格		
合作交流	优		优		
	良		良		
	及格		及格		
成果展示					

实践体验:
家长寄语:

2. 教师评价

由学生、教师和学校行政三部分组成。学校制定教师开发校本课程的奖励制度,采用定性与定量相结合的方式,对节日活动方案、课程实施执行情况、实施效果、学期活动成果等进行评价。既要对教师设计的方案进行评比,又要适当地结合学生的评价成绩。评价结果以等级制呈现,分为 A、B、C 三级。

六　搭建"种星舞台",提供课程展示平台

关注每一个学生的成长,通过榜样带动的作用,使全校学生有进一步努力、前进的目标。通过搭建"种星舞台",对学生进行多方面的正面引导,树立学生的自信心,最终达到进一步建立良好校风、学风,提高教育教学质量的目的。

(一)"种星舞台"评选标准

(1) 学习之星。学习刻苦,成绩突出,在学习方面起模范带头作用,在历次考试中取得优异成绩。

(2) 守纪之星。遵守学校、班级纪律,无任何违纪行为。

(3) 体育之星。在体育运动方面有突出特长或在校级以上各类体育比赛中成绩突出。

(4) 才艺之星。在美术、音乐、舞蹈、戏剧、摄影等方面有突出特长并积极参加校内外各类艺术团体,或者在校级以上各类艺术比赛中获得过三等奖以上奖励。

(5) 文学之星。热爱文学创作与读书,有一定的文学功底,积极参加市级、学校组织的各类征文活动并获奖,积极向广播站、校内各种杂志投稿,或在校级以上报刊上发表作品。

(6) 励志之星。生长在贫困家庭或者特殊家庭,身处逆境却有积极乐观的心态和远大的理想,面对挫折有迎难而上、不畏艰难的勇气,没有优越的家庭条件却有着令人敬佩的人格力量和较优异的学习成绩。

（7）劳动之星。热爱劳动，积极参加校内外劳动，勤俭朴素，自己能做的事自己做，主动为家庭做一些力所能及的事，有良好的劳动卫生习惯，坚持搞好班级和卫生区卫生，值日认真负责。

（8）管理之星。担任少先队或班委会干部，能认真履行所任职务的职责，独立工作能力强，所在班级、支部曾获校级以上的先进集体称号，个人也曾获校级以上优秀学生干部称号。

（9）语言艺术之星。具备良好的语言组织表达的能力，积极参加诗歌朗诵、演讲比赛，曾在校级以上比赛中获奖。

（10）进步之星。在考试中取得明显进步，或在学习生活中有明显进步。

（11）品德之星。坚持做助人为乐的好事，有拾金不昧的行为。

（二）"种星舞台"推进过程

（1）宣传阶段。通过学校宣传栏和各班、各年级宣传，让全校师生了解、关注并参与活动。

（2）班级、年级评选阶段。采取自下而上的方式，层层遴选，最后各年级推出各年级之星，各项目人数不限，成为"校园之星"的正式候选人。

（3）评审小组进行评审。确定"校园之星"名单。

（4）颁奖表彰大会。开学初，在开学典礼上隆重颁奖，同时邀请校领导为每一位"校园之星"提一句话，并颁发奖状。校园宣传栏内张贴各星照片和主要事迹及校领导的期望。

（5）扩大活动成果和影响。通过橱窗等宣传栏将获奖人物的照片和先进事迹张贴出来，号召广大学生以"校园之星"为榜样，努力学习、奋发成才，争创文明校园、和谐校园，携手共进，为树立学校良好校风而努力奋斗。

总之，种子是一种希望，是一种蓬勃生命力的象征。生根：种子的生根是一种惊喜。发芽：专业引领必要的方向，给儿童以生长的力量。生长：课程开发及拓展，发掘学生个性，满足学生个性需求。结果：向阳的种子，期待绚丽的开放。我们能做而又应该做的是什么呢？——细心捧起一粒粒种子，精心培育照料，前有泥泞坎坷，但终有阳光在风雨后。

（撰稿者：王迎春　冉文君）

第五章　学校课程实施

　　学校课程实施要激活课程实施的多维路径。学校课程实施是在遵循既定方案执行中衍生灵感和创造的动态过程。在此过程中，只有协调好实施对象中执行者和参与者的关系，并充分考量课程实施所需的内部、外部资源环境和条件，课程才能在实施的过程中发挥其应有的育人价值和功能。据此，我们在结合课程实施的三大价值取向之基础上，凝练出了课堂教学、学科建设、社团活动、研学旅行、校园节日、家校共育、项目学习和环境课程等课程实施路径。

课程实施是学校课程理念、课程架构、课程设计等通过多维实践操作模型呈现出来的课程活动样态，它不仅体现学校的办学特色，内隐学校的核心育人价值观，更是一所学校的学科文化、学科素养、育人目标基于课程活动真正落地的关键环节。同时，课程实施也是课程设计者和课程体验者共同参与的动态过程。而随着课程实施动态的推进与落实，课程形态也呈现出了多元的价值取向，多维实施路径也因此得以激活。

 一、学校课程实施的价值取向

课程实施过程的本质具体表现为人们对课程实施取向的探讨。迄今为止，人们普遍认同的课程实施取向有三种：忠实取向、相互适应取向和课程创生取向。忠实取向把课程实施过程看成是忠实地执行课程方案的过程。根据这一取向，预期课程方案的实现程度就是衡量课程实施成功与否的基本标准。课程方案实现程度高，则课程实施成功；反之，课程方案实现程度低，则课程实施失败。显然，坚持忠实取向将课程实施的本质理解为忠实执行、按部就班，不可能对课程方案做出变革。相互适应取向强调课程方案的使用者与学校情境之间的相互适应，主张根据学校或班级实际情境在课程目标、内容、方法、组织形式诸方面对课程方案进行调整和改革，它包括两方面的内容，即课程计划为适应具体实践情境和学生特点而进行的调整、课程实际情境为适应课程计划而可能发生的改变。持这种取向的课程实施者，容易将课程实施的本质理解为"协调中的变革"，人们相信，课程实施不可能只是一个事件，更重要的是个过程，在过程中实施者不可能不对课程方案进行修订，甚至改变，以适合其自身的目的。创生取向则把课程实施过程看成是师生在具体情境中联合缔造新的教育经验的过程。在缔造过程中，已经设计好的课程方案仅仅是教师和学生进行或实现"再造"的材料或背景，是一种课程资源，借助这种资源，教师和学生不断变化和发展。随着教师和学生的发展，课程本身也在不断地进步。①

我们认为，上述课程实施的三种价值取向不是孤立存在的，而是依存于课程实

---

① 北京未来新世纪教育科学发展中心. 创新教学引论[M]. 呼和浩特：远方出版社，2004：147—148.

施的各个阶段和动态过程中。课程实施的前期阶段需忠实于课程原有的既定方案，这样才能使得课程实施基于课程情境、框架和计划有序开展。课程实施进入中期阶段后，不可避免地会出现超出课程实施预设的情况，需要课程实施者发挥教学机制，将原有既定的目标、计划、实施策略相互调整为适切课程推进和发展的最佳状态。而随着课程实施的进一步深入，课程设计者和参与者萌生了新的认知体验，课程活动在螺旋式的创生过程中绽放多元色彩。

因此，我们认为课程的实施过程是基于课程原有的目标、计划获取创生经验的过程；也因为实施过程的创生经验，课程的实施衍生了多维的实施路径。

 二、学校课程实施的多维路径

课程实施是基于课程的目标和框架展开实践的环节。美国结构主义课程专家施瓦布提出的"实践模式"课程理论认为："实践课程模式强调教师和学生是课程的主体与创造者，两者应被纳入课程之中，作为课程的有机构成要素而存在，并在课程的开发及决策过程中发挥其实质性作用。"[①]我们认为，课程实施的实践过程应结合教师的学法指导而又展现学生灵活多样的学习方式。唯有如此，课程才能发挥其应有的实质作用，从而激活多维的实施路径。

（一）课堂教学

课堂是学校教育教学的主阵地，是课程计划与安排扎实落地的场域，也是课程实施开展最直接和最普遍的路径。在课堂中，学生可以在教师的指导下掌握各个学科的基础知识，建构起认识世界、把握事物客观规律的基本方法。同时，学生在课堂中可以充分发挥自主能动性，展开猜想、自主表达，在教师的指导下进行自我意识和对外部认知的重构，从而打破思维认知的局限。

（二）学科建设

学科知识是学生于课程学习中掌握世界的客观规律、探寻知识脉络架构的根源，而课程内容的丰富多样化又源于多元学科知识脉络的构建。在课程实施中，教师要把握学生的心理认知需求，凝练各学科的核心素养以及与之相对应的教学主

① 袁利平，杨阳. 施瓦布的"实践"概念及课程旨趣[J]. 全球教育展望，2020，49（1）：18.

张,并依据教学主张开展课程学科建设。唯有如此,课程内容体系才能更加丰富,学生的多元认知需求才能得到更好的满足。除此之外,学科建设应把握各学科间知识的关联性,使之相互交织共融,让跨学科知识成为启迪学生思维智慧的基石。

(三) 社团活动

基于学生个人兴趣选择的社团活动是课程实施中具有独特性的一大路径。社团活动可以满足学生的个性化特征和内心需求,关注和考虑个体差异,为不同潜能和特质的学生提供发展的空间。在丰富多彩的社团活动中,我们可以看到学生遵从自己的内心驱动力在丰富的"调色盘"中选择适合的"色彩"为自己的兴趣"画板"上色,不同的兴趣和能力各得其所,学生的自主能动性得以发挥。

(四) 研学旅行

研学旅行是突破校园空间的局限,引导学生在更广阔的天地中探究未解之谜,发掘关注有趣现象的课程实施路径。研学过程中教师不会过多干涉学生的思考,而是在学生充分感受、体验与观察的过程中激发他们的好奇心,使其基于好奇心激活思考与执行的驱动力。在此过程中,学生置身于社会与自然中,在旅中研、研中探、探中学,在与外界产生联结的过程中提升人际交往能力、逻辑思维能力。

(五) 校园节日

每一所学校都有自身独特的办学特色,因此校园文化活动也不尽相同。校园节日作为学校文化特色的展现,是一所学校教育活动思想以及课程育人功能的体现。校园节日课程可基于文化节日的渊源、节日特色等开展丰富多彩的活动。例如:基于语文学科进行节日文化历史介绍,基于艺术学科进行节日宣传画册手绘、节日文化达人创意展示,基于科学、数学学科进行节日手工项目探究活动等。在此过程中学生将课堂中所学的概念性知识进行实践运用,在运用中内化为对节日文化的理解。

(六) 家校共育

课程实施除了基于学校原生的教育资源,还需要与学生的原生成长环境"家庭"形成强有力的联盟。家校共育的实施过程就是把学校课程的育人理念与家庭教育资源进行有机融合,使得教育经验在双向互补中形成支撑孩子成长的合力。家长可以成为课程实施的设计者与参与者,课程形式可以是社会职业体验讲堂,也可以是以家风家训为主题的家校德育教育课程。学生在此过程中能够多角度地理解社会与家庭的关系,懂得什么是责任与爱,并学会感恩。

(七) 项目学习

课程实施可以是课程设计者全盘操控,将知识经验单向传授的过程,也可以是没有固定指向目标,在过程中生成创造、获取知识的项目式学习。项目学习的过程虽任务明确,但探究主题内容的开放性充满着不确定因素,能够给学生留有足够的施展特长和优势的空间。在项目学习过程中,教师以学习元素的角色参与其中,师生之间在探究中展开平等对话,成为"学习共同体"。在基于项目式主题学习的情境和任务中,学生能够将已有学科知识经验串联起来,并从中获取创造性运用知识的技能。

(八) 环境课程

课程实施路径不仅是基于活动和任务,还可以源于学生朝夕生活的静止空间。校园里的任何场域都是开展课程活动的场所,广场文化、走廊文化、班级文化的设计等都是学生置身于显性环境中精神得以无形滋养的养分。除了以外显的环境激活育人功能外,教师在课程育人过程中的言谈举止、学生身边的榜样等校园人文氛围的营造也是潜在影响学生意志与人格的一部分。

以三亚市第九小学为例,该校的"小水滴"课程在实施过程中围绕"让每一个生命澄澈明亮"的办学理念,全校依据六个年级设置分年级的课程目标和课程内容,依据学生年龄差异和个性特长,创设适应学生的走班选择和实践学习需要的实施范式。课程实施路径主要涵盖"蓝海课堂""蓝海学科""蓝海社团""蓝海之旅""蓝海探究""蓝海专题""蓝海校园""蓝海联盟"等。在此,多维的课程实施路径激活了校园课程生态,使得课程全面育人的价值功能得到最大限度的发挥。

(撰稿者:林欣欣)

创意设计　　"小水滴"课程:走进社会长智慧　亲近自然展灵性

三亚市第九小学坐落于风景秀丽的三亚湾畔边,碧海蓝天、椰风沙滩、四季如春、风景宜人。学校始建于 2005 年 2 月,占地面积 14 196 平方米,现有 46 个教学班,学生 2493 人,教职工 146 人。学校不断探索与追求,创造了一个又一个辉煌,成为三亚教育一颗璀璨的明珠，得到了社会各界的广泛认可。学校先后被授予"全国教育系统先进集体""全国精神文明建设工作先进单位""全国未成年人思想道德建设工作先进单位""全国海洋意识教育基地""全国优秀家长学校""全国文明校园""全国青少年校园足球特色学校""海南省规范化学校""海南省文明校园""海南省师德师风建设先进学校""海南省校本研训示范学校""海南省科技教育示范学校""海南省海洋特色样板学校"等多项荣誉称号。学校现依据《关于深化教育教学改革全面提高义务教育质量的意见》《深化新时代教育评价改革总体方案》等文件要求，系统设计"小水滴"课程体系。

第一部分　学校课程情境

学校分析自身的地理环境、在地文化、政策环境、课程现状、学生需求、教师现状等，形成独特的学校课程情境，为课程改革做好前期调研工作。

一　国家课程改革的宏观诉求

《关于全面深化课程改革落实立德树人根本任务的意见》提出了"五个统筹"的要求，对不同学段、不同学科、课程实施的关键环节、相关力量和重要阵地进行了总体规划和统筹设计。

学校探索的脚步从未停止。时下，"素养"跃升为我国基础教育界的新热点，小学教育的核心任务并不仅仅在于传授知识和能力，而是要寻求儿童的核心素养发展。学生发展核心素养，是指学生应具备能够适应终身发展和社会发展需要的品格和关键能力，具备自主行动、沟通互动和社会实践等基本素养，在社会责任、国家认同、国际理解、人文底蕴、科学精神、审美情趣、身心健康、学会学习、实践创新等方面得到长足发展。

强化学生发展核心素养，这是一次将教育引向深入的课程变革，从知识的教学走向育人的教育。关注学生发展核心素养，改变以往以知识为中心为关注全人的教育，从知识上升到核心素养，这是必然的转变，也是课改时代的要求，更为我们进一步的课程设计提供方向和路径。我们需要将目光放长远，毕竟我们现在培养的学生，在未来10年或20年的时间里将走向社会，学生在小学阶段养成的学习习惯、拥有的视野，将会成为今后走向社会的"锦囊"。

二　三亚的区位优势

三亚，一个热带滨海旅游城市，有着无与伦比的优美的海湾，有着天人合一的自然环境和丰富的人文资源。三亚地区的人们依海而居、与海为伴，与大海和谐共处，这些都给孩子以文化启蒙和文化认同：深海潜水，欣赏多姿多彩的海底世界；海上垂钓，体验劳动的惊喜与快乐；掌舵帆船，感受遨游大海的畅快；走进疍家，感受独具特色的渔民文化……多样的海洋体验，磨炼了学生的体魄，磨砺了其坚强的意志。而以民俗形态传承文化传统的大小洞天龙抬头节、有着悠久历史的崖州古城文化、浓郁的南国珍珠文化和贝壳艺术，更是以其鲜明的特色，丰富了学生的见识，滋养了学生的心灵。

近年来，三亚市沿河建设娱乐休闲设施，强调生态文化主题，突出"白鹭落枝头，鱼蟹栖根底"的红树林景观，与其他国际旅游休闲都市相比更加突出了浓郁的热带风情。希冀能成为中国海洋旅游的样板与标杆的三亚，今后还将重点建设具有国际水准的邮轮母港（基地）、具有国际水准的游艇基地、亚洲一流海上运动基地、海洋爱国主义教育基地。这一切，都在逐步落地。此外，海南热带海洋学院、中国海洋大学三亚海洋研究院挂牌成立。三亚将坚持服务国家战略，重点发展海洋、旅游、民族、生态等学科专业，形成海洋科学、海洋人文等优势和特色学科，致力于培养创新性应用型海洋人才，服务海洋强国战略和海南国际旅游岛建设大局。2015 年 8 月，国家海洋局宣传教育中心还正式命名三亚学院等六家单位为第一批全国海洋文化产业示范基地。

三　学校的课程改革经验

我们希望"小水滴"课程成为发展学生核心素养的载体，成为满足学生兴趣选择、成长需求的途径，将海洋文化精神内涵渗透到学生的生命中，使学生成为具有海洋品质的人，为幸福成长奠基。面朝大海，观海听涛，学校据其独特的海边自然条件，从 2012 年起把海洋教育纳入校园文化建设体系之中，创办海洋特色学校，成为海南省首批海洋教育实验学校，并以"海洋文化特色学校建设的实践与研究"为课题进行海洋特色课程的研究。经过三年的发展，学校编写了海洋校本教材并开展了系列海洋主题综合实践活动。2015 年 9 月，学校新的领导班子秉承着"在传承基础上创新，在改革进程中发展"的办学思路，将地域优势转化为教育资源优势，学校老师群策群力，寻找学校课程的逻辑起点，进一步挖掘和利用地域海洋文化资源,探索学校课程改革的校本之路、特色之路。

四 学生的多样化学习需求

我校的学生,大多数都是土生土长的三亚人。他们在美丽的椰风海韵中成长,在松软的沙滩上奔跑,在欢腾的浪涛中嬉戏,在深厚的渔家文化中延续着父辈对海洋的执着与热爱,他们对熟悉和赖以生存的海洋有着特殊感情,对美丽、神秘的大海有着强烈的探索欲望。引导我们的孩子去了解自己生于斯、长于斯的海洋,去认识、感受其深厚的人文地理;去了解、探究其神奇的奥秘;去关爱、保护其丰富的资源……这将为他们一生的发展,奠定一个坚实丰厚的精神支柱。

第二部分 学校课程哲学

这里,在自然与历史的进程中,海洋陪伴着人们,海洋文化在祖祖辈辈与海洋的互动中孕育而生。孩子就如同大海之中的一滴滴水,是独特的生命个体,通过学校教育的浸润,最终在心中汇聚生命之海。

一 教育哲学

学校教育哲学是学校所信奉的教育思想,是根据学校的现实情境,包括地域文化、师生特点、教学传统等所确定的学校独特的发展方向。

"蓝海教育"是我校的教育哲学。"蓝海"不仅指大海,还代表着未被发掘的市场和用户需求,是经济领域里的"热词"。"蓝海"不是可以凭空找到的,创业者通过对自身经营要素不断进行取舍和组合,方可能获取独享的"蓝海",或者率先找到新的"蓝海",并率先领游。

我们攫取"蓝海"的核心精神,把握其"未知、未被发掘"之意涵;教育的意义亦是如此,有着"异曲同工"之妙。每个孩子都是一个"未知、未被发掘"的个体,海纳百川,方能打开灵性之窗,激发孩子构思事物的想象力、探求事物的行动力、认识事物的理解力,让孩子的潜力最大限度地被激发。

"蓝海教育"直达最真实的生活教育。生活即教育,教育要通过生活才能产生力量而成为真正的教育。学校教育更要注重学生对周围世界与生俱来的兴趣和需求,让课程贴近学生生活,让学生从身边的自然事物开始学习活动。"教育是依据生活、为了生活的'生活教育',培养有行动能力、思考能力和创造力的人。"让学生走出学校,走进社会,走向世界,拓开学习的广度,开阔视野,灵性思考,积淀智慧,成为社会需要的人、世界需要的人。

"蓝海教育"直达最被需要的生命教育。生命教育既是一切教育的前提,又是教育的最高追求。中国人力资源和社会保障部就业培训技术指导中心于2012年5月推出的职业培训课程"生命教育导师"中指出:生命教育,即是直面生命和人的生死问题的教育,其目标在于使人们学会尊重生命、理解生命的意义以及生命与天人物我之间的关系,学会积极地生存、健康地生活与独立地发展,并通过彼此间对生命的呵护、记录、感恩和分享,获得身心灵的和谐,事业成功,生活幸福,从而实现自我生命的最大价值。[①] 我校课程注重放飞学生的灵性,把个体生命发展的主动权还给学生,引导学生认识自己,接纳自己,欣赏自己;接纳他人,学会关爱他人、尊重他人;适应环境,爱护环境,珍惜所有生命。

"蓝海教育"直达最澄澈的纯粹教育。我们钟情于蓝色海洋的那抹蓝,纯粹而清澈,焕发出勃勃的生机。唐修睦《僧院泉》诗云"澄澈照人胆",释义:泉水澄澈得可照人五脏内腑。心如澄澈秋水,身如不系之舟。可见,完全可以用一个人内心是否"澄澈纯粹"来衡量一个人是否人格健全。在当今人心浮躁、失去自我的社会背景下,教育应该承担起培养人格健全、知识丰富的新一代的重任。人格健全为根本,这是教育应有的责任和担当。培养人格健全的人,教育首先应该努力创设一定的德育环境,通过各种各样的显性的和隐性的德育课程,引领学生发展。教育更应是一扇门,推开它,满是阳光和鲜花,它能给孩子带来自信和快乐,使其绽放童心、童真、童趣,直达澄澈明亮的精神世界。

基于"蓝海教育"的教育哲学,我校确立办学理念"让每一个生命澄澈明亮",确定学校的教育信条。

我们坚信,

教育是诚挚敞亮的对话;

我们坚信,

好学校永远是温润清朗的;

---

① 路杨. 当代大学生生命教育[M]. 武汉:武汉大学出版社,2014:8.

我们坚信，

纯粹清澈的教师是最美的；

我们坚信，

每一个孩子都是澄澈的小水滴；

我们坚信，

让每一个生命澄澈明亮是教育神圣的使命；

我们坚信，

走进社会长智慧、亲近自然展灵性是教育最舒展的姿态。

我们透过"蓝海精神"，向孩子传递一种教育态度、热情，展现的是一种全新的"蓝海情怀"，将本地区祖祖辈辈传承下来的开拓进取的精神及大海一样深邃、包容、博大的气质融入孩子的教育之中。通过"蓝海"表达我们九小教育的理想和追求：如同"蓝海"一样纯粹——遵循教育规律，回归教育原点，尊重天性、激发灵性、发展个性；如同"蓝海"一样清澈——培养宽广、纯洁、至真、至善、至美的人性。

二 课程理念

基于上述办学理念的理解，我校确定了这样的课程理念：走进社会长智慧，亲近自然展灵性。

——课程即广阔世界。生活即教育，社会即学校，课程不应拘泥于教材，也不应拘泥于教师的教学经验、生活实践，世界万物均可成为课程资源，成为学生个性发展的重要因素。学生应走出学校，走进社会，走向世界，拓开学习的广度，开阔视野，灵性思考，积淀智慧，成为社会需要的人、世界需要的人。

——课程即生命体验。以生活世界为基点，关注学生的现实生活，关注学生的交往活动，将学生丰富多彩的生活融入课程，让学生走进社会、亲近自然，聆听生命的声音，感受自然的神奇，探寻生命的意义，使学生的生命体验化为课程，使课程真正成为促进学生生命发展的平台，激发学生构思事物的想象力、探求事物的行动力、认识事物的理解力，让学生的潜力最大限度地被激发。

——课程即灵性舒展。学习活动是主动探索、创造生成的过程，充满灵性。课程就是学生舒展灵性的空间，是学生创造奇迹、探索世界的窗口，课程应该放飞学生的灵性,把个体生命发展的主动权还给学生,充分发掘学生自身的潜能,让学生心灵内部的灵性充分生成,成为活力四射的少年。

——课程即智慧生成。教育就是用他人的智慧激发学生的内在智慧潜能。课程是让学生尽情释放自己思维感受的过程,是与智慧相伴生成的。课程将学生的智慧火焰点燃,让学生从知识学习走向智慧生成,从培养知识人转为培养智慧者。

我们倡导"蓝海教育",追求舒展灵动的教育姿态,坚守"让每一个生命澄澈明亮"的办学理念,精心设计学校课程内容、开展有意义的实践活动,让课程理念成为孩子成长的基石,让孩子"走进社会长智慧,亲近自然展灵性"。我们用"蓝海精神"濡养儿童的精神内涵,构建体现"蓝海教育"特质的"小水滴"课程,让"蓝海精神"在九小孩子的成长过程中弘扬和光大。

第三部分 学校课程目标

在办学实践中,每一所学校都要基于国家培养目标,建立起具体的、便于在实践中落实的、能切实引领学生发展的学校育人目标。学校育人目标既要体现学校教育的追求,也要体现学校的文化特色。

一 育人目标

我校培养品格澄澈、学识渊博、创意奔涌、体魄强健的"蓝海少年"。其具体内涵阐述如下:

——品格像大海一样澄澈。六年课程学习宛如自然、轻柔的海风,慢慢地唤醒孩子灵魂深处的真情知、真本性,引导他们向善、向美、自信、自爱,在生活上心胸宽广、关爱生命,在集体中发展自我、担当责任,进而形成宽厚博大的胸怀,拥有坦坦荡荡的人格魅力。

——学识像大海一样渊博。渊博的学识可为行动正确导航,勤于实践才能觅得真知。凝练"蓝海精神",必须以渊博的知识为底蕴,乐学善学,多思善问,勤奋不辍;同时要活学活用,用实践检验知识,成就成长的无限可能,如此每个孩子才能像小水滴那样晶莹剔透。

——创意像大海一样奔涌。学生受到海洋文化潜移默化的熏陶和感染,内化为积极向上的精神动力,兴趣广泛,善于合作,勇于探究,拥有开拓创新、锐意进取的勇气,以及创新思维和鲜活的创造能力,成为如浪涛一般热情、自主、创新的灵动之人。

——**体魄像大海一样强健**。以海相伴、扬帆逐浪蕴含着催人奋进的无穷力量,孕育着坚韧不拔的毅力和永不满足的精神。将海的生气勃勃的基本特征融入学校教育,培养自主健身、乐观开朗、健康生活的"蓝海少年"。

二 课程目标

依据九小全体师生的课程愿景,我们将育人目标细化,并结合学生年龄差异,划分各年级课程要求,厘定"小水滴"课程目标。(见表 5-1)

表 5-1 三亚市第九小学"小水滴"课程目标

目标\年级	品格澄澈	学识渊博	创意奔涌	体魄强健
一年级	喜欢参与学校活动,在老师指导下逐渐学会与同学友好相处;遵守学校纪律,养成良好的卫生习惯,主动亲近同伴。	掌握一年级课程标准规定的知识内容。基本养成良好的学习习惯,在老师的指导下进行阅读,能提出感兴趣的问题。	喜欢亲近大自然,乐于参与家庭生活的事务,愿意与他人合作。	乐于参加各种体育游戏活动,感受体育运动带来的乐趣,会玩 1 项体育游戏,愿意主动亲近同伴。
二年级	能遵守学校纪律,讲文明懂礼貌。自己能做的事情自己做,有小主人意识。能用自己喜欢的方式表达自己对美的感受。	爱学习,掌握二年级课程标准规定的知识内容。养成良好的学习习惯。喜欢阅读并能与他人简单地交流。课堂上能主动思考,发言积极。	愿意亲近大自然,能围绕主题大胆想象与推测,尝试多角度认识一些常见的自然现象和规律,从中感受科学探究的乐趣。	初步掌握简单的技术动作,学习正确的身体姿势;会玩 1—2 项体育游戏。在班级里结交几个好朋友。

目标 年级	品格澄澈	学识渊博	创意奔涌	体魄强健
三年级	注重个人礼仪,主动与父母沟通交流,体谅父母的辛苦。掌握1—2种劳动技能,提高劳动水平;能与他人友好合作,积极为班集体做出自己的贡献。	掌握三年级课程标准规定的知识内容。养成良好的预习习惯;寻找校园内、生活中有趣的学习活动,体验学习的快乐。	能够从生活中提炼自己感兴趣的问题并想方法解决;提高动手能力,能够利用废旧物品创作。	掌握简单的技术动作,并乐意向他人展示,在学习、运动中避免危险。在日常学习和生活中提高与同伴协调配合的意识、培养团结合作精神。
四年级	愿意倾听、会与他人分享;养成爱劳动的习惯,提升生活自理能力。能运用美术、音乐等艺术语言大胆想象和创造性地表现。有一定的欣赏美的能力。	热爱学习,掌握四年级课程标准规定的知识内容。养成良好的学习习惯,有自己的兴趣与爱好,坚持阅读,有自己的观点并能清楚地表达。会做读书笔记。能通过喜欢的方式表现所见所闻。	热爱生活,热爱自然,养成独立思考的习惯;能表达自己的观点,乐于参与探究学习,了解科学探究方法的一般环节,会自主创作,体会创新的乐趣。	会做简单的组合动作,乐意向他人展示;初步具有正确的运动姿势;有较好的平衡协调能力;养成坚持锻炼的习惯,形成健康的生活方式;培养乐观向上的生活态度。
五年级	能站在他人立场理解问题,会感恩、能包容,孝敬父母,懂得在劳动实践中体验,获取美的感受和劳动带来的乐趣。	掌握五年级课程标准规定的知识内容。能应用文化课知识进行策划、制作、表演与展示。	对生活中新奇的事物有探究欲望;根据基本的科学原理和经验,设计出选题方案,并尝试实施。	通过各项运动,培养团结协作精神和集体主义精神,进一步掌握运动的基本技术和避险方法;初步了解青春期健康知识。

目标\年级	品格澄澈	学识渊博	创意奔涌	体魄强健
六年级	能明辨是非,善纳新、敢担当,具有积极向上的人生态度。在劳动实践中获得成就感,初步形成健康的人生观和价值观。在集体面前大胆地表现自己,充满自信。	掌握六年级课程标准规定的知识内容。有浓厚的兴趣,找到适合自己的学习方法。能制定自己的学习计划,能将所学知识运用于实践,能提出问题。	能从不同角度思考问题;学会采访调查、分析归纳的方法。善于合作,善于创作,善于发现问题、提出问题和解决问题。	能积极参加体育活动,保持愉快的心情;能用正确的姿势学习、运动和生活,了解青春期的卫生保健知识;能够参与2—3项体育特长项目。

第四部分　学校课程架构

为了实现上述课程目标,我校建构了"小水滴"课程体系,形成相对独立又共通融合的课程架构,以实现学校育人目标。

一　课程逻辑

"蓝海教育"核心文化体系包括教育哲学、办学理念、课程理念、课程模式等。(见图5-1)学校文化于一所学校的意义,犹如灵魂于生命、思想于人类,是一所学校凝聚力和活力的源泉,是办学实践的指南、课程建设的基础、特色形成的关键和学校成熟的标志。

遵循学校的发展规律,提炼学校的教育哲学,从经验办学走向思想信念办学,需要系统思考整个学校教育的来龙去脉,基于区域特色对办学理念、课程进行思考,带上师生所熟悉的三亚印记,将所学、所思、所想形成的实践智慧用一线的话语方式表达出来,让课程逻辑变得更为清晰、更加完善。

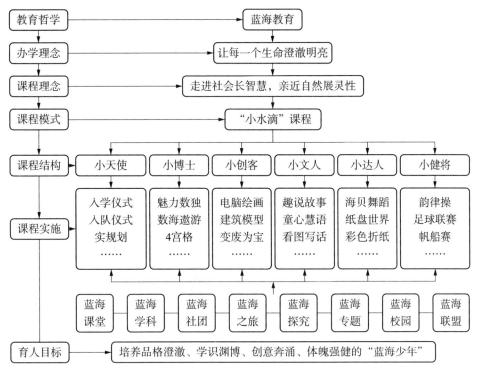

图 5-1 "蓝海教育"核心文化体系

二 课程结构

根据儿童多元智能以及"蓝海少年"的育人目标,在梳理和架构各个门类课程中,本着"横向连接、纵向贯通"的原则,我们将"小水滴"课程分为以下六个板块:"小天使"课程、"小博士"课程、"小创客"课程、"小文人"课程、"小达人"课程、"小健将"课程。(见图 5-2)

上述六大类课程板块聚集于多个领域,具体来说:

(1)"小天使"课程指向自我与社会领域,包括仪式课程(入学仪式、入队仪式、毕业仪式)以及"校内礼仪、校外礼仪、红色之旅、我 10 岁了、守规则、身体的秘密、我是海洋小卫士、走进社区、男生女生"等课程。在"小天使"课程的学习中,孩子的品行更端正了,心灵更美了。

(2)"小博士"课程指向逻辑与思维领域,包括"数学魔方、魅力数独、理财有道、拍七令、奇妙的图形密铺、9 宫格、小小粉刷匠、必胜策略"等课程。"小博士"课程以

图 5-2　三亚市第九小学"小水滴"课程结构图

学生活动为载体,以培养学生的逻辑思维能力为目的,真正释放每一个生命体蓬勃的学习活力。

（3）"小创客"课程指向科学与技术领域,包括"电脑绘画、玩转水世界、学做纸飞机、建筑模型"等课程。在"小创客"课程学习中,孩子动手动脑,思维更敏捷;尝试探索,创新意识更强;见识更广阔,视角更敏锐。

（4）"小文人"课程指向语言与表达领域,包括"趣说故事、我爱读写绘、童心慧语、看图写话"等课程,多渠道地挖掘和提升学生的言语能力,促使学生敢于表达、乐于表达、自信表达。

（5）"小达人"课程指向艺术与审美领域,包括"纸盘世界、创意黏土、色彩大玩转、彩色折纸"等课程。在"小达人"课程学习中,孩子的品位更高了,气质更优雅了,情感更丰富了。

（6）"小健将"课程指向运动与健康领域,包括"韵律操、花式篮球赛、足球联赛"

等课程。在"小健将"课程学习中,孩子的身体更加强壮,心灵更加阳光。

"小水滴"课程体系是对学校全部育人活动的重建,不仅包含学校自主开发的校本课程,也包含国家课程、地方课程,是国家课程校本化、校本课程主题化、兴趣活动课程化的载体,在每个板块课程中,我们围绕学校课程内容和学生能够参与的实践活动,架构了 N 个小科目,这些小科目是根据学生的兴趣需求,结合可利用的课程资源情况开发建设的。

三 课程设置

为了"小水滴"全面发展,凸显学校育人特色,我校严格执行国家颁布的课程设置方案,执行三级课程管理。除了基础课程之外,我校深度挖掘地区课程资源,与学科知识内容深度融合,加强学生与生活的联系,推进学生对自然、社会和自我之间内在联系的整体认识与体验,发展学生的创新能力、实践能力以及良好的个性品质,全面系统地规划与设计学校课程,建构"小水滴"课程体系。(见表 5-2)

表 5-2 "小水滴"课程设置表

学期	小天使	小博士	小创客	小文人	小达人	小健将
一上	入学仪式	魅力数独 生活小管家 图形大变身 奇妙火柴棒	三亚湾之行 炫酷沙滩城堡 电脑绘画 自己的事情自己做	我们的身体 我爱读写绘(一) 多维阅读1级	小小一粒沙 海贝舞蹈(一) 创意瓶子坊 纸盘世界	韵律操
一下	入队仪式	数海遨游 生活小达人 多彩七巧板 设计小能手	玩转水世界 学做纸飞机 拼装变变(一) 我学会当值日生	趣说故事 我爱读写绘(二) 多维阅读2级	大海摇篮 海贝舞蹈(二) 彩色折纸(一) 创意黏土(一)	
二上	身体的秘密	4宫格 理财小达人 图形的剪拼 绳子中的数学问题	分界洲之旅 生活中的科学 科学幻想画	一片叶子落下来 童心慧语 看图写话(一) 多维阅读3级	海边的童话 戏剧表演(一) 彩色折纸(二) 创意黏土(二)	花式篮球操

学期	小天使	小博士	小创客	小文人	小达人	小健将
二下	守规则	24点（一） 让消费最优化 美丽的轴对称图形 天平上的数学问题	海洋生物我喜欢 拼装变变变（二） 我是妈妈的小助手	说说有趣的动物 看图写话（二） 多维阅读4级	看大海 戏剧表演（二） 丝网花艺（一） 色彩大玩转	
三上	校内礼仪	数学魔方 打折了 趣味"多连块" 我们身上的尺子	槟榔谷之行 三亚小吃面面 简单的车辆模型 自己的衣服自己洗	小主持人 我爱故乡——三亚 多维阅读5级 英语趣配音（一）	大海的故事 琼音戏韵（一） 丝网花艺（二） 七彩海贝（一）	羽毛球团体赛
三下	校外礼仪	24点（二） 怎么购买合适呢 寻找捷径 填数游戏	海味特产大调查 生活中科学观 编程课程入门 红领巾小岗位	多彩日记 字有道理 多维阅读6级 英语趣配音（二）	海边的童话 时光 琼音戏韵（二） 七彩海贝（二）	
四上	红色之旅	拍七令 厚惠有期 奇妙的图形密铺 优化方案	呀诺达之行 做一道有特色的 海鲜美味 建筑模型 水滴凳小主人	拍卖会 笔下生花（一） 玩转四季之秋冬 古诗词大会 多维阅读7级 英语戏剧（一）	我心中的大海 管弦乐（一） 艺美童话（一） 石上花开（一）	足球联赛
四下	我10岁了	解密中医 理财有道 美丽变换 鸡兔同笼	做一次海鲜主题的 调查活动 种植一种植物 编程课程基础篇 淘宝网上购物计划	笔下生花（二） 灵性少年海岛行 古诗词大会 多维阅读8级 英语戏剧（二）	想看大海的女孩 管弦乐（二） 艺美童话（二） 石上花开（二）	
五上	我是海洋小卫士	9宫格 理财计划 小小粉刷匠 必胜策略	守护红树林 设计了一份"美丽 计划" 变废为宝 书吧管理员 小交警体验	超级演说家 妙笔花开（一） 国学经典 多维阅读9级 英语戏剧（三）	大海也是我的家 印象椰岛（一） 水墨飘香（一） 石上花开（三）	帆船赛

学期	小天使	小博士	小创客	小文人	小达人	小健将
五下	走进社区	"柯南"断案 "销售"的奥秘 趣味拼搭 巧分遗产	椰风海韵我导游 设计一份旅游攻略 航天模型 综合技能机器人(一) 威武小海军	辩论社 妙笔花开(二) 人物成语大聚会 多维阅读10级 英语戏剧(四)	水珠与大海 印象椰岛(二) 水墨飘香(二) 沙飘画舞(一)	
六上	男生女生	开心计算 小小理财师 数学万花筒 数形结合	深海研究所之行 采撷三亚历史 编程猫 红领巾小主人	走进革命岁月 妙笔花开(三) 善表达　乐分享 多维阅读11级 英语手绘(一)	海这边海那边 黎族印记(一) 服装设计(一) 沙飘画舞(二)	跆拳道操
六下	毕业仪式	神机妙算 财富体验 图有千千结 抽屉原理	走访疍家人 科技小发明 综合技能机器人(二) 消防紧急疏散演练	妙笔花开(四) 走进科学 多维阅读12级 英语手绘(二)	小小沙 黎族印记(二) 服装设计(二) 沙飘画舞(三)	

第五部分　学校课程实施与评价

学校创新课程实践的时空和实施策略,以微课程、短课程、长课程、长短课程相结合等形态,将平面的表述转化为立体的教育教学实践,灵活地展开课程学习,课堂中看见学生,校园中看见课程,操场上看见活动。

全校六个年级全面实施"小水滴"课程,依据学生的年龄差异和个性特长,设置分年级的课程目标和课程内容,适应学生的走班选择和实践学习的需要。

一　建构"蓝海课堂",提升课程实施品质

根据学生的学习需求,学校对国家课程进行校本化解读,打破学科壁垒,整合学科资源,实现系统整体性的深度学习,构建了"蓝海课堂",以实现课程品质的提升。教师以问题为导向,为学生搭建起探索未知、自主提升的舞台,让学生在问题的激发和引领下主动参与到知识建构的过程之中。"蓝海课堂"以学生丰富的个体差异性为基点,激发学生的创造力,使其在合作探究中建立学习共同体,锻炼学生的能力,培育学生的人格,助力学生在时代前进的步伐中持续成长。

(一)"蓝海课堂"的实践聚焦

"蓝海课堂"是大问题课堂。大问题,是"蓝海课堂"的起点,由教师搭建探索的舞台,致力于培养学生自主发现问题、积极解决问题。大问题课堂把问题作为学生成长的阶梯,激发其问题意识,提升其思维能力,让学生成为生活的探索者,让教师成为课堂的生成者。

"蓝海课堂"是大概念课堂。大概念,是"蓝海课堂"的聚焦。大概念意味着集最精华、最本质、最核心、最有价值的课堂内容为一体。学生在提炼的共性中迁移、运用,在独特的个性中深度学习、整体学习,学生像科学家一样思考。蓝海课堂中,我们将素养和教学结合,搭建灵活系统的知识网络,培养人格健全的高素质公民。

"蓝海课堂"是大智慧课堂。大智慧,是"蓝海课堂"的追求。教师尊重差异,培养学生个性,高效灵动,融合创新。学生在多元的课堂中质疑思考,合作探究,提升能力。师生教学相长,智慧共生,构建学习共同体。

"蓝海课堂"是大情怀课堂。大情怀,是"蓝海课堂"的内核。大情怀里浸润着民族情怀,大情怀里覆盖着国际视野。大情怀课堂是充满生命力的课堂,让学生探索自我、社会、自然的奥秘。大情怀课堂是紧跟时代的课堂,让学生全面发展,海纳百川。

基于上述考虑,"蓝海课堂"教学范式引领下的课堂,合理地组建学习小组,基于大概念理念,创设学习情境,设计大单元活动,引导学生大胆质疑,促使探究学习动态生成,让课堂真正成为师生、生生情感相遇的纽带,展现高参与、高协同的学习氛围;教师观念从"学科教学观"转向"学科教育观",从"学科本位""知识本位"回到"育人本位"。课堂更成为师生生命绽放的舞台,课堂因灵动而充满教学的智慧和诗意。"蓝海课堂"的最终目的是使"以人为本"的质量观得以落实,"以生为主"的教学观得以体现,"以学为本"的学习观得以实践,"多元评价"的学生观得以践行。

(二)"蓝海课堂"的评价标准

秉承真实性、过程性、生成性、发展性的原则,我们强调在真实生活情景下对学生的学习、成长、发展进行评价,重视教学过程中常态的、静态的因素,关注动态变化,关注教师对教学策略的自主构建和应用以及对教学组织的不断调整,倡导自主合作探索的教学方式,追求动态、开放、平等、灵活的课堂教学。(见表5-3)

表 5-3 "蓝海课堂"的评价标准

指标		A	B	C
教师的教		情境创设真实,问题导航精准,能极大地调动学生解决问题、主动学习的积极性。	问题导向清晰,情境创设贴切学生生活,较好地调动学生主动学习的积极性。	教学中有问题导向意识,可以调动学生学习的积极性。
		重视学科内整合,勾连多学科,综合设计学习活动。	能整合学科内的知识链,合理设计学习活动。	能整合单元教学,学习活动能满足教学要求。
		关注学生差异,重视课堂生成,能进行分层教学。	关注学生,根据课堂生成调整教学策略。	合理把握课堂节奏,运用教学策略。
		师生互动融洽,课堂氛围活跃。	师生关系和谐,课堂状态良好。	课堂氛围较好。
学生的学		课堂准备充分,学习习惯好。	学习习惯较好。	学习习惯一般。
		专注度、参与度高,积极思考,敢质疑,善提问,能灵活运用多种方法解决问题。	课堂参与度较高,发言较主动,能针对问题发表观点,尝试解决问题。	基本能参与课堂,回答问题。
		在小组学习中能发挥作用,同学相处愉快。	学习情绪良好,能自觉参与小组合作学习。	能参与小组合作学习,同学关系良好。
学习效果		教学目标达成率高。	教学目标达标率较高。	基本能完成教学目标。
		学生有浓厚的学习兴趣和强烈的探究欲望。	学生学习兴趣和探究意识较强。	有一定学习兴趣,有初步的问题意识。
		学生综合运用自主、合作、探究等多种学习方式解决问题,思维能力得到极大的提升。	学生学习方式多样,运用学科知识解决问题的能力有较大提升。	学生运用学科知识解决问题的能力有所提升。

　　课堂是课程实施的主阵地,课堂教学质量影响着课程改革的质量。在大问题课堂、大概念课堂、大智慧课堂、大情怀课堂的理念指导下,"人人都是小先生"的教

育价值观得以推进。开放的课堂文化培育心灵自由奔放的儿童,让孩子透过课堂这一窗口,看到不一样的世界,认识更多样的自己。

二 建设"蓝海学科",丰富学校课程内容

我们在国家课程的基础上,依据课程标准,依据学生的年龄特点,鼓励教师将学校的课程理念、目标与国家课程教学过程相结合,融入区域资源,在其深度、广度和学科整合上进行二次开发,从而使学科课程得以拓展、延伸、整合。"蓝海学科"以"1＋N"的路径,依据各学科的特点,创建学科特色,使学科呈现蓬勃的活力,实现学科素养的真正落地,切实把"让每一个生命澄澈明亮"的办学理念渗透到大学科的育人情境中;同时落地"小水滴"课程的育人目标,让每一个九小学子能在小学六年中体验不一样的课程。

(一)"蓝海学科"的建构与实施

1. 灵动语文

灵动的语文教育来自丰富的学习资源,来自深刻的思想,来自自由的生活。真正的灵动的语文生成在师生的思维碰撞中,生成在儿童的对话中。"灵动语文"教学的本质是容纳开放,价值引领。"灵动语文"的课堂是多元的、目标明确的课堂,是立足于生本思想的,旨在唤醒课堂回归,将课堂还给儿童,是扎实朴素、互动生成、智慧生长的课堂,是按"实效—高效—灵动"的梯次推进的课堂。对儿童而言,"灵动语文"课堂是自由、愉悦、自主、探究的课堂,是以人为本的,凸显生活教育的特色、儿童的主体地位的,尊重儿童的生命价值的课堂。对教师而言,"灵动语文"课堂是教师倾听、尊重、宽容、智慧的课堂,是实现教学相长和共同发展的课堂。对课堂而言,"灵动"是生命力,是教师和儿童共同学习、共同成长的生命场;"灵动"是学习力,是师生、生生合作探究的能力提升;"灵动"是感动力,是师生情感交融、生命引领的暖流。"灵动语文"课堂以构建"动态、开放、平等、灵活"的课堂文化为目的,为儿童构建一个丰富知识、发展能力、完善人格的课堂,促进师生共同实现生命的健康生长。

"灵动语文"学科课程群包含"趣说故事、童心慧语、看图写话、小主持人、字有道理"等。

2. 乐思数学

"乐思数学",是尊重生命个体的数学课程。面向全体儿童,我们要做适合学生发展的数学教育,让每一个儿童在数学学习中既有共性的发展又有个性的凸显,达到"人人都获得良好的数学教育,不同的人在数学上得到不同的发展"。

"乐思数学"在教学中巧妙创设情境,激发学生的学习兴趣,营造宽松和谐的课堂氛围,设计各种探索活动,引导学生学会用数学的眼光关注情境。在开放的学习情境中,通过多种学习方式,儿童不仅要"学会"(即掌握知识),更要"会学"(即掌握方法、发展思维、形成能力),学会用数学的眼光观察世界,用数学的思维方式分析解决现实生活问题。教师教学方式多样化、评价多元化,最大限度激发学生的学习兴趣,发展学生的个性,促进目标的达成。"乐思数学"要展现教学手段丰富化、学习资源生活化、学习活动自主化、评价多元化的特点。

"乐思数学"学科课程群包含"美丽的轴对称图形、我们身上的尺子、9宫格"等。

3. 智趣英语

英语教学是学习语言知识的过程,更是能力和思想得到发展的过程。我们希望让每一个孩子快乐地、努力地参与到趣味盎然的英语学习过程中去,通过不断地感受、体验和思考,获得语言能力,开启智慧,逐渐形成具有个性的全人。因此,我们提倡有乐趣、有思考、得智慧的"智趣英语"。我们的"智趣英语"课堂在充满趣味的英语教学活动中,让儿童能够在语篇情境中体验语言知识,开发思维想象,让其英语综合运用能力得到提高,思维品质得到提升。"智趣英语"课堂具备两大特点。首先,"智趣英语"课堂是体现全面性教学目标,尊重儿童的主体地位,了解儿童的心理需求,允许不同见解,使教学活动体现民主性的教学过程;同时是有乐趣的、充满活力的学习过程,在学习中充分调动儿童耳听、眼看、手写、脑思等,培养儿童听、读、说、写、看等语言技能。其次,"智趣英语"课堂有情境的任务型教学活动,在教学活动中激活儿童的新旧知识联系,激起认知冲突,激发思考欲望;尊重儿童结论,使用激励性评,使儿童获得学习体验和成就。

"智趣英语"学科课程群包含"多维阅读、英语趣配音、英语戏剧"等。

4. 理趣科学

科学课堂立足儿童的年龄特征、自然认知,关注儿童的科学探究与日常生活的连接点,采用儿童喜闻乐见、充满趣味的方法,让儿童在趣味盎然的活动中建构新的认知体系,感受到科学学习的智趣、情趣、乐趣。"理趣科学"的"理"是这门学科的定位与主旨,引领儿童通过各种探究活动,获取各种事实证据,发现科学规律,掌握科学知识,形成科学态度,树立科学精神。让儿童像科学家一样去探索,这是科学教育改革中的主旋律。"趣"符合儿童的年龄特征和认知规律,科学课堂内容和活动要吸引儿童,富有童趣。因此,在小学科学教育教学中:"趣"乃课堂教学的外在追求;"理"则为课堂教学的内在价值;而"趣理科学"是趣蕴于理,理融于趣,趣理相生。根据儿童的年龄特征及教材内容,小学阶段不同年段的科学教育教学的"理"和"趣"的侧重点并不一样。低年段是"趣中藏理";中年段是"趣理相融";高年段是"理中有趣"。儿童在不断求索的过程中获得探究的乐趣。我们希望打造寓理于趣、理趣相融的科学课堂,让每一个科学老师和孩子都成为这曲动听的科学教育改革旋律中欢快跳跃的音符。

"理趣科学"学科课程群包括"航模、变废为宝、炫酷沙滩城堡"等。

5. 悦润音乐

根据我校倚靠大海这一独特的地理位置和环境资源,音乐学科践行"悦润音乐"的教学主张,彰显音乐学科与地域文化紧密关联的特性,旨在通过愉悦、感化人心的音乐教学达到从感受旋律美,进而人格得以浸润和滋养的培育目的。"悦润"体现于寓乐感心,教学过程中我们紧密结合地域特色文化并将其贯穿学科教学,以"润"为滋养的方式提升儿童的音乐素养,让儿童在妙音玄韵中感受音乐之美。"悦润"还紧密围绕《义务教育艺术课程标准(2022年版)》中的课程理念"充分发挥艺术课程在培育学生审美和人文素养中的重要作用"等展开。"悦润"还指通过动人悦耳的音乐、愉快的学习氛围陶冶学生的情操,让其心灵在得以滋养的过程中提升审美情趣。

"悦润音乐"学科课程群包含"海贝舞蹈、大海摇篮、看大海、戏剧表演"等。

6. 溢彩美术

美术课程以对视觉形象的感知、理解和创造为特征,以儿童的认知需要为出发点,教师通过适当地引导激发学生的创意,使其以个人或集体合作的方式,运用各种工具、媒材自由表达与创造,因此,美术课堂应该是开放的、自由的、快乐的。让儿童"溢彩"的美术就是让儿童的想象力和创造力在课堂中得到彻底的激发与引导,同时创造多维互动的有利于儿童自主学习的课程,让儿童在实践中发现美、在宽松的氛围中感受美、在自由的创作中创造美。"溢"可以理解为儿童在美术课堂上乐于欣赏、乐于思考、乐于创作,在美术活动中获得满足感,而这些满足感就像是泉水充满后流溢出来。"彩"更多地意指通过美术课堂引导儿童正确区分概念性色彩和感情色彩,提高儿童对于色彩的敏感性和独见性,使得儿童能够将这些色彩融入自己的情感中而更富有人文情趣;其主要目的是调动儿童对色彩的全面理解和把握,从而提升每个儿童的艺术创新能力。科学的色彩教学能引导儿童用自己丰富的内心去感受生活,去体会生活中的美。

"溢彩美术"学科课程群包含"创意瓶子坊、纸盘世界、彩色折纸、创意黏土"等。

7. 跃健体育

校园体育文化的宗旨是培养儿童的体育精神、体育意识和体育技能,提高儿童的体育文化素养,增进儿童的身心健康,在此宗旨指导下学校开展多种多样的校园体育文化活动。"跃健体育"中"跃"指的是课中课堂气氛活跃,孩子思维活跃、情绪欢跃,对体育技能的学习跃跃欲试,在技能学习过程中能力得到跃升,最后实现身体健康。因此,我们着力打造"跃健体育课堂",立足于孩子的年龄特征、身心发展规律,通过合理的体育活动安排,使孩子跃动起来,从中迅速提升,快速前进;培养孩子的运动技能和运动能力,让孩子的思维活跃起来,实现身心上的腾跃、超越;达到培养儿童的综合能力、促进儿童的和谐发展的目的。

"跃健体育"学科课程群包含"韵律操、花式篮球、羽毛球团体赛"等。

我校各学科依据课程标准,根据学科特点,提炼学科教学主张,建设"蓝海学科"特色,除以上学科之外,"思行道德与法治""云创信息技术"等都在探索中。

"蓝海学科"着眼于学科的视角、教育的视角、儿童的视角,在学科主张的引领下灵活安排课程授课时间,合理安排课程内容,发展儿童的思维能力,拓宽儿童的视野;以活动与体验相结合的方式进行教学,启发儿童的智慧,将国家课程与地方特色文化相融合,使得儿童体验所学知识的价值,形成良好的学习习惯和意识,在参与和体验的过程中爱学习、善学习、乐学习,有效落实国家课程的学习;既丰富了国家课程,又突显了学科特色,使课程成为孩子成长的基石。

(二)"蓝海学科"的评价要求

"蓝海学科"依据课程标准,设计科学合理的教育教学活动,扎实有效地提高学生的学科素养。"蓝海学科"评价指标引导教师科学合理地开发与实施学科课程。(见表5-4)

表 5-4 "蓝海学科"评价指标

评价指标		A	B	C
2.1	学科课程	建成"1+N"学科课程群;学科课程校本化建设非常成熟,课程内容具有丰富性、趣味性,成为孩子乐于参与的课程与活动。	基本建成"1+N"学科课程群;学科课程校本化建设比较成熟,课程内容具有丰富性、趣味性,成为孩子愿意参与的课程与活动。	正在建设"1+N"学科课程群;学科课程校本化建设逐步探索中,形成零散的课程实践案例和活动设计。
2.2	学科教学	充分彰显"灵动课堂"的特征,教学方式适合小学生的年龄特点,教学过程善于激发学生的兴趣,促进其思辨,充分调动学生的积极性;教学资源配置丰富。	基本体现"灵动课堂"的特征,教学方式适合小学生的年龄特点,教学过程基本能够激发学生的兴趣,促进其思辨,基本能调动学生的积极性;教学资源完成基本配置。	待进一步彰显"灵动课堂"的特征,教学方式基本适合小学生的年龄特点,教学过程基本考虑学生的兴趣,努力调动学生的积极性;教学资源需要进一步丰富。
2.3	学科学习	注重学生的体验学习和问题探究,学生的学习效率和学习效果进步显著,学习评价做到公平、和谐而有效。	基本注重学生的体验学习和问题探究,学生的学习效率和学习效果进步较大,学习评价基本做到公平、和谐而有效。	需要关注学生的体验学习和问题探究,学生的学习效率和学习效果进步不大,学习评价需要研究公平、和谐而有效的做法。
2.4	学科团队	学科团队建设成熟,学科团队活动制度健全,研修活动正常有效,团队文化积极向上。	学科团队建设基本成熟,学科团队活动制度相对健全,研修活动正常有序,团队文化积极向上。	学科团队建设有待成熟,学科团队活动制度需要健全,研修活动按期开展,努力营造团队文化。

三 创设"蓝海社团",发展儿童兴趣爱好

我们认为,差异造就了世界的多彩。"蓝海社团"关注学生的个性化需求,促成学生差异性的发展,开阔学生的视野,陶冶学生的情操,让不同兴趣、能力、需要的学生各得其所,为不同潜能和特质的学生提供发展的空间。社团课程的建设为学生提供可选择的个别差异性课程,社团课程着眼"好玩",满足了学生的多元选择,更重要的是让学生在过程"玩好",发挥了课程整体育人功能,丰富了学生的经历与见识,激活孩子的成长动力。

(一)"蓝海社团"的主要类型和实施路径

学校开发丰富、多元、可供选择的社团课程资源,并且做到"三个匹配""两个100％":一是与学校的育人目标相匹配,二是与学生的兴趣需求相匹配,三是与教师的特长爱好相匹配;实现了教师开课率和学生参与率两个100％。

"蓝海社团"有语言类、思维类、科技类、艺术类、体育类、劳动类等六大类七十多个社团。

(1)语言类社团有"宋词情韵社团、童言童话社团、字有道理社团、超级演说家社团、绘读趣读社团、英语趣配音社团、英语戏剧社团、法语社团、日语社团"等。

(2)思维类社团有"'奥'游数学社团、奇妙的九宫格社团、奇妙的数独社团、思维阶梯社团、小小设计师社团"等。

(3)科技类社团有"少年海岛行社团、玩转科学社团、编程猫社团、深蓝创客社团、人工智能社团"等。

(4)艺术类社团有"沙飘画舞社团、皇帝的新装社团、胡声琴语社团、吸管小画家社团、七彩海贝社团、合唱社团、石上花开社团"等。

(5)体育类社团有"海精灵足球社团、飞扬乒乓社团、心随羽动社团、啦啦操社团、篮球社团、帆船社团"等。

(6)劳动类社团有"烘焙社团、插花社团、自然劳动社团"等。

社团课程采用跨年级走班上课的形式。每个周五下午成了学生翘首期盼的日子。社团课程的基本实施路径是:教师(校内外)根据特长兴趣申报社团课程——教师撰写课程纲要——课程中心审核——发布选课信息——学生线上选课——社团开课——课程中心全程监督指导——社团展示——社团总结评价。

教师都想尽办法提升课程的吸引力,而选课过程中,师生角色实现了一次大翻转,教师不得不以儿童的视角思考学生喜欢的课程的样子;同时,学生也在选择中逐渐清晰自己的目标,并在交往中体验自身的社会化。课程中心根据每周社团课程开展情况及时跟进并指导老师开设以学生活动为主的好玩的社团课程。

(二)"蓝海社团"的评价要求

1. 课程开发的评价

为了增强"蓝海社团"课程实施效果,建立社团动态循环发展机制,学校从课程意义、课程目标、课程内容、课程评价四个方面对课程的开发进行评价。(见表 5-5)

表 5-5 "蓝海社团"课程开发的评价表

评价视角	评价内容	评价人员
课程意义	课程贯彻学校课程理念,真正为学生的幸福成长服务。	课程中心
课程目标	能关注儿童、关注生活、关注科学,符合学生的年龄;知识目标、能力目标和情感目标内容具体,可操作。	课程中心
课程内容	突出学校主题文化和海洋资源特点。教学内容的设计与学生的身心特点相适应,与学生的兴趣爱好相一致。激发学生的潜能、发展学生的灵性、丰富学生的生命体验。	课程中心
课程评价	评价方法简单可行,可操作性强,具有激励和制约的作用。	教师、学生、家长

2. 社团活动过程及成效的评价

我们从开课准备、活动过程、期末总结、社团展示四个方面进行具体评价。(见表 5-6)

表 5-6 "蓝海社团"课程实施评价细则

项目	内容	总分	评价细则	分值
开课准备	平台建设	2分	课程纲要的基本要素齐全。 加分说明: 课程内容及实施部分详细,有每一次课的活动设计,评价可操作、可落地。 扣分说明: 课程纲要的基本要素不齐全,缺一项扣1分,实施部分不详细扣2分。	

项目	内容	总分	评价细则	分值
	平台建设	2分	按时完成社团平台建设,有社团名称,有社团标志(LOGO),有社团简介且文字能明了地介绍社团特色。	
			扣分说明: 社团平台建设缺一项扣1分,不按时完成平台建设扣2分。	
活动过程	活动效果	60分	教师上课有教学材料的准备;学生主动参与的程度较高,师生之间互动交流,课堂气氛活跃;教师课堂语言流畅、规范,整体效果较好;教室干净整洁。	
			扣分说明: 1. 课堂纪律不好,整体效果一般;教室卫生不整洁。扣2分。 2. 如社团课中,有教师未到,算缺勤。扣除缺勤教师及社团的2分。 3. 社团教师提前请假,并安排好教学内容告知学校安排的代课教师。扣1分。没有提前请假,没有做好教学内容相关安排的,本次社团得0分。	
	平台内容上传	12分	每周精选清晰度较高(1 MB以上)的社团过程照片5张上传至智慧平台(每周1分)。	
			扣分说明: 如未达到张数或照片清晰度不高(低于400 KB)每周只得0.5分。	
期末总结	教师记录本	10分	社团课程实施记录本完成12次课,要求:每次课的目标明确、过程完整、评价可操作。总结按格式完成。	
			扣分说明: 社团教师记录本缺一次课扣1分;总结不按格式写扣2分,总结内容缺一项扣2分。	
	活动过程照片	5分	第3、6、9、12次社团课后过程性照片上交:共享—课程教学部—课程中心—课程照片—社团课程—(学科文件夹)。学期末有20张精彩的社团过程性照片上交(原图清晰度1 MB以上)。	
			扣分项: 上交照片张数不够,扣1分,社团过程性照片(原图清晰度低于400 KB)扣1分。	

项目	内容	总分	评价细则	分值
	社团 总结	3分	总结按格式完成,有课程实施过程效果及过程感受。	
社团 展示	加分	5分	社团课程结束后,社团教师能够组织好本社团学生做好社团展示活动的相关事宜,根据完成情况加上1—5分。	

四　推行"蓝海之旅",丰富儿童学习经历

"蓝海之旅"创造一个在自然中行走的课堂,让学生的学习从小课堂延伸至大社会,从小课本拓展至大自然。让学生在行走、体验、实践的过程中,享受生命成长、与自然和谐共生的愉悦;在行走中了解资源丰富的海洋,真切地体验独特的海岛风光,感受深厚的渔家文化,提高综合实践能力和保护海洋的意识。

(一)"蓝海之旅"的课程设计

海南是一个美丽富饶、历史悠久的海岛。美丽三亚、浪漫天涯是美丽的自然与我们的对话,古林幽茂、调声悠悠的东坡书院是历史的遗踪在诉说往昔;昔日鲜为人知的博鳌田园小镇吸引世界目光……在这里,人文、风俗、美食、美景等自然、社会资源,都蕴藏着巨大的课程资源。因此,我们结合学生的年龄特点和实际情况,与当地真实情境相结合,开发了"蓝海之旅"系列研学课程。(见图5-3)

图5-3　"小水滴"课程教育资源分布图

1. 鹿回头风景区

鹿回头风景区坐落在三亚市西南端鹿回头半岛内,共有大小五座山峰,最高海拔181米。公园三面环海,一面毗邻三亚市区,是登高望海、观看日出日落与俯瞰三亚市全景的佳处。鹿回头有一个美丽的传说,三亚因此得名"鹿城"。这里花鸟虫鸣,黎族文化浓郁,人与自然和谐共处。我们以"山海有情,浪漫鹿城"为主题,以"了解鹿城文化"为目标,让学生在老师的带领下,了解黎族文化,寻找三亚的发源地,俯瞰城市的全景,对自己生活的城市做更深入的研究与发现,这是一段难忘的"蓝海之旅"。

2. 天涯海角游览区

天涯海角游览区位于三亚市区西南23公里处,以美丽迷人的热带海滨自然风光、悠久独特的历史文化驰名中外,是"美丽三亚　浪漫天涯"的亮丽名片。碧海、青山、白沙、巨石、礁盘浑然一体,宛若七彩交融的丹青画屏;椰林、波涛、渔帆、鸥燕、云霞辉映点衬,形成南国特有的椰风海韵。天然奇石、遒劲石刻,最好的教育在路上,在景中,在脚步踩过的足迹里。我们以"走海角,行天涯"为课程主题,让学生用脚步丈量天涯、探索天涯名石,聆听天涯诗会,吟诵诗词歌赋,探寻自然之美,感受石刻文化,开始美妙的"蓝海之旅"。

3. 呀诺达热带雨林区

呀诺达热带雨林景区是中国唯一地处北纬18度的真正热带雨林,是海南岛五大热带雨林精品的浓缩,是最具观赏价值的热带雨林资源博览馆。景区融汇了"热带雨林文化、黎峒文化、南药文化、生肖文化",课程资源丰富,在这里我们设计了"与春天握手,携快乐同行"的研学课程,目的是让孩子走出学校、走进大自然,在原始热带雨林中,留下一个记忆深刻的踏青之旅。让孩子通过第二课堂,感受大自然的神奇,感受春天的美景,了解热带雨林的知识,亲密接触大自然,拓展视野;同时利用景区的自然栈道、水瀑石路,激发孩子征服自然、接受挑战的勇气,增强其体质,锻炼其自理能力,提升其沟通能力、协作能力和意志力。

4. 三亚湾

三亚湾地处三亚市区西部,是一片延绵22公里的绵长海滩。东起三亚港,西至天涯湾,长长的海湾细沙铺地,海滨大道延绵海岸数里,岸上椰树如荫,婆娑婀娜,这就是著名的椰梦长廊,是欣赏三亚日落的好地方,也是玩沙观海、踏浪戏水的好去处。在这里我们设计了"海的表情"课程,与孩子一起挑战"炫酷沙雕城堡""玩转水世界"，观察不同时段海浪的变化，聆听大海的呢喃细语，感受大海不同的表情，依海而歌，向海而行，与海共舞。

5. 三亚水稻国家公园

三亚水稻国家公园位于三亚市海棠湾，有千亩稻田花海、萌宠庄园，在这里，天地是课堂，万物皆老师。芬芳的鲜花述说着四季的更替，翠绿的秧苗述说着成长的故事，一锄一犁述说着劳动的奇迹。我们以"世界粮食日"为契机，响应联合国粮农组织与世界粮食日的核心理念，设计了"稻香情 劳动美"研学课程，让学生了解水稻、探究水稻的生长过程，认识各种优质稻米品种，了解大米的前世今生，了解一粒米如何从播种直到变成我们的盘中餐，倾听袁隆平爷爷解决国人温饱问题背后的故事，插秧、割谷、脱粒……引导孩子体验劳动的艰辛与乐趣，正确认识劳动、热爱劳动，珍惜粮食，回应成为有担当、有责任心的"社会小公民"的学校办学愿景。

6. 亚龙湾国际玫瑰谷

亚龙湾国际玫瑰谷位于三亚亚龙湾国家旅游度假区内，是以农田、水库、山林的原生态为主体，以五彩缤纷的玫瑰花为载体，集玫瑰的种植、展示、文化、产品为一体的休闲旅游地。它是三亚的后花园，同时也是热带玫瑰花繁育基地、花卉科研示范基地，还有郁金香、向日葵、马蹄莲、勿忘我等多种美丽花卉品种。在这鸟语花香、芬芳氤氲的地方，我们以"盛日寻芳，拥抱自然"为主题，让学生探究生态自然，寻访花香物语，认识花卉的生长与利用，探寻"花"与"人"的美好。让学生通过视觉、触觉、嗅觉充分了解常见花卉种类，跟随研学导师学习花卉种植知识、花卉产品开发价值，充分体验，动手动脑用鲜花创作大自然的美丽画卷；学习"小康不小康，关键看老乡"的精神，观看田间劳作，正确认识劳动、理解劳动、崇尚劳动。

7. 大小洞天

大小洞天位于三亚市区以西40公里的南山西南隅，以古崖州文化为脉络，因其秀丽的海景、山景和石景被誉为琼崖第一山水名胜。景区内有"小洞天""钓台""海山奇观""仙人足""试剑峰"等历代诗文摩崖石刻，彰显着浓郁的文化氤氲。崖州湾弧弦百里，碧波万顷；鳌山云深林翠，岩奇洞幽；海岸遍布神工鬼斧，肖形状物之大小磊群；山海之间宛如一幅古朴雄壮的长卷画图。学生在"摩崖石刻"中追寻文人墨客留下的深情脚步，在"化石的秘密"中探寻恐龙的奥秘；在"走进鳌山书院"中感受古崖州历史的厚重；在"花叶的情思"中学做自然观察笔记；在"山海美景我来拍"

中学用镜头留下生活的真善美;在"小小导游"中用创意新编导游词……整个大小洞天景区荡漾着孩子的欢声笑语。

（二）"蓝海之旅"的课程评价

"蓝海之旅"课程评价注重"研—学—评"一致性,从"行前、行中、行后"三个维度进行,形成一体化的评价体系,关注学生的核心素养和必备品格,多元主体协同评价,努力实现教育评价的科学化、制度化、规范化,整体提升教育评价的客观性、服务学生成长的发展性、对教育教学改进的指导性、评价落地实施的科学性和公平性。（见表5-7）

表5-7 "蓝海之旅"的课程评价表

评价阶段	评价指标	评价人员		
		自评	同伴评	老师评
行前攻略	前期学习			
	物品准备			
	组员分工			
	注意事项			
行中研学	积极沟通			
	全程参与			
	合作能力			
	大胆质疑			
	勇于挑战			
	价值体认			
行后展示	交流表达			
	作品展示			
	目标完成			

五 激活"蓝海探究",做实项目学习课程

"蓝海探究"基于学校的育人目标、学生的兴趣需求、教师的特长爱好三个维度,统整并活化地域资源;从背景分析(学生情况、教材资料)、基本概念(核心知识、课程标准)、驱动任务(核心问题)、综合能力(项目目标)、活动设计、探究过程和评价六个方面建构项目化学习课程,在研究中不断改进实施方案,形成典型的利用区域资源的项目化学习案例。

(一)"蓝海探究"的主题设计及实施

"蓝海探究"的主题设计思路是以小课题研究为基本形式,让学生在老师的帮助指导下,从自己感兴趣的问题入手,制定关于"海洋科技""渔家文化""海洋环保""海洋体育""海岛风光"等研究课题的具体项目。(见图5-4)

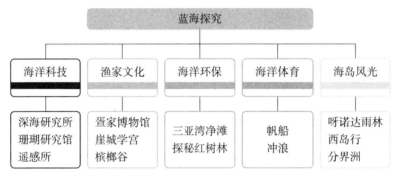

图5-4 "蓝海探究"课程设置

在"蓝海探究"的课程构建与实施过程中,我们倡导以一个学科为主要载体,聚焦学科核心概念和能力,进行学科与学科、学科与生活、学科与人际的联系和拓展,用项目化的形式呈现出来。在实际操作中,同年级老师基于课程标准研究学生、研读教材,将具有联系的教学内容进行主题统整,融合地区资源,针对教材中的具体学习知识创设真实的学习情境。通过合作调查、采访、访问、信息搜集与处理、表达与交流、展示与评价以及实践成果的推广等探索活动,拉近学生与大海的距离,以问题驱动学生深度学习,鼓励学生不断探究身边事物,使学生在合作的过程中培养起实践能力、团队合作精神和人际交往能力。(见图5-5)

图5-5 "蓝海探究"学习路径

（二）"蓝海探究"的评价要求

"蓝海探究"的评价内容全面化、评价方式多元化,能有效激发学生的探究兴趣,激发学生的个性发展,促进学生科学素养的提高。(见表5-8)

表 5-8 "蓝海探究"的评价标准

评价内容	评价指标			评价方式		
	一阶	二阶	三阶	自评	互评	师评
参与热情	少有举手发言,较少参与讨论与交流。	能举手发言,有参与讨论与交流。	积极举手发言,积极参与讨论与交流。			
合作情况	参与了讨论、工作,对最终成果进行评价时只是旁观。	帮助协调、推动整个小组的工作,鼓励其他成员。工作至最后一刻,对最终成果有一定的贡献。	团结合作,在小组中起领导作用,吸收接纳并能给出建议,帮助其他小组成员,贡献大。			
搜集证据	学会搜集证据。	能够根据调查计划,在学校环境中开展调查,搜集一定的调查数据,得出初步的调查结果。	尝试在开放的社会环境中针对感兴趣的社会现象进行调查;能够对调查数据进行多层次的整理和分析。			
交流沟通	在同伴的帮助下,能够与人沟通,参与调查并获得有效信息,愿意记录调查内容。	在调查中能与别人沟通,获得大量信息,主动记录调查内容。	在调查中善于与别人沟通,能获得大量信息,且信息内容全面,有记录、有报告。能反思活动中的不足,不断调整研究方向。			
实践作品	能使用图文结合的形式描述研究过程和结果。	能够利用图文结合的形式清晰而准确地表达自己的想法。	以多种形式清晰而准确地表达自己的想法。			
成果展示	倾听他人的意见。	能倾听他人的想法,并从中找到可以吸取的部分。	借助询问、重复他人的谈话等技巧来理解他人的意见。			

六 整合"蓝海专题",做实德育课程

"蓝海专题"将日常的德育活动与学校的"蓝海精神"有机结合,并融入养成教育、感恩教育、礼仪教育、安全教育等专题教育。"蓝海专题"逐步构建起了学校、家庭、社会三位一体的教育网络,设计思路是一个核心(海蓝精神)、两条主线(蓝海常规、德育体验)、多元主题、开放扩展,以习惯养成、人格成长为目标,整合专题教育、节日文化等课程资源,改变传统的单纯思想灌输,扩展教育时空,使学生在亲身经历各项活动的过程中进行体验、体悟、体认,成为一个具有"蓝海精神"的少年。

(一)"蓝海专题"的基本路径

通过整合校园活动,以年级为单位,实施六大主题节、三大仪式课程,完善"德育体验课程"。(见表5-9)需要做到"四个精心",即精心策划、精心组织、精心实施、精心评价。

六大主题节:分别是"小天使、小博士、小创客、小当家、小健将、小达人",以"滴水欢歌"为主旨,给学生搭建形式多样的展示平台,鼓励学生自我展示,注重学生全面发展。如:"小天使"主题节统整节日课程资源,展示"蓝海少年"的风采。

三大仪式课程及主题:一年级入学课程(自我管理)、四年级十岁成长礼(勇于担当)、六年级毕业课程(逐梦远航)。

"雅行常规"与队活动相结合,以"升旗课程"为项目启动活动,以常规管理为过程实施,以班队会为展示评价。做好月月有主题,月月有评价。

这类课程的主题是联系社会实际的、学生感兴趣的、由学生或学生群体发起的,并且以活动、游戏、聚会、竞赛、考察等学生结伴的组织方式开展,使课内经验和课外经验完美融合,校内外教育资源有机统一,达到课内外教育知性与德性的高度统一。

(二)"蓝海专题"的评价要求

"蓝海专题"规范完善"雅行班级""雅行少年"的评价细则,从美在博学、美在习惯、美在艺术、美在阅读、美在实践等方面对学生进行多元评价、进阶式评价,以智慧校园平台为载体实现线上评价。一个小小的二维码将学生、老师、家长连成一体。教师通过扫描二维码,将学生一天的校园生活、上课情况、作业质量等表现通过点赞或批评的形式授予学生徽章,通过系统实时反馈家长。家长能通过平台的家长端了解到孩子一天的学习情况和生活情况。

表 5 - 9 三亚市第九小学"蓝海专题"活动安排

学期	月份	课程	主题	蓝海常规	德育体验	升旗课程（班队会主题）
第一学期	9（含中秋节、教师节）	入学课程	自我管理	新生仪式	我是学校小主人	一年级整理书包比赛
		小当家	雅行少年	小岗位体验	小当家大比拼	书是我们的好朋友
		小天使	少年风采	月圆中秋	心语心愿（2—6 年级）学生（教师节活动）	老师，您好
	11	小健将	我锻炼·我健康		沙滩运动节（3—6 年级）	
					6 年级沙滩拔河比赛	
	12（含元旦）	小达人	多彩校园展示自我	我的站姿最好看	海洋艺术节	每个人的兴趣爱好
第二学期	3	小创客	我创造·大快乐	我的想象力最丰富	小制作·小发明比赛	我创造·我快乐
	4	4 小博士	小博士·大梦想	海洋知识竞赛	我手写我心（作文比赛）	拥抱智慧的生活
				魔方秀	童话节	
					旅游英语对对碰	
	5（劳动节）	十岁成长礼	勇于担当	校园形象天使	感恩活动——拥抱父母	感恩，我们在行动
	6（含端午节）	毕业课程	逐梦远航	我长大了	班歌比拼	

"小水滴之旅"则为线下评价的主要载体,为孩子的校园生活量身设计,以孩子每天的校园生活为原型,分板块创设评价栏目,通过贴一贴、赞一赞等方式,记录孩子的校园生活点滴。"小水滴之旅"评价体系使每个人都成为了一名德育工作者,课堂上孩子有了精彩回答,表扬1海里;主动帮助小伙伴,表扬1海里;捧着书在书吧里静静阅读,表扬1海里……随时随地,随手记录。每获得50海里就能升级,从水手到水手长、三副、二副、大副、船长,每一个级别都有不同的奖励。孩子的所有表现,都会汇总到成长档案里,期末会生成学期报告推送到家长端。"小水滴之旅"的出现,在学生、老师、家长间架起了桥梁,让学校管理更透明,让家长更放心,形成了一个稳固的教育联盟,凝聚了教育合力。

七 建设"蓝海校园",激活环境隐性课程

学校利用自身优势,立足于让每一个学生灵性成长的宗旨追求,以孩子熟悉和赖以生存的海洋元素为内容,建设"滴水欢歌向海蓝"的校园文化,既体现了教育的价值性、过程感,又体现了发展的方向感、特色化,"蓝海"——它不仅仅是一种文化符号、学校标识的重要组成部分,更是一种精神象征,受到学校全体师生及家长的内在认同。

(一)"蓝海校园"的设计

让文化在校园中弥漫开来,校园文化的打造让校园成为美好的育人空间,充分挖掘场所的育人功能,让学生时时处处浸润在浓浓海洋文化氛围中,获得成长的力量。学校基于学生创意,挖掘"蓝海"元素,让每一面墙壁都会说话,每一条通道都富有活力,每一个设施都具有教育功能,每一处角落都诠释着海洋文化,全方位打造富有生命气息的蓬勃的"蓝海校园"。

1. 广场文化

学校目前有"博学"和"雅行"两栋教学楼,校园建筑讲求整体规划、合理布局。建筑以黄色和蓝色为主色调,黄为土地,蓝是大海,彰显了海洋特色,呈现海洋文化特色学校的理念。学校以海洋文化为主题,设立"学海扬帆"雕塑、"海底世界"文化墙、蔚蓝色的塑胶运动场、"滴水欢歌"主题墙等。一座水滴造型的校门,寓意"滴水藏海、方寸海纳"。走进校园,处处可见草坪里温馨的格言牌;树木上挂着介绍相关知识的"树木名片";校园各个墙角以及每一棵大树下都种满了各种花草,地面上的每个井盖上都有学生绘画的成果。

校园空间建设力求将无形的精神文化隐含于有形的物质文化之中,隐含于一草一木、一图一字之中,让教育随时随地、无处不在,让学生抬头有所见、俯身有所得,在潜移默化中得到文化的熏陶和润泽。

2. 走廊文化

学校重视走廊文化的建设。走廊的装修,顶部是白色的浪花,底部是蓝色的海洋,中间是各种造型的水滴,这些水滴是摆件架、宣传框等。走廊里主要展示师生的书法、绘画、手工、习作等,作品丰富多样,精美别致,整个走廊就像艺术的殿堂,学生每天在这里耳濡目染,受到美的教育,得到艺术的熏陶。漫步各个走廊,这里的装修凸显海洋文化特色,并装饰着海洋知识,激励学生做个具有大海品质的人。每个年级的走廊内建有开放的书吧,孩子随时可以坐下来潜心阅读。

学校的走廊,还充分发挥着育人功能:墙壁粘贴着良好的阅读作品,能健全孩子的心智,养成良好的思维习惯,促进孩子的心灵健康成长。墙上贴有安全、文明礼仪等方面的标牌;楼梯的台阶上装饰着名人名言;消火栓箱经过改造,兼备了消防安全宣传栏的功能;走廊里还设了"榜样教师栏""雅行少年榜",激发了师生的自豪感和归属感……点点滴滴,都在无声地规范着师生的言行举止,营造着良好的育人氛围。

3. 教室文化

教室是学校教育的主阵地,是学生学习和成长的乐土,因此,教室文化建设有着巨大的教育潜力。教室里除了统一的国旗、校训、黑板报以外,各班都有不同的特色,打造各自的风格。每个班级都以一种海洋生物给自己命名(如"海豚中队"等),制定班级口号,设计班级名片;每个班级都有自己的展示栏,展示着学生的优秀作品、奇思妙想、感人瞬间……教室里的黑板报、评比栏,甚至电灯开关的装饰,都是学生自己设计制作的,充满了童真童趣。

我校的空间建设注重打造品牌。围绕着海洋文化特色,学校设立了一系列功能教室,如"海洋知识活动室""贝壳工艺馆""沙画室""帆船活动室"等。其中,"贝壳工艺馆"中的课程编制了教材,已成为一门较为成熟的校本课程,学生制作的贝壳画、贝壳塑像、贝壳风铃等作品,均有较高的艺术价值。

校园空间建设正以可视、可闻、可感的形式,浸润着师生的心灵,推动着学校向更高更远的目标迈进。

（二）"蓝海校园"的评价要求

校园文化建设对学生产生着潜移默化的影响。创造良好的校园文化氛围,发挥隐形课程的作用,能将学生浸润于良好的人文和学习风气之中,提高他们的能力,培养他们的人文素养。

表5-11　"蓝海校园"的评价指标

评价指标	评价内容	评价方式		
		教师评	学生评	家长评
创意设计	不同功能区域的环境通过不同的设计手法来处理,诠释对校园精神的理解,从而反映校园的多元性、自由性,兼容并蓄。			
育人立意	通过环境的景观化处理,使校园在满足师生感官愉悦的同时,还为校内师生提供娱乐、交流、休闲的场所,达到舒缓压力、疏通心理的作用;具有人文韵味的景观能做到寓教于乐。			
更新时间	校园规划充分考虑到未来的发展,规划结构多样、协调、富有弹性,适应未来变化,满足可持续发展。			
儿童立场	学校的主体是学生,校园文化充分把握其时间性、群体性的行为规律。各种设施设置、材料的选择、景观的创造充分考虑学生的心理需求。			
利用效益	校园规划考虑到学生在校园内完成同等数量的任务和活动所运动的水平距离最短的问题,考虑到学生在校园中的作息规律和生活习惯,以此为依据,有序地布局各个板块,以达到最大程度地方便学生的目的。			

八　共建"蓝海联盟",做好家校共育课程

"蓝海联盟"是我校进一步落实立德树人的教育根本任务,构建全员育人工作新格局,加强学生教育、管理与服务工作的针对性和实效性,促进家校密切合作的重要举措;也是推动家长深入了解我校学生工作、积极参与学生工作,促进学校、家庭和社会形成育人合力,帮助学校搭建交流平台,提高家庭教育的有效性、科学性的重要途径。

学生、学校、家庭三者之间以学生成长为核心,学生成长让学校育人价值得以体现,孩子进步让家庭幸福得以实现,学校、家庭的携手联动让社会更加和谐有序。"蓝海联盟"统整家校资源,形成并实施家校共育课程,避免家长只在形式上介入,培养家长参与学校教育的科学性、合理性,达成家校教育的一致性,成为服务学生成长的课程资源,让每个生命都澄澈明亮。

(一)"蓝海联盟"的实施路径

1. 构建组织机构,健全制度保障

"蓝海联盟"由学校家庭共建领导小组统一领导,统筹部署,组织落实,做好家校联盟共建工作。2016 年 4 月 25 日,我校成立第一届海纳家长委员会,拟定《海纳家委会章程》,遴选家长委员会的主任、副主任和秘书长人选;建立健全班级、年级、学校三级家委会,整合资源,完善家委会机构,成立家长助教团、家长护校队、家长义工队,构建起学校、家庭、社会三位一体的教育网格,提高家校合作的广度、深度和融洽度。家校双方设有专人负责做好联络、布置、检查、总结等环节的工作,每学期至少召开一次共建会议,使家校双方做到联系密切、交流畅通、合作协调,家校携手,呵护"小水滴"健康成长。

2. 参与课程建设,丰富课程内涵

"蓝海联盟"打造"蓝妈海爸大讲堂"精品课程。自课程开展以来,有一千多名家长走进了学校、走上了讲台,进行各种主题的讲座,让学生触摸课堂教学领域以外的知识,丰富学生的经历。学校还整合了各班的课程资源,对深受学生喜欢的课程进行了走班式巡讲,得到了学生、家长、社会的一致好评;在此基础上,健全"大讲堂"优质讲师档案库,推出校级"大讲师",并将优质资源进行共享,作为学校传统课程保留下来。这样既开阔了学生的眼界,丰富了学生的生活,为学生提供来自生活与家庭的、多元化的、差异而独特的课程资源,全面拓展了学生的知识面,同时又提高了家长参与学校教育的热情。

(二)"蓝海联盟"的评价要求

"蓝海联盟"通过构建与实施,开发与利用家长的教育资源,形成教育合力,其评价遵循一切为了学生健康成长的原则,促进家校沟通、课程共建的发展。(见表 5‑12)

表 5－12　"蓝海联盟"评价

项目	评价等级		
	A	B	C
家委联盟	关心学校，了解学校，积极参与学校常规教育管理工作，与学校教育形成合力，对学校工作提出建设性的意见，实施监督。学校积极采纳家长的建议并在家委监督下不断优化教育。	关心学校，了解学校，能够参与学校常规教育管理工作，与学校教育形成合力，对学校工作提出建设性的意见。学校能采纳家长的建议并在家委监督下不断优化教育。	关心学校，了解学校，能够参与学校常规教育管理工作，协助学校做好管理的事宜。
家校沟通	积极搭建家校沟通的桥梁，日常观察了解学生、教师、学校的情况，积极与学校、教师共同商议学生成长中的各类问题。学校对家长反应强烈的问题做出解释和改进。家校沟通的途径畅通。家庭与学校教育观念一致，目的一致，行动一致。	搭建家校沟通的桥梁，日常观察了解学生、教师、学校的情况，能与学校、教师共同商议学生成长中的各类问题。学校对家长反应强烈的问题做出解释。家校沟通的途径畅通。	搭建家校沟通的桥梁，家校沟通的途径畅通。家校沟通不越位，遇到问题也会第一时间与教师友好沟通。
课程共建	积极发挥与利用家长群体的优质教育资源，补充学校课程，丰富学生的学习生活，让学生走出校园、开阔眼界、增长知识，以达到学校、家庭、社会三位一体的教育合力。	能发挥与利用家长群体的优质教育资源，补充学校课程，以达到学校、家庭、社会三位一体的教育合力。	能发挥与利用家长群体的优质教育资源，补充学校课程，丰富学生的学习生活。

第六部分　学校课程管理

课程管理是系统管理课程的一连串活动，以改变课程来适应学校发展的需求，处理课程实施和评价所衍生的种种争议及问题，是学校管理的导航和关键。

一 价值领导：以"蓝海精神"贯穿学校课程发展

"小水滴"课程是学校的一项系统工程，尤其是课程体系的整合与发展，涉及全校师生教师。为保证"小水滴"课程建设与发展的顺利进行，首先需要全校上下统一思想，明确学校发展的愿景，确定共同的价值追求，以实际行动开展一场"蓝海教育"的旅程，一切以学生发展为核心，让"蓝海精神"与学生的灵性成长融为一体。

以"小水滴"课程为载体的"蓝海教育"，不仅仅是学校领导力班子的事情，更是全体教师的事情，在课程建设与实施之中，管理层首先探索与实现课程管理向课程领导的转变，将校长的办学思想与教师的课程梦想有机整合，通过课程活动、团队研修等形式引领教师实现文化自觉。

二 管理文化："海纳百川"之文化渗透学校课程管理

结构决定功能，学校的组织结构要始终围绕服务师生这个核心来架构。我们遵循扁平化、项目化和系统化的原则对学校的组织架构进行重新设计，将原有部门的职责重新界定整合为"课程教学部""学生发展部""保障服务部"和"管理协调部"四个部门，把组织视为生命体，去激活个体的内生价值，用组织变革的方式来完成学校转型的战略任务，实现理念与行为的一致性；在思维方式上树立系统思考和研究的意识，明确职责及承担的任务，从全局到部分，每个人对自己工作的意义认识越清楚，责任感就越强。（见图5-6）在此基础上，学校推行"级部管理改革"，其关键点是：规划引领、重心下移、充分授权、自主发展。学校原有部门的管理职能逐渐放到级部，级部全体教师组建教学小组、活动小组、安全小组等实现自主管理、自行

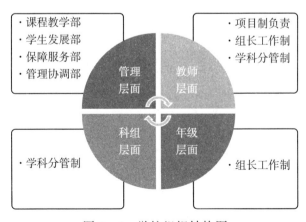

图5-6 学校组织结构图

决策,调动教师参与学校管理的积极性;年级了解年级的实际情况,决策更迅速、更符合"儿童世界"的定位。"海纳百川"的管理文化激发全体教师的积极性,随着课程改变,学校组织架构和师生状态都焕发出内驱活力。

三 团队建设:推进课程有效实施

教师是课程的实践者和生力军,教师在"小水滴"课程建设中同样具有领导地位和作用,要在各自课程实践中践行"走进社会长智慧,亲近自然展灵性"的课程理念,以此将九小的"蓝海教育"落实到实际行动中并贯彻始终。

学校成立课程中心、组建课程学术团队来负责"小水滴"课程的总体开发、调控与实施。以年级为单位,建立年级课程团队,下放课程管理权限,明确年级主任、教研组长、备课组长三种管理角色的责、权、利,履行课程研发、实施和评估三大职能,推进年级课程管理。年级主任负责该年级全部课程的架构与实施。纵向上,教研组长负责的是学科课程(活动)的结构设计与质量评估,强调的是课程衔接;横向上,备课组长负责的是在结构设计框架下本年级的学科(活动)研发、实施与评估,突出的是协调推进。(见图5-7)

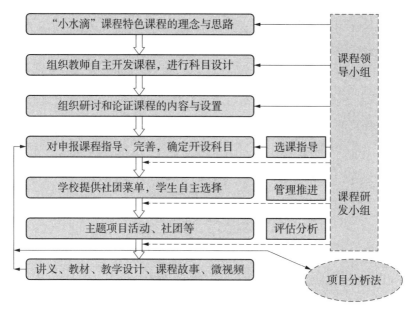

图5-7 "小水滴"课程组织保障与管理流程图

四 评价导航:指引课程高质量发展

评价就是航向,是提升课程高质量发展的重要手段。我们从教师、学生两个层面建构课程评价体系。

(一)教师层面

以形成性评价和总结性评价为主。形成性评价发生在教师的课程设计过程中,主要在于评判课程设计中各部分的科学性、可行性、规范性,以便做进一步的改进和修订,如对教师编写的课程纲要的审核、修订。总结性评价发生在课程实施过程中,是对课程实施的过程管理,主要是收集课程实施的过程性资料,如课程实施中的图片、学生作业作品、各项展示活动资料、教学反思、学生学业成绩、教学常规情况等,通过这些资料的收集,判断课程的整体效果。

(二)学生层面

以智慧校园平台为载体实现线上评价。九小的孩子都有自己的电子校卡,校卡上有一个二维码,那是学生的校园身份证。教师通过扫描二维码,将学生一天的校园生活、上课情况、作业质量等通过点赞或批评的形式授予学生徽章,通过系统实时反馈家长。

以《小水滴之旅》手册为线下评价的主要载体,为孩子的校园生活量身设计,以孩子每天的校园生活为原型,分板块创设评价栏目,通过贴一贴、赞一赞等方式,记录孩子的校园生活点滴。

五 课程制度:保障课程可持续推进

一个学校对工作的评价标准代表着这所学校的主流方向、价值追求。课程改革必须是一个聚焦课程的学校系统变革,某一个点上或某一个层面上的改革都不能够使学校发生较大的变化。学校制定课程建设专项制度、"小水滴"课程开发制度、学生选课制度、课程达人评选制度、五星社团展评制度等,保障课程可持续推进、发展,并向在课程建设中表现优秀的老师倾斜,帮助老师找到专业成长的生长点,给老师更多展示自我的机会,引导老师关注学校的变革,加深其对学校文化的理解,提高其文化认同感,让越来越多的老师能自觉主动地投入学校的各项工作。

六 资源巧用:满足课程多样化实施需求

没有课程资源的广泛支持,再美好的课程设想,也难有实际的教育成果。生活中课程资源无处不在、无时不有,关键是要能够发现、挖掘、利用。资源巧用,贵在选择与创意。

　　学校是重要的育人阵地,打造学校文化,营造文化氛围,让校园成为美好的育人空间是课程资源建设的基础。学校重视文化建设,走廊、大厅都设计成为随处可学,随处可玩的"学习中心、课程超市",让孩子的各类作品成为校园里最美的景观,空间即课程,处处皆育人。水滴、浪花、贝壳、笑脸等元素无一不传递着我们的办学追求,对课程育人起着持久的、潜移默化的作用。学校还开发了智慧校园 APP,搭建评价、选课、社团圈、班级圈等平台,让课程管理更为便捷;建设了课程、教学资源库,为课程学习提供快捷而丰富的信息来源和更加方便的管理。

　　充分发掘区域资源,创造性地将其整合到课程的开发与实施中,让区域资源成为师生共同学习、构建知识的平台。与广泛的社会资源结成联盟,为学生搭建广阔的研学实践空间、项目化学习舞台,不断丰富课程实施形式,让学生在真实的课程空间中实现真实的学习。

　　丰富多彩的社会是学生学习最为直接的课程资源。"蓝海教育"寻找课程与社会生活的切入点,把学生的社会生活体验同课程学习结合起来,将社团活动与生活紧密联系起来,把知识与生活、学习有机结合起来;把家长的优质资源引入学校,参与学校的课程开发、实施与管理,成立"蓝妈海爸讲师团",开设大讲堂;与各大院校、中学联盟,拓宽课程学习资源和课程学习场景,让学生在真实、熟悉的生活情境中愉快地探究问题。

　　　　（撰稿者:陈人珊　　林蓝　　李正群　　欧月清　　宋斌麒　　陈梦甡　　潘立珍）

第六章　学校课程管理

　　学校课程从理念构想到模型建构,各环节的组织与协调都要处于一种有序的状态,各部门的职责分工要十分明确,各项工作的安排要有条不紊……这些都依托于对学校课程的有效管理以及科学评价。只有严格进行课程管理,不断规范课程的实施,才能确保课程设计的每一个要素都能按照既定方向行动,并及时有效地完成相应任务,保证整体课程实施的育人效果。

学校课程管理是指以学校课程为对象所施加的决策、规划、开发、组织、协调、实施等管理活动和行为。[①] 学校课程管理对于学校整体课程的实施具有重要的意义。它可以促进课程从理念构想到模型建构的平稳有序推进,保障各环节的组织与协调都处于一种有序的状态,确保各部门的职责分工明确,使得各项工作的安排有条不紊。在学校课程管理之下,课程的每一个要素都能按照既定方向行动,并及时有效地完成相应任务。从具体的实践操作来看,学校的课程管理包括推进和落实、检查和反馈、评价和改进三个方面的任务。

 一、整体性推进和统筹性落实

课程的推进和落实是一项动态发展的过程,课程管理是对这一动态发展过程中的变化性因素的协调和处理。动态的过程需要动态的管理,动态的管理离不开统筹性安排和落实。在整体课程的系统设计中,要充分考虑到课程实施过程中的不定因素,确保课程立德树人的育人目标顺利达成。

在进行课程管理时,与课程有关的理念确定、规划设计、创设开发、组织协调、具体实施等内容都要纳入课程管理的整体框架中。由开发到实施的线性过程决定了课程的管理框架也要具备线性特点,所以最有效的课程实施不是一步到位的"定式",而应是层层递进的"变式",稳抓过程管理。同时,为了更好地兼顾课程管理的全面性,针对不同课程主体还要统筹多方关系,对不同课程资源要统筹利用,抓好整体课程的落实。

 二、周期性检查和及时性反馈

整体课程的推进过程中难免出现育人目标的"衰减性异变"——偏离课程规划,削减课程效果,丧失课程价值。减少衰减的主要办法是加强对课程的过程管理,有针对性地对课程进行周期性检查,对发现的问题做及时性反馈。

课程的周期性检查是指课程管理主体参照课程管理标准对课程实施的所有

---

① 杨四耕.学校整体课程规划的七个关键[M].上海:华东师范大学出版社,2022:317.

环节进行定期检查。做好周期性检查工作,必须从前期准备、中期落实和后期监管三方面入手。首先,在前期对课程进行整体设计时就要充分考虑课程管理问题,明确课程管理主体,落实课程管理责任,确保管理工作有专项部门负责。其次,在制定课程规划时也要把课程管理标准一并制定出来,力求不同课程有不同标准,专项管理有专项尺度。再次,在对课程进行周期性检查时,检查结果要以文字形式呈现,并将相应考核结果纳入课程实施相关人员的综合评价档案中,用以督促和提高课程实施的效果。在周期性检查工作完成之后,课程管理部门要将检查中发现的问题及时反馈给相关部门,督促其整改,从而促进课程实施的良性发展。

 ### 三、全局性评价和系统性改进

课程管理评价是根据课程育人目标,系统收集课程实施中的信息,按照不同类别对信息进行整理和分析,从而对课程的价值进行科学评估,以此促进课程不断改进和发展的过程。科学的课程评价不应只包括课程的实施环节,还应着眼于课程从立意确定到效果评定的全过程,是全局性评价而非片段式评估。

在具体的评价语境中,课程模式构建的所有环节都要处于一种受监督和待评价的状态,包括课程目标、课程内容、课程资源、课程实施、学生评价在内的所有内容都是课程评价的对象;既要保证各环节的合乎标准,又要追求各评价对象的不断改进,在全局性评价和系统性改进中促进课程整体设计不断完善,最终实现育人目标。

尽管学校课程管理任务艰巨,但完成以上任务也有很多具体的方法。有学者根据前人的研究和实践探索整理出了包括价值引领、制度建构、组织建设、时间管理、知识管理、情境领导、项目管理、文化管理等在内的共计 18 种学校课程管理方法。① 这些行之有效的探索都为课程管理的科学性进程提供了更多借鉴和可能。例如三亚市天涯区西岛小学"小贝壳"课程的规划就是对以上课程管理方法的具体

---

① 杨四耕:学校课程管理的 18 个智慧[EB/OL]. (2021 – 09 – 22)[2022 – 08 – 03]. https://mp. weixin. qq. com/s/KZAGyDiTkT-LTdEoZ6FNtg.

尝试。该规划主要从价值引领、组织建设、制度建构和时间管理等方面来实现课程的科学有效管理。

（撰稿者：倪海山）

创意设计　　"小贝壳"课程：让每一个孩子唱响生命的天籁

三亚市天涯区西岛小学是西岛上唯一一所全日制公立小学，担负着整个西岛的小学义务教育工作。学校共设有 7 个教学班级，2021 年学校在校学生人数达 246 人。西岛小学是一所具有南国热带海岛风情的特色学校，学校创办于 20 世纪初期，距今有近百年的历史。2014 年 12 月三亚市天涯区成立后学校规范命名为"三亚市天涯区西岛小学"。学校占地面积 8 921 平方米。其中，房屋建筑面积 2 094 平方米，体育场地 3 300 平方米，生均占有面积 33 平方米。学校基础设施配套合理，校园内环境整洁，书香气息浓郁，是育人的良好场所。随着学校的不断发展进步，学校硬件基础设施建设已初具规模，校内设有教学区、活动区等区域。目前，学校在组织建构中已配备正、副校长各一名，教导主任一名、在编教师 11 名、临聘教师 10 名。学校现依据《关于全面深化课程改革落实立德树人根本任务的意见》《关于深化教育教学改革全面提高义务教育质量的意见》等文件精神，系统设计本校整体课程。

第一部分　学校课程哲学

西岛距三亚湾 5 海里，与东岛恰似在碧波中鼓浪而行的两只玳瑁，"波浮双玳"自古便是三亚的一道美景。而西岛小学正是位于这样一座有着秀美的山体、迷人的珊瑚礁、清澈的海水和松软的沙滩的美丽岛屿之上。

在岛上，海浪声是天籁，鸟儿翅膀的拍击声是天籁，微润的风吹过叶子的声音是天籁。在我们心里，天籁是孩子琅琅的读书声，是孩子嘹亮的歌声，是孩子爽朗的笑声……是啊，教育是滋养心灵的天籁之声，让儿童感受生命的天籁是教育的神圣使命。

一 学校教育哲学

学校教育哲学是"天籁教育"。《庄子·齐物论》:"女闻人籁而未闻地籁,女闻地籁而未闻天籁夫!"天籁指的是自然界的声音,万物自然而然发出的声音,如风声、鸟声、流水声等;也指诗文浑然天成的自然之趣。学校立志于培养学生善听的耳朵,聆听人间的天籁;培养学生善良的明眸,洞察世间百态;培养学生圣洁的翅膀,翱翔于广袤的宇宙。

"天籁教育"是以天籁的方式培育天成之人的教育,是让人变得灵性、纯粹、自然而美好的教育,是学校发展素质教育的个性化实践样态,是学校的教育价值观和内涵发展的方法论。

"天籁教育"是秉于自然、顺乎天性的教育,是儿童立场、育人本色的教育,是天然无饰、回归本真的教育,是大爱深深、情之切切的教育,是美妙动听、直抵人心的教育,是陶冶性灵、启迪智慧的教育。

学校以"道法自然"为校训,在长期的教育教学实践中,形成了"宁静致远"的校风、"大道至简"的教风、"博观约取"的学风,既体现了时代特征和现代办学理念,又使我们立足现实,不断在发展和反思中探寻新的足迹。

基于以上教育哲学,我校提出办学理念:让每一个孩子唱响生命的天籁。我们期望,办一所天籁般的学校,一所书声琅琅的学校,一所歌声嘹亮的学校,一所笑声飞扬的学校。我们秉持以下教育信仰:

我们坚信,

教育是纯粹圣洁的存在;

我们坚信,

每一个孩子都是隽永的诗;

我们坚信,

总有一枚贝壳属于童年的记忆;

我们坚信,

天籁般的教育生活是最舒展的;

我们坚信,

感受生命的天籁是教育最美的姿态;

我们坚信，

让儿童唱响生命的天籁是教育的使命。

二 学校课程理念

依据"天籁教育"之教育哲学，学校实践"让每一个孩子感受生命的天籁"的课程理念。

——课程即个性绽放。关心儿童，促进每个学生主动地、生动地发展；尊重教育规律和学生身心发展规律，为每个学生提供适合的个性化教育。"天籁教育"根据每一个学生的兴趣、爱好、特长和健康成长的发展需要，打造一套适合学生的国家、地方、校本课程体系供学生选择，教师有自主开发课程的权利和空间，学生亦有自主选择课程的权利。让教师的课程开发能力得到最大的发挥，让学生的个性在宽松、自然、愉悦的文化氛围中得到释放。

——课程即美学相遇。每一所学校都有自己独特的文化精髓，优秀的、传统的、与时俱进的、不断进取的文化精神是一所学校提高教育教学质量的有力保证，是学校赖以生存、得以持续发展的根基。课程不仅仅代表着知识的传授和技能的提升，更是架构起现代知识和传统文化的桥梁，启发学生对自己家乡的海洋文化、渔村文化、西岛女民兵红色文化等传统文化有更为深刻认识，引导学生更好地为社会主义建设而做出自己的贡献。

——课程即生命活性。每一个学生都是一个丰富多彩的生命个体，充满着活力。课程的价值追求，不仅仅满足于每个生命体潜在的生命力开发与生长的需要，还要努力达成生命之间的相互理解和认同。课程引起的人与人、人与社会、人与自然的交往，就是各种精神能量的交换，本质上是一种精神能量的存养方式，经由真诚的"对话"与用心的"体悟"形成生命之间的直接沟通。

——课程即内在生长。课程是学生个性发展的重要因素。课程不仅存在于教室里、校园里，更体现在学生所生活的地理环境、自然资源、风土人情和文化中。课程充分挖掘学校周边地区的地域资源，使学生能在亲身体验、耳闻目睹中参与课程实践；在尊重学生自主创新的同时，重视学生的内在发展需要和个性化的兴趣培养，重视学生在学习过程中建构和完善知识结构，重视课程知识内容的逻辑性、系统性和简约性。

总之,课程让学生在充满活力、绽放个性的同时,感受身边之美。在人类历史长河中,贝类和人类关系非常密切,一直被赋予难以尽说的文化色彩。人们常用贝壳比喻人生追求的美好事物,因此,我们基于"天籁教育"之教育哲学,将学校课程模式命名为"小贝壳"课程。我们期望,每一个孩子都拥有一枚属于童年记忆的小贝壳,拥有对美好未来的期待和向往。

第二部分　学校课程目标

课程是学校教育的主要载体,是培养目标实现的主要内容与途径。

一　育人目标

我校培养"亮堂堂、水灵灵、活泼泼"的"天籁少年",具体内涵如下:

——亮堂堂的儿童,他爱家国、明是非、懂感恩;

——水灵灵的儿童,他爱学习、喜探究、能创新;

——活泼泼的儿童,他爱劳动、勤健身、乐生活。

我们努力使每一个独具个性的"天籁少年"在德、智、体、美、劳各方面得到充分发展。

二　课程目标

根据上述育人目标,学校分年段建构具体课程目标。(见表6-1)

表6-1　三亚市天涯区西岛小学课程目标表

	低年级	中年级	高年级
亮堂堂的儿童:爱家国、明是非、懂感恩	能遵守学校纪律;讲文明懂礼貌;团结友爱同学,热爱班集体;乐于帮助他人。尊敬老师和家长,愿意与老师、家长分享自己的真实想法。	懂得基本的做人道理,拥有必要的处事能力,遵守校规校纪,懂得关爱他人,养成较强的班级荣誉感;愿意倾听、会与他人分享;乐于表达、理解他人;会和他人沟通;能与他人友好合作。	拥有较强的社会责任感,具有热爱家乡、热爱社会、热爱祖国的情感;能诚实守信,言行一致,明辨是非;善交朋友,孝敬父母;会感恩、能包容、善纳新、敢担当,具有积极向上的人生态度。

目标/年级	低年级	中年级	高年级
水灵灵的儿童：爱学习、喜探究、能创新	热爱学习，掌握低年级课程标准规定的知识内容。基本养成听、说、读、写的良好的学习习惯。对日常生活中出现的现象提出问题，并尝试着去寻找答案。	热爱学习，形成浓厚的学习兴趣，掌握中年级的课程标准规定的知识内容。能注重联系实际，初步将所学的知识与技能运用到生活中，对生活中出现的一些问题可以提出自己的见解和解决方法。	热爱学习，维持浓厚的学习兴趣，掌握高年级课程标准规定的知识内容，形成学以致用的思维模式，积极主动地学习；能够独立思考，清晰地表达自己的感受、见解和观点。
活泼泼的儿童：爱劳动、勤健身、乐生活	培养劳动习惯，掌握一定的生活技能，能用简单的工具对事物进行较为细致的观察。自己的事情自己做，班级的事情主动做，家庭的事情积极做。 掌握基本的体育技能，通过广播体操、跑操、放松操、跳绳、体育大课间活动等，感受体育运动带来的快乐，为生活增添乐趣，保证每天一小时的运动量，达到体能锻炼、强身健体的目标。掌握一项体育技能。 通过课堂教学和实践活动，在社会主义核心价值观的引导下，对课程中、生活中的艺术美、社会美、家乡环境美等有初步的认识。	养成劳动的习惯，掌握一些必要的生活技能和信息技术知识。掌握基本的体育技能，积极参与运动，坚持每天体育活动一小时，能掌握足球、游泳、帆船帆板的基本技术动作，激发参与体育运动的兴趣和爱好，形成健康的生活方式，发扬体育精神，提升身体素质。 养成正确的审美观，可以对课程中和生活中的理性美、伦理美、艺术美、社会美、家乡环境美等进行正确的欣赏和鉴别，形成高尚的审美情趣，养成对美好事物的追求和向往。	具有较强的劳动能力，掌握一定的信息技术。主动走进社区，开展爱生活、爱家乡、环境保护的活动，树立服务意识。 掌握基本的体育技能，积极参加体育锻炼，保持参与运动的兴趣和坚持运动的习惯；娴熟掌握足球、游泳、帆船帆板、乒乓球等技术动作，在体育活动中保持愉悦心情，增强自信，提升身体灵敏度、力量、耐力、协调能力等身体素质。在社会主义核心价值观的引导下，对美好事物有自己正确的认识，并能对身边的美进行传播和发扬。

学校课程设计要为孩子指引明确的发展方向,要体现学校的实践历程,在学校现有文化基础上进一步完善学校课程框架,实现学校的发展愿景。

一　学校课程逻辑

基于教育哲学、办学理念、课程理念以及课程模式,我校建构课程体系框架,形成我校课程逻辑。(见图6-1)

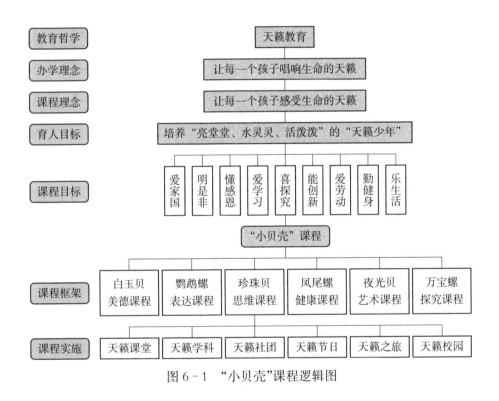

图6-1　"小贝壳"课程逻辑图

二　学校课程结构

根据多元智能理论,我校课程分为"白玉贝美德课程、鹦鹉螺表达课程、珍珠贝思维课程、凤尾螺健康课程、夜光贝艺术课程、万宝螺探究课程"六个板块。(见图6-2)

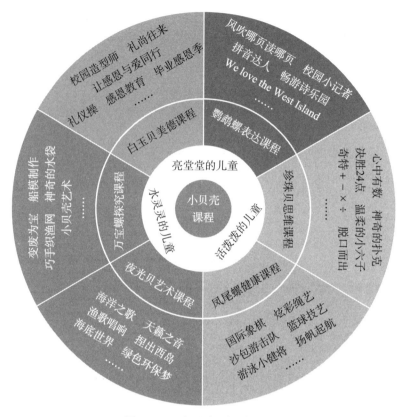

图 6-2 小贝壳课程结构图

上图中,各大板块主要内涵如下:

(1)"白玉贝美德课程"是自我与社会类课程,围绕道德与法治、班会课等校本课程,以"礼尚往来、植物大战坏习惯、彬彬有礼"等课程开展主题学习,培养学生良好的行为举止,促进学生德育发展,提升学生的人格修养。

(2)"鹦鹉螺表达课程"是语言表达类课程,围绕语文、英语基础课程,拓展开设"音吐鸿畅、Island Superkids"等系列语言表达类特色课程,激发学生的兴趣爱好,开发学生的潜能,提高学生的语言表达能力,提升学生的综合素养。通过学生自身的生活体验、生活经验进行教学,启迪学生智慧。

(3)"珍珠贝思维课程"是逻辑与思维类课程,围绕数学基础课程,积极开拓相关拓展课程,利用"一时半刻、身无分文、独数一帜、不失毫厘"等特色课程充分挖掘每个学生的潜能,促进学生素质的全面提升,使学生掌握必备的基础知识和基本技能,培养学生的抽象思维和推理能力,促进学生在情感态度与价值观等方面的发展。通过学生动手、动脑、亲身经历等活动模式,提升学生在各方面的学习能力,强化学生逻辑思维架构的建设。

(4)"凤尾螺健康课程"是运动与健康类课程,围绕体育基础课程,以"欢乐捕鱼场、游泳小健将、扬帆起航、国际象棋"为特色课程,增强学生强身健体的意识和能力,使学生掌握一定的运动技能,促进学生的全面发展,为学生的身心健康积蓄能量。

(5)"夜光贝艺术课程"是艺术与审美类课程,围绕音乐、美术基础课程,以"律动童年、海洋之歌、拼贴大师、折来折趣、蜡笔小新"等课程为特色课程,使学生在听、唱、看、画、想的课程体验中,培养对音乐和美术的兴趣与爱好,提升艺术审美能力,提高审美品位,陶冶艺术情操,从而善于发现美、懂得感受美。

(6)"万宝螺探究课程"是科学与探索类课程,围绕科学、计算机基础课程,结合西岛本地的特色资源,开设"海洋生物拼拼拼、蔚蓝行动、巧手织渔网、拼拼豆豆"等特色课程,让学生在不断探究中提高创新能力、动手能力,培养学生创新精神和团队合作意识。课程主要以学生自主发展为目标,以浓厚的海岛地域文化和丰富的地区资源为依托,更好地切入内容,培养学生热爱生活、保护海洋、热爱家乡、热心创造美好生活的良好品质。

三 学校课程设置

根据国家基础课程安排,结合学校课程资源、课程门类,考虑学生的学习兴趣和发展需求,学校按照年级水平对课程内容进行系统建构。(见表6-2)

第四部分 学校课程实施与评价

课程的实施与管理体现了学校对课程理念的贯彻与执行,这就要求学校为学生创设民主的、人文的课程学习环境,使之内化为学生发展自我的内在需求。学校课程实施从"天籁课堂""天籁学科""天籁社团""天籁节日""天籁之旅""天籁校园"六个方面入手践行"天籁教育"。通过课程评价让课程实施真正做到落地生根,促进课程质量的提高,从而提升学校办学品质。

表6-2 三亚市天涯区西岛小学课程设置表

课程册别	白玉贝 美德课程	鹦鹉螺 表达课程		珍珠贝 思维课程	凤尾螺 健康课程	夜光贝 艺术课程		万宝螺 探究课程
一上	校园造型师	拼音达人	我爱"ABC"	你画我猜	国际象棋	海洋之歌	童画城堡	了解海洋
	自律成长我能行	翻转拼音		心中有数	炫彩绳艺	律动童年	一瓶不响	变废为宝
	呵护蔚蓝—手语课	汉字拍苍蝇		一时半刻	欢乐捕鱼场	礼貌手语	年年有鱼	垃圾分类
一下	礼尚往来	音吐鸿畅	趣音美韵	分门别类	国际象棋	海洋之歌	落叶归根	净滩行动
	安全教育课程	汉字连连对		身无分文	沙包游击队	律动童年	水天一色	变废为宝
	文明小学生	句子碰碰碰		以十即进	蛙式赛跑	百首童谣	五花八门	我是环保小卫士
二上	点点滴滴	字谜猜猜猜	Handwriting	竖式我最棒	国际象棋	海洋之歌	彩虹画笔笔	海洋生物拼拼拼
	安不忘危	汉字拼拼乐		分秒必争	飞扬羽毛	律动童年	七彩美术	整理小能手
	环保小搭档	风吹哪页读哪页		精卫填海	青蛙跳跳跳	弦外之音	画笔飞扬	尊老爱幼在行动
二下	学习雷锋好榜样	书写小能手	Island Superkids	攻无不克	国际象棋	海洋之歌	童画世界	多彩的节日
	争做文明小主人	词句大演练		初露头角	无敌风火轮	快乐音符	填色艺术	我是小小艺术家
	让感恩与爱同行	畅游诗乐园		绰绰有余	趣味抛接球	童声合唱	美轮美奂	变废为宝

课程＼册别	白玉贝 美德课程	鹦鹉螺 表达课程		珍珠贝 思维课程	凤尾螺 健康课程	夜光贝 艺术课程		万宝螺 探究课程
三上	彬彬有礼	魔法汉字	We love the West Island	速想扑克之旅	国际象棋	海洋之歌	拼贴大师	乐高积木拼搭
	植物大战坏习惯	瞬间记古诗		爱生气的小狗	炫彩绳艺	童声浪花	数字油画	疯狂对对碰
	感恩教育	猜猜他是谁		温柔气的小六子	看谁投准	少先队仪仗队	创意美术	拼拼豆豆
三下	德才兼备	飞花令	Let's show	奇特＋−×÷	国际象棋	海洋之歌	折来折趣	变废为宝
	专题教育课程	疯狂对对碰		有趣的三兄弟	转来转去	童声浪花	天衣无缝	blingbling
	礼仪操	中国汉字棋		鬼怪的图形	让毽子飞一会儿	少先队仪仗队	童趣手工	小贝壳艺术
四上	做自己的小主人	爱上写字	词汇拾贝	神奇的扑克	国际象棋	海洋之歌	纸艺飞翔	标本制作
	今天我当家	美文阅读与欣赏		神奇的莫比乌斯环	游泳小健将	童声浪花	童心印迹	变废为宝
	专题教育课程	鹤读论语		巧填最大数、最小数	篮球技艺	少先队仪仗队	红黄蓝	标本制作
四下	一帮一	朗诵与演讲	英语之声	有趣的小数	国际象棋	海洋之歌	画中寻	椰子叶编织
	礼孝有加	妙笔生花		配对求和	游泳小健将	童声浪花	折剪放飞	神奇的水袋
	我是文明好少年	校园小记者		巧算乘法	篮球技艺	少先队仪仗队	灵犀一指	变废为宝

册别	白玉贝 美德课程	鹦鹉螺 表达课程		珍珠贝 思维课程	凤尾螺 健康课程	夜光贝 艺术课程		万宝螺 探究课程
五上	我是校园 小主人	读来读往	词汇海洋	能工巧匠	游泳小健将	海洋之歌	手帐简笔	贝壳作画
	五星红旗升起	玩转汉字		排兵布阵	乒乓小将	天籁之音	捏出西岛	船模制作
	感恩教育	无敌搭档		投机取巧	国际象棋	少先队仪仗队	海绵画刷	变废为宝
五下	今日我当家 专题教育课程	心灵手巧	奇思妙讲	大同小异	游泳小健将	海洋之音	彩铅花卉	美丽的海龟
	我是社区 好公民	成语世界		独数一帜	乒乓小将	天籁之音	绿色环保梦	变废为宝
	专题教育课程	你说我猜		决胜24点	国际象棋	少先队仪仗队	马克笔的秘密	蔚蓝行动
六上	专题教育课程	海上书房	快乐阅读	脱口而出	国际象棋	海洋之歌	妙笔生画	魔鬼大脑 爱逻辑
	感恩教育 专题教育课程	趣味学古诗		化繁为简	扬帆起航	渔歌唱响	神来之笔	十秒记忆力
		美文写作		图王霸业	游泳小健将	音乐剧欣赏	缤纷炫彩棒	灭鼠先锋
六下	志愿者 社区服务	梦想朗诵	越说越爱	一条长龙	国际象棋	渔歌唱响	海底世界	鲁班立方体
	法治教育课程	名著鉴赏		独具慧眼	扬帆起航	音乐剧欣赏	蜡笔小新	了解 海岛民俗
	毕业感恩季	故事小达人		不失毫厘	游泳小健将	海洋之歌	黑白装饰	巧手织渔网

一　建构"天籁课堂"，提升课程实施品质

学科课程的实施需要通过"天籁课堂"落实有效教学。"天籁课堂"是国家课程创造性的延伸。教师通过课堂教学活动，让学生在美育中感受到人性之美、自然之美、生活之美，从而形成培育自身美的课堂教学形态，构建师生教学活动系统生成整合的课堂实践。

（一）"天籁课堂"的内涵与操作

"天籁课堂"的呈现要求：教学目标是全面的，教学内容是充实的，教学过程是立体的，教学方法是简约的，教学评价是多元的，教学文化是唯美的。

"天籁课堂"是全面的课堂。全面，是"天籁课堂"的主旨。教育不仅要让学生掌握知识、形成技能，更为重要的是培养学生拥有良好的道德品质和健全的人格，具有适应社会生活的能力、与他人合作的能力，学做负责任的人。

"天籁课堂"是充实的课堂。充实，是"天籁课堂"的方向，充实的课堂内容意味着课堂教育的视野不仅仅拘泥于传授技能，更要求教师带着有鲜活气息的内容和主题走进课堂，让学生有更多的机会面对深度思考和创新实践的挑战。在"天籁课堂"中，孩子可以用感官和心灵去呼吸、去充盈。

"天籁课堂"是立体的课堂。立体，是"天籁课堂"的引领。课堂由引导学生获得感性知识、学生理解知识开始到引导和组织学生进行实践作业，再到最后的检查和巩固知识，使得教学过程从整体上立体化。

"天籁课堂"是简约的课堂。简约，是"天籁课堂"的形态。以启发式教学思想作为运用各种教学方法的指导思想，让教师根据教学目标、教学内容特点、学生实际特点、教师自身素质、教学环境条件选择适当的教学方法，从简约之中凝聚课堂智慧，从简单之中还原课堂本色。

"天籁课堂"是多元的课堂。多元，是"天籁课堂"的追求。教师对学生的评价应从甄别式的评价转向发展性评价，既要关注学生的学习结果，又要关注他们的学习过程；既要关注学生的学习水平，又要关注他们在学习活动中所表现出来的情感与态度。评价要反映学生学习的成绩和进步，激励学生的学习，帮助学生认识到自己在学习策略、思维与习惯上的长处与不足，树立信心，真正体验到自己的成功与进步。

"天籁课堂"是唯美的课堂。唯美，是"天籁课堂"的立意。教师通过改进课堂教学的手段,探索有效互动的教学方式,助推教学的有效性,真正实现美丽的课堂教学。我们唯愿孩子岁月安好,享受大自然的赐予,珍惜一去不复还的时光。

（二）"天籁课堂"的评价标准

我校的"天籁课堂"主要从教学目标、教学内容、教学过程、教学方法、教学评价、教学文化等六个方面开展评价。（见表6-3）

表6-3 三亚市天涯区西岛小学"天籁课堂"评价表

课程:　　　　班级:　　　　教师姓名:　　　　成绩:

评价项目	评价标准	评价结果		
		优	良	中
教学目标:全面	1. 基础知识扎实,情感世界丰富,有正确的价值取向,有责任感,勇于担当,做正直勇敢的"天籁少年"。			
	2. 热爱家国、明辨是非、懂得感恩;热爱学习、勇于探究、不断开拓创新。			
	3. 具有强健的体魄、顽强的意志、积极健康的生活方式并热爱生活。			
	4. 具有团队精神,会交流合作,初步具有面向世界的开放意识。			
教学内容:充实	1. 内容涉及语言文学、数学、科学、艺术、体育、道德与法治学习。			
	2. 教学过程中能够注重结合地方文化和在地资源之间的融通。			
	3. 让学生全方位地了解人文素养、数学思维、科学技术、思想道德、体育艺术等方面的学习内容。			
教学过程:立体	1. 学生能够自主学习,主动参与交流、互动。			
	2. 学生通过不断地探究、发现,提出质疑。			
	3. 学生多行动,多实践。			
教学方法:简约	1. 学生运用自学、组学、群学等优化学习方式。			
	2. 学生做到举一反三、触类旁通地去学习。			
	3. 学生正确地运用不同的思考方式来看待不同的问题。			

评价项目	评价标准	评价结果		
		优	良	中
教学评价:多元	1. 多角度评价,多元化发展。			
	2. 学生思维积极主动、缜密有效,课堂练习有梯度。			
	3. 及时反馈练习,学习目标达成率高。			
	4. 正式与非正式评价相结合,学生主动自我评价。			
教学文化:唯美	1. 探索有效互动的教学方式,助推教学有效性,真正实现美丽的课堂教学。			
	2. 营造宽松、民主的氛围,为激励性评价创造条件。			
	3. 加强对学生情感、认知、心理的了解与研究。			

二　建设"天籁学科",丰富学科课程内涵

"天籁学科"以学科基础课程为核心,贯彻"让每一个孩子感受生命的天籁"的课程理念,依据学科课程标准的要求,根据本地实际和学生特点,对学科基础课程进行拓展,从而建构"天籁学科"的课程群。通过这些课程的开发,培养学生的学习兴趣,开发学生的潜能,以学科带动课程整体发展。

学校整体围绕"1＋X"学科课程群开展"天籁学科"的建设。在关注学科本身的基本属性的基础上,将课程标准进行多领域的区分,将课程内容与课程资源进行整合,逐渐形成体系并归纳有序,使二者相辅相成,最终成为一体。

在"白玉贝美德课程"中,"1"指道德与法治课程,"X"指我们拓展开设的"校园造型师课程、德才兼备"等课程项目;在"鹦鹉螺表达课程"中,"1"指语文、英语课程,"X"指学校根据年级特点拓展开设的"拼音达人、字谜猜猜猜、魔法汉字、飞花令、鹤读论语、我爱'ABC'、Island Superkids"等课程项目;在"珍珠贝思维课程"中,"1"指数学课程,"X"指学校开发的"心中有数、分秒必争、独数一帜"等课程项目;在"凤尾螺健康课程"中,"1"指体育课程,"X"指学校拓展开设的"欢乐捕鱼场、游泳小健将、扬帆起航、国际象棋"等特色课程项目;在"夜光贝艺术课程"中,"1"指美术、音乐课程,"X"指学校拓展开设的"拼贴大师、数字油画、折来折趣、蜡笔小新、海洋之歌、律动童年、天籁之音"等课程项目;在"万宝螺探究课程"中,"1"指科学、计算机课程,"X"指我们拓展开设的"海洋生物拼拼拼、巧手织渔网、小贝壳艺术"等课程项目。

（一）"天籁学科"的建设路径

学校改革育人模式,重视基础知识和基本技能的教学,并关注情感态度与价值观的教育,引导学生"学会学习"。"天籁学科"突出创新精神与实践能力的培养,重视培养学生收集信息的能力、获取新知识的能力、分析和解决问题的能力、语言文字表达的能力及团结协作和社会活动的能力。它转变学生的学习方式,强调学生"主动参与、乐于探索、勤于动手",倡导自主、探究、合作的学习,引导学生动手、动口、动脑,在"做中学""用中学"。它提出教学过程是师生交流互动、共同发展的过程,应促进教学相长;要实行启发式和讨论式教育,要让学生感受和理解知识的产生与发展过程,要充分利用课程资源,真正地将课程实施落到实处。

1. "沁润语文"课程群

我校语文学科校本化实施的思路是以中华传统的汉语言文字为抓手,以"拼音达人""字谜猜猜猜""魔法汉字""飞花令""鹤读论语"等层层晋升的形式串联起汉字文化,通过从基础的拼音学习到识字类的趣味课程再延伸到优秀课外读物的阅读,通过老师引导、学生自主学习、师生共读等学习形式,实现夯实基础知识、提升语文阅读水平和写作能力的目的。我校以汉字听写大赛、硬笔书法大赛等专题活动为推手,形成学习汉字的浓厚氛围。语文教学要植根于课本,而又不能局限于课本;立足于课堂,而又不能局限于课堂。教学中,教师必须采用灵活多样的方式拓展教材,加深学生的情感体验。

课程实施形式:学科课时之内的课程都是短时间课程,均不必另外给予课时。对于学科课时之外的课程,我校整合学校现有课程,将地方课程、校本课程各拿出一课时作为学生自主选修课实施的课堂;每周将一节校本课程作为学生公共选修课的实施课堂。自主选修课程的学习每学年申报一次,每个学生至少要在一年内选修一门课程。学生可根据自己的兴趣爱好,在教师的指导下对课程进行自主选择;除学校设置的课程外,学生也可提议想进修的课程并与相关教师协商进行学习。学生的自主选修课为走班制的上课方式,全校将各个班级固定为"资源教室",学生在相应的时间到相应的班级上课。（见表 6-4）

表6-4　三亚市天涯区西岛小学"沁润语文"课程设置表

一上	拼音达人	一下	音吐鸿畅
	翻转拼音		汉字连连对
	汉字拍苍蝇		句子碰碰碰
二上	字谜猜猜猜	二下	书写小能手
	汉字拼拼乐		词句大演练
	风吹哪页读哪页		畅游诗乐园
三上	魔法汉字	三下	飞花令
	瞬间记古诗		疯狂对对碰
	猜猜他是谁		中国汉字棋
四上	爱上写字	四下	朗诵与演讲
	美文阅读与欣赏		妙笔生花
	鹤读论语		校园小记者
五上	读来读往	五下	心灵手巧
	玩转汉字		成语世界
	无敌搭档		你说我猜
六上	海上书房	六下	梦想朗诵
	趣味学古诗		名著鉴赏
	美文写作		故事小达人

2. "Island English"课程群

"Island English"课程群采用多样的实施策略和多维度的评价方式,并结合西岛地方特色,为学生提供丰富的学习体验,激发学生对英语学习的兴趣和热爱,进一步促进英语学科课程目标的实现。

课程实施形式:对现行主教材进行有力补充,制定每一个单元新的单元目标。1—3年级通过歌曲、诗歌、歌谣、朗诵、演讲等多种形式,4—6年级通过唱、说、读、演等形式,来开展学生的课内外听说技能训练,提高学生的听、说、读、写等能力水平及学习英语的积极性,并结合西岛地方特色资源开展丰富多彩的英语活动,从而增加学生学习英语的兴趣,让学生在体验英语语言魅力的同时,提高语境理解能力及英语综合运用能力。教师在教学过程中可以指导学生通过书籍和互联网搜集整理资料制作西岛小学英文海报,打造海岛英语文化节。(见表6-5)

表6-5 三亚市天涯区西岛小学"Island English"课程设置表

一上	我爱"ABC"	一下	趣音美韵
二上	Handwriting	二下	Island Superkids
三上	We love the West Island	三下	Let's show
四上	词汇拾贝	四下	英语之声
五上	词汇海洋	五下	奇思妙讲
六上	快乐阅读	六下	越说越爱

3. "玩转数学"课程群

数学是一门思维逻辑严谨的理性学科。数学素养是每个学生都应该具备的基本素养。"玩转数学"课程群既可以巩固学生的基础知识和技能、拓宽学生的视野,又能促进学生思维和创造力的发展,这也是学校和当今社会所期望的教育目标。本课程群从一年级开始实施,它本着尊重儿童发展规律和认知结构的特点,在儿童驾驶着邮轮行驶于数学瀚海之前,把海洋中阻碍前进的冰川消融掉,让儿童保持着浓厚的兴趣和积极的态度去渡过数学这片瀚海,从而降低小学生在学习数学初期阶段的难度问题。

课程实施形式:课程根据学生的低、中、高年级特征和各学段要求,设立了"你画我猜、竖式我最棒、绰绰有余、速想扑克之旅、排兵布阵、独具慧眼"等系列特色课程。本课程群以培养小学生提高数学兴趣为出发点,探索小学数学教学模式由"打基础"转向"育兴趣",由"讲和授"转向"玩中学",由"学科教学"转向"活动体验",由"纸上数学"转向"动手探究",以此来实现育人模式的转变,打造高效率的课堂,从而提升小学生对数学学科的认知和兴趣。

"兴趣是最好的老师",本课程群以数学课本为依托,以所学单元知识为依据,以数学游戏活动为载体,以发展学生数学思维为目的开展实施课程。孩子在各个阶段对数学的认知均有改变,从低年段对数学术语的认识与发现,到中年段对概念的理解及运算,再到高年段会运用所学知识结合实际生活中的问题来探索并解决问题等,在各式数学活动中发散思维、发挥想象、自己动手、相互探索、解决问题,在学中玩、玩中学,有计划、有目的、有标准、有要求、有主题活动、有规则限定,在互问互答、自问自答、轮流作答、反复操作中将自己融入了"玩转数学"的乐趣当中,不再认为数学是枯燥无味的数字而恐惧数学。孩子可以通过老师引导,自主发挥想象思维,亲自动手探究数学知识的推导过程;孩子只有亲身经历知识的发现过程,才能真正理解和掌握知识,才能在未来面对实际生活中的问题而无所畏惧。(见表6-6)

表6-6 三亚市天涯区西岛小学"玩转数学"课程设置表

一上	你画我猜	一下	分门别类
	心中有数		身无分文
	一时半刻		以十即进
二上	竖式我最棒	二下	攻无不克
	分秒必争		初露头角
	精卫填海		绰绰有余
三上	速想扑克之旅	三下	奇特＋－×÷
	爱生气的小狗		有趣的三兄弟
	温柔的小六子		鬼怪的图形
四上	神奇的扑克	四下	有趣的小数
	神奇的莫比乌斯环		配对求和
	巧填最大数、最小数		巧算乘法
五上	能工巧匠	五下	大同小异
	排兵布阵		独数一帜
	投机取巧		决胜24点
六上	脱口而出	六下	一条长龙
	化繁为简		独具慧眼
	图王霸业		不失毫厘

4."律动体育"课程群

本课程群基于体育学科的基础知识,遵循学生的身心发展规律,按照"我运动、我健康、我快乐"的教学原则,广泛开展校内各项体育活动,普及运动知识和技能。

课程实施形式:在按照国家课程标准开设的体育基础课程之外,本课程群借助校内外丰富的课程资源开展了形式多样的校内外体育活动,开设"欢乐捕鱼场、游泳小健将、扬帆起航、国际象棋"等特色课程,让学生在体育运动中体验到一个不断面对困难和克服挫折、不断超越自我的过程,在提高学生抗挫折能力和情绪调节能力的同时增强其自尊心和自信心,培养其坚强的意志品质,培养其创新精神和创新能力,使其形成积极向上、乐观开朗的生活态度。(见表6-7)

表6-7 三亚市天涯区西岛小学"律动体育"课程设置表

一上	国际象棋	一下	国际象棋
	炫彩绳艺		沙包游击队
	欢乐捕鱼场		蛙式赛跑
二上	国际象棋	二下	国际象棋
	飞扬羽毛		无敌风火轮
	青蛙跳跳跳		趣味抛接球
三上	国际象棋	三下	国际象棋
	炫彩绳艺		转来转去
	看谁投准		让毽子飞一会儿
四上	国际象棋	四下	国际象棋
	游泳小健将		游泳小健将
	篮球技艺		篮球技艺
五上	游泳小健将	五下	游泳小健将
	乒乓小将		乒乓小将
	国际象棋		国际象棋
六上	国际象棋	六下	国际象棋
	扬帆起航		扬帆起航
	游泳小健将		游泳小健将

5. "天涯艺术"课程群

本课程群旨在激发学生的想象力、培养学生的艺术创新精神,引领学生在实践中发现美、感悟美,使学生得到"美"的熏陶。

课程实施形式:本课程群在按照国家课程标准开设的音乐、美术学科的基础上,结合我校地理优势及在校学生实际情况,为学生量身打造了不同类型的课程。如美术类的"捏出西岛、绿色环保梦、海底世界、折来折趣"等课程,音乐类的"海洋之歌、童声浪花"等课程,让学生在亲身参与体验中,感受创造美的过程。(见表6-8)

表6-8 三亚市天涯区西岛小学"天涯艺术"课程设置表

一上	海洋之歌	童画城堡	一下	海洋之歌	落叶归根
	律动童年	一瓶不响		律动童年	水天一色
	礼貌手语	年年有鱼		百首童谣	五花八门
二上	海洋之歌	彩虹画笔	二下	海洋之歌	童画世界
	律动童年	七彩美术		快乐音符	填色艺术
	弦外之音	画笔飞扬		童声合唱	美轮美奂
三上	海洋之歌	拼贴大师	三下	海洋之歌	折来折趣
	童声浪花	数字油画		童声浪花	天衣无缝
	少先队仪仗队	创意美术		少先队仪仗队	童趣手工
四上	海洋之歌	纸艺飞翔	四下	海洋之歌	画中寻
	童声浪花	童心印迹		童声浪花	折剪放飞
	少先队仪仗队	红黄蓝		少先队仪仗队	灵犀一指
五上	海洋之歌	手帐简笔	五下	海洋之歌	彩铅花卉
	天籁之音	捏出西岛		天籁之音	绿色环保梦
	少先队仪仗队	海绵画刷		少先队仪仗队	马克笔的秘密
六上	海洋之歌	妙笔生画	六下	渔歌唱响	海底世界
	渔歌唱响	神来之笔		音乐剧欣赏	蜡笔小新
	音乐剧欣赏	缤纷炫彩棒		海洋之歌	黑白装饰

6."求索探究"课程群

"求索探究"课程群是以科学、计算机课程为基础课程,以"玩"为课程第一理念,让课程变得趣味横生,让学生从头"玩"到尾,通过动手实践有趣的实验,懂玩、会玩、善玩、乐玩,从而玩出创意、玩出智慧,体会科学的奥秘。我校结合海岛的本地资源,以浓厚的海岛地域文化和丰富的地区资源为切入点,开设"海洋生物拼拼拼、蔚蓝行动、巧手织渔网、拼拼豆豆"等特色课程。(见表6-9)

表6-9 三亚市天涯区西岛小学"求索探究"课程设置表

一上	了解海洋	一下	净滩行动
	变废为宝		变废为宝
	垃圾分类		我是环保小卫士
二上	海洋生物拼拼拼	二下	多彩的节日
	整理小能手		我是小小艺术家
	尊老爱幼在行动		变废为宝
三上	乐高积木拼搭	三下	变废为宝
	疯狂对对碰		blingbling
	拼拼豆豆		小贝壳艺术
四上	标本制作	四下	椰子叶编织
	变废为宝		神奇的水袋
	标本制作		变废为宝
五上	贝壳作画	五下	美丽的海龟
	船模制作		变废为宝
	变废为宝		蔚蓝行动
六上	魔鬼大脑爱逻辑	六下	电脑绘画
	十秒记忆力		了解海岛民俗
	灭鼠先锋		巧手织渔网

(二)"天籁学科"的评价要求

我校基于学生的个性化发展形成相应的评价体系,通过"西岛小学学科'报告单'式评价制度",建立学科特色课程"档案",涵盖学生学习的全过程,包括"学科学习写实记录单、学科学习过程展示单、学科学习结果认证单",使每一个学生都能够拥有自己的个性化"成长档案";同时为学生和家长提供多角度、全方位的学业结果报告和综合式的个人档案。

1. 学科学习写实记录单

写实记录是综合性评价的起点和依据,客观记录是学科评价的根本性依据。学科学习写实记录单要求学生自行收集本学期内能够证明自己各方面素质的材料,放入自己的成长档案中,在参与档案建设的过程中体会、反思自己的成长,总结经验和吸取教训。写实评价分为两部分:一是客观性评价,例如学生的每学期期中、期末的考试成绩、体能测试分数等;二是主观性评价,例如对学生的思想品德、艺术素养、社会实践情况等的评价转化为参与相关活动的情况记录及其成果记录,使评价内容可考察、可比较、可分析、可呈现举例。

2. 学科学习过程展示单

各学科评价以课程标准为依据,以学科核心素养为基准,我们坚持全面评价的原则,各学科评价的主要内容如下:

语文:考查学生的识字、书写、朗诵、阅读、写作、口语交际、语言表达等方面的能力,具备基本的语言文字的知识、语感和学科素养。

数学:考查学生运用所学的数学知识发现问题、探究问题、解决问题的能力,掌握方法与技巧的情况,运用到实际生活中的能力。

英语:考查学生的想象力和语言知识的运用能力,是否能充分运用所学语言知识进行英语表达。

体育:考查学生的体能、体质、健康意识方面的能力和基本的体育技能与技巧的掌握情况。

音乐:考查学生基本的乐理知识以及音准、视唱、音乐欣赏等方面的能力,是否掌握基本的音乐节奏类型,是否具备简单的音乐创编能力。

美术:考查学生的美术素养,如对名词、术语的理解,是否能利用名词、术语和基本的美术语言对艺术作品做出简单的评述;是否理解美术文化;是否感受到美术创作的过程与方法、情感与价值。

科学:考查学生的科学态度、科学探究精神、对科学知识的理解和应用、实验、制作、观察、交流与合作的能力等。

道德与法治:考查学生良好品德的形成和对社会性发展的适应,即认识社会、参与社会、适应社会,有爱心、有责任心、有良好的个性品质和行为习惯等。

综合实践活动:考查学生对自然、社会和自我之间的内在联系的整体认识与体验,主动地获取知识、应用知识、收集和处理信息、分析解决问题的能力,以及社会责任感等。

3. 学科学习结果认证单

学科学习结果认证单体现以个体为主的评价标准,突出正面的鼓励性评价,坚持以鼓励为主的评价原则,着重发现学生在成长过程中的点滴进步,根据学生的个性特点发现学生的优点及长处;对学生暂时性的不足和缺点,主要以提醒注意和提出改进意见的方式呈现;对每一个学生只做纵向评价,不做横向比较,力求从不同的领域和学科中发现学生成长过程中的兴趣爱好、特长,帮助学生寻找能力生成点,为学生的终身发展打下坚实的基础。

三 创设"天籁社团",发展儿童兴趣爱好

社团活动是学校课堂教学的延伸性活动,是进一步深化课程改革、发展素质教育的重要途径。"天籁社团"以学生的兴趣爱好为出发点,追求学生的个性成长和发展,努力营造和谐向上、丰富多彩的社团文化氛围,激发学生的潜能,拓展学生的特长,使学生的个性得到发展,校园生活得到丰富。学生可以根据自己的兴趣爱好自由选择,由学校整体组织学生进行定期和不定期的训练和学习。

(一)"天籁社团"的主要类型

我校的"天籁社团"主要包括了五大类:语言素养类社团、艺术审美类社团、运动健康类社团、科学探究类社团、行规礼仪类社团。"天籁社团"旨在促进学生自我管理、自我组织能力的提升,培养学生的团队精神和协作意识,提升学生的核心素养。

1. 语言素养类社团

语言素养类社团是"鹦鹉螺表达课程"的重要延伸部分,包括"校园小记者团""金话筒""翰墨学堂""我型我 show"等特色社团,注重激发学生对语言的学习兴趣。通过汉字听写大赛、美文诵读比赛等活动的举办,形成"敢表达、爱表达、擅表达"的人文氛围,实现学生人文素养的全面提升,将学生培养为智慧灵动的"天籁少年"。

2. 艺术审美类社团

艺术审美类社团是"夜光贝艺术课程"的重要延伸部分,包括少先队仪仗队、"小黄鹂"合唱团、"小贝壳"艺术社、"竹韵画社"等特色社团。学校将社团活动与艺术专业课程进行系统整合,帮助学生理解文化和艺术的多样性,发展学生的艺术特长,培养学生的审美能力、艺术素养,为学生提供展示自我的舞台。

3. 运动健康类社团

运动健康类社团是"凤尾螺健康课程"的重要延伸部分,包括国际象棋社团、"乒乓小将""炫彩绳艺""旋风小子"等特色社团。学校结合自身的实际,积极贯彻

"健康第一"，致力于提高学生的体质素养，提升学生的运动技能，促进学生身心的全面健康发展，推进校园体育文化的建设。

4. 科学探究类社团

科学探究类社团是"珍珠贝思维课程"和"万宝螺探究课程"的重要延伸部分，涵盖科学、数学、信息技术等课程类型，包括"E时代"电脑社团、"编程猫"编程社团、"智立方"科学探究社团等特色社团，让学生保持好奇心和想象力，鼓励学生大胆探索、大胆尝试、勇于试错，在实践中发展学生的合作能力、实践能力和创新意识。

5. 行规礼仪类社团

行规礼仪类社团是"白玉贝美德课程"的重要延伸部分，包括"知书达理"社团、"蔚蓝小卫士"环保社团、国旗护卫队、校园志愿者等。通过丰富多彩的社团活动让学生学习小学生行为规范，懂得基本的礼仪常识，促进身心健康发展，具有良好的行为规范和道德准则。

（二）"天籁社团"的评价要求

完善的评价激励制度是社团管理的重要组成部分。在对社团的评价上，我校遵循素质培养的原则，坚持过程性、多元性、激励性、综合性的原则，建立学生社团考核评比机制。"天籁社团"的评价主要从社团制度管理、活动实施、活动效果、特色创新四个方面进行评价。（见表6-10）

表6-10　三亚市天涯区西岛小学"天籁社团"评价表

评价项目	评价标准	得分	评估方式
社团制度管理 （30分）	社团名称规范，社团标志鲜明，社团章程、社团宗旨完善。		实地查看 资料核实 师生座谈
	社团组织机构完善且设置合理。		
	社团成员人数适合，社团成员资料档案齐全。		
社团活动实施 （30分）	定期开展社团活动，组织有序、记录完善。		
	社团活动内容丰富，形式多样，体现校园文化精神。		
	学生积极参与社团活动，发展自我特长。		

评价项目	评价标准	得分	评估方式
社团活动效果 （30分）	社团活动体现实践性和综合性，培养和锻炼学生多方面的素质。		
	社团成员个人活动或集体活动成果显著。		
	活动取得良好的教育效果，在学生中有一定的影响。		
特色创新 （10分）	社团成果展示有特色、有创新、有亮点。		

四　激活"天籁节日"，浓郁课程实施氛围

我校面向全体学生积极开展形式多样的，具有时代特征、校园特色的，与时俱进的主题节日活动。"天籁节日"的开设让学生在感受源远流长的传统文化的同时，了解节日里的风俗民情、人文历史，增强学生的民族自豪感，强化学生的民族精神，激发学生的爱国热情，从而达到增强学生的团队凝聚力、责任感和使命感的目的。

（一）"天籁节日"的主要类型

我校"天籁节日"分为传统节日课程、现代节日课程、校园节日课程三部分。"天籁节日"开展富有节日特点的特色活动，让学生更深入地了解节日文化，为学生提供多角度、多方面、多渠道的情感体验，使学生感受文化意蕴的丰厚，净化心灵，提升人格。

1. 传统节日课程

传统节日是珍贵的非物质文化遗产，传统节日课程旨在让学生加深对我国传统节日的了解，进而继承与传播中华民族的传统美德，弘扬忠孝仁义礼智信和中华民族传统礼仪。

通过开展课内外实践活动，学生学习传统节日的起源或传说、民俗及地方特色、饮食文化、文学作品、民谣谚语等，掌握新的学习方式，提升主动学习、综合学习、探究学习、实践学习的能力。学生在对传统节日了解的过程中，亲近传统文化，吸收传统文化的精华，夯实文化底蕴，提高人文素养。（见表6-11）

表6-11　三亚市天涯区西岛小学传统节日课程设置表

节日	主题	活动内容
春节	欢乐迎新年	亲子互动系列活动:看春晚、包饺子、拜年
元宵节	浓情元宵,难忘今宵	赏花灯、猜灯谜、吃元宵
清明节	缅怀先烈	网上祭英烈、烈士陵园祭扫、回忆革命先烈事迹
立夏	斗蛋去喽	彩蛋制作、彩蛋评比展示
端午节	诵端午,传民俗	诵读端午经典诗词、逛民俗一条街
中秋节	月圆中秋,人圆月下	中秋嘉年华
重阳节	九九重阳节,浓浓敬老情	走进敬老院献爱心、在家里为爷爷奶奶献孝心
腊八节	我们一起过腊八	读腊八故事、分享腊八粥

2. 现代节日课程

随着时代的发展和社会经济的进步,出于交流和传播的需要,人们时常举办一些庆典或集会,这就形成了一种独特的现代节庆现象,其中包含了人们对美好生活的向往和寄托。我校开设现代节日课程,以形式各样的节日庆祝活动,增强学生的仪式感,让学生在感受浓厚节日氛围的同时受到深刻的教育;同时,将现代节日与传统节日相互融合、交相辉映,使其相得益彰。(见表6-12)

表6-12　三亚市天涯区西岛小学现代节日课程设置表

节日	主题	活动内容
植树节	播种绿色	校园环保小卫士选拔赛、环保知识手抄报大赛
海军节	南海家园,逐梦深蓝	致敬海军、参观海军基地、学习国防知识
劳动节	劳动最光荣	净滩活动、"蔚蓝行动小能手"评选、"班级劳动小模范"评选
儿童节	六一任我行	1. 少先队入队仪式 2. "天籁少年"评选系列活动 3. 学生出游
教师节	因你而最美	1. 开展"浓浓尊师意、款款爱生情"主题班会 2. 为老师制作祝福卡片 3. 开展"我心中的阳光老师"主题征文活动

节日	主题	活动内容
国庆节	我爱你祖国	1. 走进西岛边防派出所 2. 学习西岛炮兵八姐妹英雄故事 3. 班级黑板报比赛 4. 校园红歌大赛
全国消防日	争做防火小卫士	1. 走进消防中队,学习消防知识 2. 消防知识宣讲进校园
谢恩节	知恩于心,感恩于行	1. 征集"感恩箴言" 2. 手工制作 DIY 小礼物

3. 校园节日课程

校园节日作为校园文化的缩影,可以为学生塑造更加浓厚的校园文化氛围,丰富校园文化内容。我校校园节日课程包含每年一届的"开学第一天"一年级学生开学典礼,"致青春"六年级毕业生毕业典礼,每年固定时间的以汉字听写大赛、美文诵读比赛等赛事为主题的"椰风文化节",具有校园特色的"贝壳节""榕树节"等。学生在活动中体验到节日带来的快乐。(见表 6-13)

表 6-13　三亚市天涯区西岛小学校园节日课程设置表

节日	主题	活动内容
致未来	小小心愿	1. 制作自己的学期心愿卡 2. 给未来的自己写封信 3. "致未来的自己"演讲比赛
雷锋节	爱心无限,快乐奉献	1. 学习雷锋精神 2. 爱心义卖活动 3. 争做小小志愿者
榕树节	报告老师,我是少先队员	回到幼儿园看望老师和弟弟妹妹们
致青春	毕业情	1. 拍摄毕业照 2. 给学弟学妹的寄语

节日	主题	活动内容
开学第一天	我们开学啦	"今天我是小明星"主题活动
椰风文化节	知识大比拼	拼音、汉字听写大赛,美文诵读比赛
贝壳节	海洋小卫士	1. 节能减排活动 2. 无塑课堂进校园 3. 贝壳工艺品制作
体育节	欢乐运动,畅享童年	校园欢乐体育文化节

（二）"天籁节日"的评价要求

"天籁节日"倡导采用多主体、开放性的评价,运用综合评价方式,通过结合学校各年级活动的组织情况、学生完成目标的情况及学生在活动过程中的表现,进行过程性评价与总结性评价。过程性评价主要是将"舞台"交给学生,考查学生的综合能力和基本素养,根据学生参与活动的态度,创新精神和实践能力的发展情况,并对学生或学习小组、学习方法和研究方法、掌握情况设置评比制,其评价结果放入学生成长记录档案袋内。

我校的"天籁节日"主要从主题、目标、内容、实施、效果五个方面开展评价。
（见表6-14）

表6-14　三亚市天涯区西岛小学"天籁节日"评价表

评价指标	评价标准	得分
主题(20分)	1. 主题鲜明、立意新颖、寓意深刻 2. 主题具有时代性、科学性、针对性、实效性、教育性 3. 根据学生的生活实际和身心发展确定主题	
目标(20分)	1. 目标明确,有明确的导向性和时代特点 2. 学生的情感态度与价值观发生转变 3. 学生的自我教育能力能得到增强,能促进身心健康发展	
内容(20分)	1. 紧扣节日主题,定位准确 2. 贴近生活实际,符合学生的身心特点 3. 分出层次,重点突出	

评价指标	评价标准	得分
实施（20分）	1. 呈现形式合乎多样化原则 2. 情景设计合理，操作性强，能体现综合知识的运用 3. 关注学生的共性和差异，注重培养学生的实践能力，教育作用明显 4. 注重拓展和开放，有需要思考的空间，重在引导学生实践和感悟 5. 师生互动，学生参与面广，充分体现学生主体、教师主导的理念 6. 活动设计富有特色和创意，体现课程的实践性、自主性、综合性、创造性和趣味性	
效果（20分）	1. 节日氛围生动活泼，有效达成活动目标 2. 学生了解不同节日的时间、来历等相关的知识和文化内涵 3. 注重学生的情感体验和感悟 4. 小手拉大手，以学生带动家长，将良好的节日文化在社会中广泛传播	

五 推行"天籁之旅"，落实研学旅行课程

学校根据西岛的区域特色、学生的年龄特点和各学科教学内容，组织学生通过集体旅行的方式走出校园、走向社会。"天籁之旅"继承和发展了我国传统游学，践行"读万卷书，行万里路"的教育理念和人文精神，是全面推进素质教育的有效途径，让学生在研学旅行中拓展视野、丰富知识，加深与自然和文化的亲近感，增强对集体生活方式和社会公共道德的体验感。

学生在游中学、学中研、研中思、思中行，研学并举，知行合一，全面提升自理能力、沟通能力、调查研究能力、创新能力、合作能力和实践能力。

（一）"天籁之旅"的课程设计

"天籁之旅"根据教育部等11部门联合发布的《关于推进中小学生研学旅行的意见》，结合学校实际，遵循开放性、整合性、体验性、生活性原则进行实施与开发，主要分为"亲近大自然""传承红色基因""认识海洋""了解家乡"四个主题。（见表6-15）

表 6-15　三亚市天涯区西岛小学"天籁之旅"活动安排表

主题	地点	活动
亲近大自然	三亚湾、大东海、亚龙湾、海棠湾、原始森林公园、大茂远洋生态文明村、大小洞天旅游区、红树林保护区、南繁椰岛种乐科普基地等	观察大自然,亲近大自然,了解大自然,写旅行日记或感想
传承红色基因	西岛女民兵展览馆、红色娘子军演义公园、梅山老区革命烈士陵园、西沙自卫反击战烈士陵园等	了解革命历史,了解国情,热爱祖国,提升社会责任感
认识海洋	三亚珊瑚礁自然保护区、海南南海热带海洋研究所、亚特兰蒂斯海底世界、三亚海军基地等	了解海军历史,学习国防知识,了解海洋知识,学习海洋文化
了解家乡	西岛、落笔洞、崖州孔庙、南山文化旅游区、苏东坡故居、海瑞故居等	参观特色景区,了解历史,学习地域文化,接受人文历史的熏陶,增强对家乡的热爱之情

(二)"天籁之旅"的评价要求

"天籁之旅"研学课程的评价坚持注重过程、注重体验、注重效果、注重收获,真正让学生在开心愉快的旅行中有所收获、在学中成长。课程的评价从两个方面进行,一是对学生的评价,二是对教师的评价。评价内容分研学前、研学中、研学后三个阶段。

1. 对学生的评价

研学前,是否做好充分的准备和计划。研学中,是否遵守时间和纪律要求、能否与同伴文明交往,参与研学过程的积极性和在研学过程中资料收集、记录和整理的情况。研学后,研学活动的收获、研学活动的认知体验与情感体验,以及是否能进行学习成果展示。

2. 对教师的评价

研学前,制定的研学规划是否完善,是否有明确的课程纲要,是否做好充分的活动实施准备工作,课程的设计是否在规范中有创新、做到研学合一。研学中,是否时刻注意引导学生观察和思考,是否鼓励学生勤于记录和整理,是否指导学生边走边学,是否在给予学生丰富的活动体验的同时给予学生足够的安全保障。研学后,进行成果收集、整理、展示,在此基础上进行学生自我评价、小组评价、教师评价。

六 创建"天籁校园",打造特色校园环境课程

校园环境文化是一所学校的隐性课程,校园环境文化在潜移默化中影响和教育着学生。我校努力打造具有海岛生态特色的"天籁校园",建设独特的校园环境文化课程,将学校环境文化进行统一规划,秉承"景景皆思语,处处皆育人"的原则,让优美的海岛生态特色校园成为传承文化精髓和实现教育追求的一片乐土,引导学生在求知向上的过程中感受校园文化的魅力,激发灵感,净化心灵,开启智慧。

（一）"天籁校园"的内涵和要义

"天籁校园"建设是"天籁教育"得以实现的有力措施,是推进学校更具有文化内涵且富有诗意的有效探索。

"天籁校园"是怡情的校园。学校的校园环境被赋予文化因素后,就会彰显文化魅力,学校的一砖一瓦、一草一木,皆会让人有心旷神怡之感。

"天籁校园"是浸润的校园。学校的文化建设、规章制度、功能设施等环境都要从每个孩子的需求出发,从而达到一种"润物细无声"的浸润效果。

"天籁校园"是实践的校园。学校的校园环境建设需要每一位师生的共同参与、群策群力。从学校的整体布局、细节设计,到班级文化创意设计、校园文化宣传栏等都是全体师生智慧才艺的展现,也是全体师生情感交流、锻炼实践能力的有效途径。

（二）"天籁校园"的建设途径

学校以人文地理、环境保护等为主题元素,形成特色校园文化。在激活"天籁校园"隐性课程的同时,努力打造具有海岛生态特色和绿色环保特色的校园文化,全面实施"天籁校园"建设,使学校环境文化健康而高雅。

(1) 借力西岛渔村文化,打造海岛生态特色校园。利用西岛独特的区域位置优势和资源,聘请三亚市蓝丝带海洋保护协会、海南吗哪文化艺术有限公司到学校开展"海岛生态特色"与"海洋卫士"系列课程,在学校的围墙、宣传栏、班级教室等处设计具有海岛特色的文化图腾和景观。

(2) 发挥学校的地理位置优势,打造西岛小学贝壳珊瑚博物馆,学校坚持以人为本,借助岛上大量废弃的珊瑚石和贝壳,让全体师生共同参与,共同打造一所具有海

岛特色的校园贝壳珊瑚博物馆,让贝壳和珊瑚出现在校园中的每一处建筑、每一面墙、每一个角落……"会说话"的贝壳珊瑚博物馆,告诉学生什么是校园文化、什么海洋特色文化,以及如何才能更好地爱护家乡环境、保护海洋生态环境。

(3)树立环保意识,创建绿色校园。通过开设专题课程,组织学生积极参与各项主题活动,如"净滩活动""小手拉大手""小贝壳环保节"等活动,激发全体师生热爱海洋,保护家乡环境的责任感和使命感。通过内容丰富的校园文化宣传栏、展板、展示墙等特色宣传形式,增强学生的环保意识。利用班会、国旗下讲话等活动将环保教育常态化,确保每次主题教育做到有方案、有检查、有小结、有反思,将生态文明理念内化到每一位师生心中,让每一个学生都能够自觉行动,争当生态环境保护的宣传者和实践者。

(三)"天籁校园"的评价

校园中的自然环境及物化环境、师生所处的人文环境及文化氛围均有较强的海洋文化特色直观性。"天籁校园"以学生为主体,展开多方面有针对性的评价方式,综合、全面考查显性的校园环境建设和隐性课程的生发,让学生在校园中感受海洋之美、家乡之美,从而促进学生健康快乐地成长。(见表6-16)

表6-16 三亚市天涯区西岛小学"天籁校园"评价表

项目	评价内容	得分
校园环境建设 (50分)	校园布局合理,海岛特色鲜明,海洋文化突出	
	校园环境整洁美观,制度建设完善	
	校园文化宣传栏、校风校训彰显学校人文特色	
	校园装饰物、提示牌等人文景观体现师生共同的价值追求	
	师生共同合作完成的成果有展示平台	
班级环境建设 (50分)	设计体现不同年龄段儿童的特点	
	班级规章制度明确,营造浓郁的育人氛围	
	班级布置有内涵,以学生为主体,展示优良班风	
	有学生作品展示栏,为学生提供学习交流的平台	
	师生精神面貌好,衣着整齐、干净、行为举止文明	
总分		

第五部分 学校课程管理

一 价值引领

"天籁教育"作为学校的教育哲学,应融汇于学校课程建设的各个层面,引领课程建设、引领教师发展、引领学校文化。学校坚持以学生的发展为本,深入实施素质教育,充分利用学校和社会的课程资源,优化课程结构,建构全面体现办学理念的特色教育体系。

"天籁教育"的课程蓝图已经真正展开,我们坚信在"天籁教育"的影响下,一批批"爱家国、明是非、懂感恩,爱学习、喜探究、能创新,爱运动、勤健身、乐生活"的"天籁少年"将走出校园、走进社会,为社会主义建设贡献自己的一份力量!

二 组织建设

学校成立由领导小组成员、各教研组组长组成的课程领导小组,负责学校课程的开发与建设工作。学校课程开发与建设领导小组成员分工合作,各教研组组长基于学生发展的情况,从课程结构的整体角度负责学校课程的整体规划,对课程布局进行优化,制定《课程实施方案》;副组长负责课程的细化与分工,对每一年的课程计划进行梳理,为课程的实施提供咨询,组织探索学科间与学科内课程结构的整体研究;组员负责课程结构整体的制度规划、课程架构、设计与落实,相关部门及各项目组的协调,课程的开发与实施、评价与反馈。

三 制度管理

(一)教师管理

(1)参与课程建设的教师应向教导处提交《课程申报表》《课程教学计划》或《课程教学方案》,并按时向教务组提交《教学进度表》及《学生课程评价表》。

(2)教师需做好学生出勤记录并填写活动记录,对学生的作品、课程学习资料以及学生在活动中取得的成绩进行整理归档。

(3)教师开发、开设校本课程的情况记录在教师业务档案中,与绩效考核、评优评先挂钩,作为教师考核的重要条件之一。

(二)学生管理

(1)学生每学期可根据自身需求自主选择一门课程。

（2）学生遵守课程组的相关规定，坚持完成课程学习，积极参与到课程中去，确保课程完成效果。原则上不允许随意退出课程，如因特殊情况需要中途退出，需递交退出申请，经批准后方可退出。

四　特色聚焦，努力挖掘区域特色课程

（1）海南岛准确定位为"国际旅游岛"，为了学生适应时代的需要，一、二年级开设"国际旅游岛少儿英语"课程。

（2）借助三亚蓝丝带海洋保护协会的帮助，开展"海洋卫士学校"系列校本课程。

（3）借助海南吗哪文化艺术有限公司、西岛社区文明站、西岛珊瑚保护站开展"无塑课堂""净滩活动"等多元化课堂。

（4）聘请西岛民间手工艺人，结合艺术和劳动技术课程，开展贝壳手工制作课程。

（5）开展游学课程活动，让学生走进三亚的自然风光、文化遗迹，了解风土人情，培养综合实践能力，建立起热爱家乡、保护环境的家国情怀。

五　经费保障

1. 加强硬件设施建设

学校加大力度改善硬件设施，加强校园文化建设，加大对教学仪器设备、图书资料等硬件设施建设的资金投入，强化其在日常管理中的使用率，提高使用效益，满足课程开展的需要。

2. 保障课程建设专项经费

为课程实施划分专项经费，对专家指导引领、课程特色项目评比、课程改革创新实践教学展示、校本教材的编制、综合实践活动的开展、研学活动的开展、民间手工艺人的聘请、家长及社区的资源利用等，均提供经费支持，确保学校课程建设持续健康发展。

六　时间管理

严格按照国家课程标准和省、市、区课程指导方案实施。

1. 严格控制学生在校活动的总量

实行每课时 40 分钟，学生每天在校学习不超过 6 小时，周课时总量一、二年级为 26 课时，三至六年级为 30 课时。

2. 确保体育活动时间

根据教育部《关于落实保证中小学生每天体育活动时间的意见》的要求，一至六年级每周安排4节体育课，学校有组织、有计划、因地制宜地利用早自习前和下午课余后的时间组织学生进行体育锻炼，确保学生每天一小时的体育活动时间。

3. 综合实践活动课程结合地方、校本课程实施

三至六年级的综合实践活动与地方课程、校本课程结合在一起实施。综合实践活动要落实开展研究性学习、社区服务与社会实践、劳动与技术教育等内容。

（撰稿者:陈仕泽　柳青　黎公权　卢芳珍　刘琼花　符芳霞　王之龙　陈祥窍　陈开前　范聪　柴智伟　周瑞娜）

后　记

本书撰写团队立足于学校整体课程的系统设计,立足于对课程情境、课程哲学、课程目标、课程框架、课程实施和课程管理等维度理论思考的基础上,结合三亚市学校整体课程系统设计案例,完成了《学校整体课程的系统设计》一书的编撰。

　　本书主要由总论和六个章节构成。总论部分,主要从学校整体课程系统设计的意义和理论依据阐明了课程系统设计的依据性。我们参照了斯基尔贝克的情境模式、派纳的理解模式、泰勒的目标模式、斯腾豪斯的过程模式以及施瓦布的实践模式等理论作为整体规划的理论来源,以期从整体到部分使学校课程的整体规划更具逻辑性和系统性。在第一章中,我们从外在环境到内在情境把握学校整体课程的情境脉络。课程的哲学基础是课程存在的理论基础和发展动力。第二章主要对学校课程哲学的定义进行了概念解读,进而对课程哲学的确立展开论述,对如何运用哲学理论促进学校课程发展进行有效分析。课程目标是学校整体课程确认的关键步骤,也是构成学校课程结构之间紧密联系的根基。第三章我们立足于学生的实际情况、教师的教学领导力、社会发展研究、学科发展研究,明确了课程的培养目标。第四章以横纵为标向,横向从管理、知识和学生的视角进行分类,纵向从学科课程与经验课程、显性课程和隐形课程划分课程设置。第五章论述了课程实施基于三大课程价值取向、衍生了八大可行路径。第六章进一步围绕课程整体的推进和落实、检查和反馈、评价和改进三个方面,从理论基础到具体实践进一步阐释了课程管理机制。

　　学校办学品质的提升需要对课程展开孜孜不倦的探索。《学校整体课程的系统设计》一书的完稿,得益于上海市教育科学研究院杨四耕教授的精心指导。在此,特别感谢上海外国语大学三亚附属中学、三亚市八一中学、三亚市崖城小学、三亚市第二小学、三亚市第九小学、三亚市西岛小学六所学校前期对课程实践的探索,为本书提供了翔实的案例支撑。

　　品质课程研究探索之途虽漫长,但我们坚信,披荆斩棘终将迎来美好和远方!

吕锐

2022 年 10 月于三亚市教育研究培训院

"品质课程"阅读书目

学校整体课程规划
学校整体课程规划的七个关键
教学诠释学

📖 特色学校聚焦丛书

让个性自然发荣滋长："引发教育"的理论寻源与实践探索
面向每一个生命的教育
让每一个生命澄澈明亮："小水滴"课程的旨趣与创意
新劳动教育：时代意蕴与实践创新
自信教育与个性生长

📖 跨学科课程丛书

像博士一样探究：PHD 课程的创意与探索

📖 核心素养导向的课堂教学丛书

深度教学的内在维度：数学反思性学习的六个策略
具身学习的 18 种实践范式
课堂是照亮彼此的地方
以学习为中心的课堂范型
简练语文：教学主张与实践智慧
课堂核心素养

📖 特色课程建设丛书

幼儿园特色课程的框架与实施
课程是鲜活的："大视野课程"的旨趣与活性
指向核心素养培育的学校课程图谱
让儿童生活在美的世界里：幼儿园全景美育的课程探索
核心素养与学习需求：学校课程建设导引

📖 课堂教学新样态丛书

课堂，与美最近的距离：基于学科核心素养的课堂教学变革
协同教学：意蕴与智慧
决胜课堂 28 招
一百个孩子，一百个世界：基于差异的教学变革

课堂如诗：“雅美课堂”的姿态
在教室里眺望世界：基于 BYOD 的教学方式变革
课堂教学的资源设计与方式变革
境脉教学的实践范式与创意设计

学校课程变革新取向丛书

平衡性变革：学校课程建设新取向
解构性变革：学校课程发展的突破口
赋权性变革：提升学科领导力
整合性变革：特色学科的内在生长
内生性变革：学科课程的生成机理
审美性变革：学校课程的诗意境界
协商性变革：基于集体审议的课程变革
扎根性变革：学校课程发展的文化路径

课程育人新坐标丛书

学校课程的统整之道
教室里的课程
儿童立场的课程探索
童味园课程：这里有最难忘的童年
具身课程：语文学科课程新样态
让每一个孩子体验创新的激情："智慧树课程"的探索与实践
境脉学习：英语课程实施新取向
美学取向的课程探究
学科实践：语文素养的致获
全景化劳动：面向儿童的劳动课程
在结构与解构之间：数学学科课程设计
特需课程：个性化学科课程设计

学校整体课程探索丛书

学校整体课程的文化逻辑
学校整体课程的深度实施
学校整体课程的系统设计

课程治理新范式丛书

以学生为中心的教育治理